본문에 충실한 설교를 위한

프리칭 툴스
Preaching tools

본문에 충실한 설교를 위한

프리칭 툴스
PREACHING TOOLS

초판 1쇄 인쇄 2019년 10월 25일

지은이	David L. Allen
편역자	임도균 권호 김성진 권영주
발행인	이요섭
펴낸곳	도서출판 디사이플
기획 편집	강성모 이지혜
디자인	디자인이츠
제작	박태훈
영업	김승훈, 김창윤, 이대성, 정준용
	이영은, 김경혜, 정영아, 백지숙

등록 2018. 2. 6. 2018-000010호
주소 07238) 서울특별시 영등포구 국회대로 76길 10
기획 문의 (02)2643-9155
영업 문의 (02)2643-7290
          Fax(02)2643-1877
구입 문의 인터넷서점 유세근
          요단인터넷서점 www.jordanbook.com

Copyright ⓒ 2019 디사이플

값 15,000원
ISBN 979-11-963419-9-2 03230

- 이 책의 모든 사진, 그림, 작품, 프로그램의 저작권은 도서출판 디사이플에 있습니다.
- 파손된 책은 구입하신 서점에서 교환해 드립니다. 책값은 뒤표지에 있습니다.

본문에 충실한 설교를 위한

프리칭 툴스
PREACHING TOOLS

David L. Allen

편역 : 임도균 권호 김성진 권영주

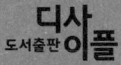

차례

편역자 서문 6
서론 8
약어 목록 15

모세오경
창세기 20
출애굽기 27
레위기 32
민수기 36
신명기 39

역사서
여호수아 44
사사기 48
룻기 52
사무엘상하 56
열왕기상하 61
역대상하 66
에스라 70
느헤미야 73
에스더 76

시가서
욥기 80
시편 86
잠언 97
전도서 102
아가 107

대선지서
이사야 114
예레미야 119
예레미야애가 122
에스겔 124
다니엘 128

소선지서
소선지서 134
호세아 137
요엘 140
아모스 143

오바댜 147
요나 150
미가 155
나훔 158
하박국 161
스바냐 164
학개 167
스가랴 170
말라기 174

사복음서
마태복음 180
마가복음 188
누가복음 192
요한복음 197

역사서
사도행전 204

바울서신
로마서 212
고린도전서 220
고린도후서 227
갈라디아서 233
에베소서 238
빌립보서 244
골로새서·빌레몬서 251
데살로니가전후서 257
디모데전후서·디도서 262

공동서신
히브리서 270
야고보서 279
베드로전서 285
베드로후서·유다서 291

요한서신
요한 1,2,3서 296

예언서
요한계시록 304

편역자 서문

　목회자들과 신학생들을 신대원과 설교컨퍼런스에서 만나면서 지속적으로 듣는 질문이 있습니다. 바로 "성경에 충실한 설교를 만들기 위한 유용한 참고자료가 무엇인가?"입니다. 설교를 위한 성경연구를 할 때 적합한 자료를 구하는 질문입니다. 그런데 한국에서는 성경연구 자료가 부족하기보다는 너무 많은 것이 문제입니다. 매주 여러 편의 설교를 작성해야 하는 설교자에게 있어서 성경의 각 책을 설교할 때, '수많은 자료들 중에 어떤 것을 선택할 것인가'의 문제는 큰 고민거리가 아닐 수 없습니다.

　이 책의 원저자 데이비드 알렌 박사는 사우스웨스턴 설교대학원 학장입니다. 알렌 박사는 설교자들의 이러한 필요에 대하여 도움을 줄 수 있는 적임자입니다. 그는 500쪽이 넘는 히브리서 주석(NAC시리즈)을 저술하고, 성경에 대한 깊은 지식을 가지고 있으며, 최근 미주에서 '본문이 이끄는 설교'(Text-Driven Preaching)를 주창하는 설교학자입니다. 아울러 목회 현장에서도 성도들을 충실하게 목양한 설교자입니다. 알렌 박사는 성경학자이자, 설교학자요, 설교자로서의 경험을 토대로 학문적 깊이, 설교의 전문성, 현장의 필요를 종합하여 본 도서를 출간했습니다. 이 책은 모든 목회자와 설교자들이 성경적인 설교를 준비하는 과정에서 꼭 필요한 설교연장(preaching tools)이 될 것입니다.

　이 책을 펴내기 위해 교단배경과 전공이 다른 네 분의 한국인 학자들이 협력하였습니다. 권호 교수(합동신학대학원 설교학 교수, 사우스웨스턴신학대학원 PhD, 설교학/구약학), 김성진 교수(아세아연합신학대학원 구약학 교수, 트리니티신학대학원 PhD, 구약학), 임도균 교수(침례신학대학교 신학대학원 설교학 교수, 사우스웨스턴신학대학원 PhD, 설교학/신약학), 권영주 박사(침례신학대학교 신학대학원 신약학 강사, 애즈베리신학대학원 PhD, 신약학)가 함께 힘을 모았습니다.

　본서는 여타의 유사 서적들과 확연한 차별성을 가집니다. 성경의 각 책들을 연구할 때 도움이 될 만한 주석이나 연구서들을 추천해 놓은 유사서적들은 이미 출간되어 있습니다. 그런데 이런 책들이 대부분 외국의 원서들을 그대로 번역한 것이다 보니 국내저자들의 저서에 대한 분석과 추천이 절실한 실정입니다. 이러한 공백을 메우기 위해 네 명의 편역자들이 의기투합하여 국내저자들의 저서를 읽고 분석하여 추천도서 리스트를 추가했습니다. 이 부분은 '한국어 추가자료'라고 표기된 부분에 명시되어 있습니다. 또한 '한국어 추가자료'에는 국내저자들의 저서뿐 아니라, 알렌 박사님이 추천도서 리스트에 포함시키지 않은 책 중에 편역자들이 충분히 검토하여 한국어로 번역된 자료도 일부 포함시켰습니다. 이러한 수많은 자료의 선정 과정에서 객관성을 높이고자 여러 서평을 참조하고 본 도서에 반영했습니다. 이 모든 노력은 성경에 충실한 설교를 작성하고자 하는 국내의 사역자들에게 큰 도움이 될 것입니다.

　한국 상황을 고려하여 원본에 여러 수정과 첨가를 할 수 있도록 배려해준 알렌 박사에게 이 자리를 빌어 다시 한 번 감사를 전합니다. 아무쪼록 이 책이 하나님의 말씀을 연구하고 선포하는 일에 헌신된 모든 분들에게 아름다운 선물이 되길 소원합니다.

추수의 계절, 말씀의 은혜와 열매를 사모하며
프리칭툴스 편역자 대표 임도균 교수

서론

나는 항상 책을 좋아했다. 열여섯 살이 되던 때 나는 설교자로 부르심을 받았다. 이때 한 은퇴한 목회자께서 자신의 서재에 있는 400권의 책을 주셨다. 그 이후로 나는 신학 서적 수집가로서 수백 개의 주석을 포함한 도서들을 모으기 시작했다. 이러한 서적은 지난 40년 동안 설교 준비에 귀중한 자료로 사용되었다.

본서에서 내가 시도한 것은 다음과 같다. 설교자들에게 유용한 자료가 되도록 설명이 곁들여진 참고도서 목록을 제공하는 것이다. 성경 각권에 대해 빠짐없이 유용한 자료와 주석을 달았다. 나는 이 책에 수록된 책들 대부분을 나의 개인 서재에 소장하고 있다. 여기에 소개하는 자료는 나의 설교준비에 가장 도움이 된 자료들이다. 자신의 경험을 나와 공유해준 한 은퇴목회자처럼, 나 역시 차세대 목회자 및 설교자들과 나의 경험을 나누기 원한다. 나는 내 목록과 주석을 정리하는 데 다음과 같은 많은 자료를 사용했다.

Cyril Barber, *The Minister's Library*, vols. 1 & 2.
Kenneth Barker & Bruce Waltke, *Bibliography for Old Testament Exegesis and Exposition*. 3rd edition, revised
David Bauer, *An Annotated Guide to Biblical Resources Ministry*. Eugene, OR: Wipf & Stock, 2011.
David Brookman, *Basic Books for the Minister's Library*.
D. A. Carson, *New Testament Commentary Survey*. 7th ed.
Brevard Childs, *Old Testament Books for Pastor and Teacher*.
Frederick Danker, *Multipurpose Tools for Bible Study*.
John F. Evans, *A guide to Biblical Commentaries & Reference Works for*

Students and Pastors. 9th ed. Oakland, TN: Doulos Resources, 2010.
Joseph Fitzmyer, *An Introductory Bibliography for the Study of Scripture.*
John Glynn, *Commentary & Reference Survey.*
A Classic Bible Study Library for Today. Kregel Press, n.d.
Tremper Longmann III. *Old Testament Commentary Survey.* 5th ed.
Ralph Martin, *New Testament Books for Pastor and Teacher.*
Douglas Moo, *An Annotated Bibliography on the Bible and the Church.*
Jim Rosscup, *Commentaries for Biblical Expositors.*
David Scholer, *A Basic Bibliographic Guide for New Testament Exegesis.*
Wilbur Smith, *Profitable Bible Study.*
Charles Spurgeon, *Commenting and Commentaries.*
Douglas Stuart, *A Guide to Selecting and Using Bible Commentaries.*
Martha Sugg & John Boone Trotti, eds. *Building a Pastor's Library.*
Warren Wiersbe, *A Basic Library for Bible Students.*

"한 사람의 졸작은 다른 사람의 보물이다"라는 옛말은 주석에 관해서는 확실한 사실이다. 어떤 사람들은 내가 작성한 주석 목록을 보고, 거기에 없는 자료 때문에 놀라곤 한다. 또한 거기에 있는 자료에 놀라기도 한다. 공간의 제약으로 가치 있는 주석을 모두 나열하는 데는 한계가 있다. 나는 이러한 책의 목록을 신학적으로 보수적인 강해 설교자를 염두에 두고 준비했다. 이 목록이 모든 입장을 포괄하지는 않기 때문에, 전형적이라는 점을 굳이 강조할 필요는 없을 것 같다.

성경은 설교 준비에 있어서 주된 연구 원천이다. 바울의 "말씀을 선포하라"는 명령을 이행하려면 여러분은 성경과 가능한 한 대화를 많이 해야 한다. 우리는 성경에 관하여 설교하는 것이 아니라 성경을 설교하는 것이다. 비록 주요 출처인 성경에 대한 직접적인 연구를 대체할 수는 없지만, 주석은 모든 설교자의 그러한 연구를 돕기 위하여 필수 불가결한 도구이다. 본서에서 나의 목표는 분명하다. 즉, 구체적인 주석 도구를 소개하여, 개인이 평생 동안 설교 준비를 하는데 있어 자신의 장서를 확장하는 데 도움을 주는 것이다. 누군가 어떤 목사의 서재를 보면 그가 어떤 설교자인지 즉시 알 수 있다고 말한 적이 있다. 교회 사역에서 오랫동안 장수할 수 있는 비결은 서재에 있는 책의 수와 질과 매우 관련이 있을 수 있다.

설교자들이 주석을 참고해야 하는 데는 적어도 다섯 가지 주요 이유가 있다. 첫째, 직설적으로 말하면, 여러분은 도움이 필요하다! 성경에 대해 전문가는 없다. 성경에 관한 한 지식의 지평은 항상 무지의 경계에 있다. 스펄전은, 성령이 그들 자신에게 드러내신 것을 너무 많이 말하면서도 성령께서 다른 사람들에게 밝혀주신 것을 너무 작게 생각하는 설교자들에 관하여 이야기했다. 아서 가십이 말한 것처럼, "대단히 타고난 천재는 그 자신이 가진 것에만 의존할 수 없다. 자신의 두뇌만을 의지하는 사람은 곧 단순히 빈곤한 처지에서 시작하여, 가장 초라한 모조품 처지로 몰락할 것이다." 주석 없이 설교할 수 있다고 생각하는 것은 무지와 오만의 절정이다.

둘째, 주석의 서론은 종종 성경책을 통해 설교하는 설교자에게 필수적인 저자, 저작연대, 수령인, 주제, 목적 및 개요와 같은 중요한 배경 정보를 제공한다. 셋째, 주석들은 설교 준비의 중요한 부분인 본문의 의미를 이해하는 데 있어 설교자를 돕는다. 넷째, 설교자가 설교 중에 실제적인 설명, 예화 또는 본문의 적용에 사용할 수 있는 유용한 정보를 제공한다. 마지막으로, 주석들 특히 목회적인 성향의 주석은 마음을 따뜻하게 하고 설교자의 영혼에 양식을 공급한다.

여기에 많은 주석들이 열거되어 있지만, 이것은 일부에 불과하다. 이렇게 된 데에는 네 가지 주된 이유가 있다. 첫째, 단순히 말하면, 내가 추천할 수 있는 좋은 주석들이 너무나 많다는 사실이다. 둘째, 신학적으로 자유주의 성향의 주석 대부분은 학문적으로 인정을 받지만 나는 여기에 포함하지 않았다. 나는 이러한 학문적 특이성을 지닌 자료들이 사람들에게 흥미 있게 다가올 수 있다고 생각한다. 자료들의 높은 비판적 성향이 오히려 흥미를 끌기도 한다. 비록 나는 학문적 연구와 토론을 위해서 이러한 경향의 도서를 많이 소유하고 있지만, 이런 종류의 책들이 설교를 위해서 귀중한 것이라고 생각하지는 않는다. 정지된 시계도 하루에 두 번은 옳다. 즉, 많은 저작들이 18세기 중반부터 19세기 말까지 그리고 그 이후로도, 고등비평이라는 죽그릇에 장자권을 팔았다. 나는 1980년대 교회 설교에서 칼 F. H. 헨리가 고등비평에 대하여 세 가지로 비판한 것을 기억한다. "1) 고등 비평은 청소년 과학이다. 청소년은 자신의 길에 등장하는 새로운 것이라면 어떤 것에도 매료된다. 2) 고등비평은 의심스러운 조상을 가지고 있다. 3) 고등비평은 아주 형편없는 기록이다." 셋째, 나는 추천할지 말지 알 만큼 특정 책에 익숙하지 않을 수도 있다. 넷째, 나는 그저 간과했거나, 혹은 가치 있는 책에 대해 전혀 모르고 있을 수도 있다.

독자는 주석가들이 다양한 이유로 글을 쓴다는 것을 알아야 한다. 또한 이러한 자료는 다양한 이유로 유용하다는 것을 알아야 한다. 어떤 주석가들은 단순히 본문의 의미를 이해하기 위해 필요한 정보를 제시하기 때문에 가치가 있다. 또 어떤 주석가들은 성경 안의 복잡한 문제를 이해하도록 명료하게 만드는 데 뛰어나다. 다른 주석가들은 설교자의 설교적인 필요에 자신이 가진 소중한 생각을 빌려주는 귀중한 기회를 제공한다. 또 다른 주석가들은 예수님을 더 사랑하고 더 온전히 따르게 하도록 마음과 영혼을 흔들고 움직인다. 설교자의 영혼을 주일 설교를 위해 따뜻하게 유지해야 한다. 설교는 지적인 행동일 뿐만 아니라 영적인 행동이기도 하기 때문이다.

나는 다양한 신학적, 교파적 전통의 배경을 가진 도서들을 포함시켰다. 여러분의 신학 성향에 연관된 책만 읽거나 자신의 교파의 범위 내에서만 읽는 것은 큰 실수이다. 따라서 여러분은 개혁주의에서 알미니안주의, 침례교에서 가톨릭에 이르기까지 다양한 자료를 이 책에서 볼 수 있을 것이다. 현명한 설교자는 폭넓게 글을 읽을 것이다.

독자들은 내가 절판이 되어 찾기 어려운 과거의 여러 책을 선택했다는 것을 알 수 있을 것이다. 하지만 이러한 책들 중 일부는 온라인으로도 볼 수 있다. 이 책들은 설교에 매우 가치 있다고 생각한다. 이 책들은 평가절하 당할 만한 것으로 여겨져 부당하게 잊힌 상태에서 벗어나야 한다. 많은 사람들이 책이 오래되면 도움이 되지 않는다고 잘못 생각할 수 있다. 또한, 새로운 것이라면 오히려 좋은 것이라고 생각할 수 있다. 하지만 이러한 생각은 주석에 있어서는 사실과 거리가 멀다.

물론, 한 세기 이상 오래된 많은 주석들은 실제로 주석의 묘지에 자비롭게 묻혔다. 그들 중에 실제로 다시 볼 가치가 없는 것도 많다. 그러나 다른 많은 자료들은 단순히 절판되었거나 오늘날 대부분의 사람들에 의해 단순히 알려지지 않았기 때문에 현대 설교자들에게서 잊히었다. 오늘과 같은 디지털 시대에는 설교자들이 이러한 자료를 훨씬 찾기 쉽다. 실제로 이러한 책들 중 상당수는 온라인에서 다운로드하여 사용할 수 있다. 나처럼 책을 손에 들고 읽기 좋아하는 사람이라면, 중고 서점에 자주 들러서 인쇄된 형태 책을 찾아볼 수도 있을 것이다.

주석을 읽는 것은 금을 채취하는 것과 같다. 그 소중한 금덩어리를 얻기 위해서는 먼지와 이물질을 많이 걸러내야 한다. 때로는 금덩어리가 한 부분, 단락 또는 한 문장일 때도 있다. 하지만 이러한 소중한 자료가 일단 발견되면 진리를 선포하는 설교의 장소에서 매우 가치 있다.

교회 역사에서 매우 중요한 몇몇의 저자들이 있다. 이들의 주석은 설교를 준비할 때 꼭 참조를 해야 한다. 물론 거장들도 항상 탁월한 수준의 주석을 쓰고, 설교를 하는 것은 아니다. 더 많은 이름을 나열할 수 있지만, 나는 지면 절약을 위해 몇몇의 이름과 자료를 각 강의 참고도서 목록에 포함시키기 보다는 여기서 제시하려 한다. 이들의 저서 대부분은 인터넷으로 볼 수 있다.

    존 크리소스톰
    어거스틴
    마틴 루터
    존 칼빈
    위대한 청교도 설교자들
    존 웨슬리
    찰스 스펄전

성경에 관한 몇 가지 주석 시리즈, 설교 시리즈, 성경책별 설교가 있는데, 나는 여러분에게 이러한 자료를 자주 참조할 것을 강력하게 추천한다. 이 목록들은 (다른 언급이 없는 한) 참고목록에 개별적으로 나열하기보다는, 여기에 제시하고자 한다. 이 중 일부는 현재 로고스와 같은 컴퓨터 성경 프로그램에서 볼 수 있거나 온라인에서 무료로 사용할 수 있다.

찰스 시므온, *Expository Outlines on the Whole Bible*(현재 온라인으로 이용할 수 있음)
알렉산더 멕클라렌, *Expositions of Holy Scripture*, 17권. 하드커버.
G. 캠벨 몰간. *The Westminster Pulpit*. 5권. 하드커버.
마틴 로이드 존스. (사도행전, 로마서, 에베소서, 빌립보서, 디모데후서, 베드로후서, 요한 1서)
제임스 M. 보이스. 27 권(창세기, 여호수아, 느헤미야, 시편, 소선지서, 마태복음, 산상설교, 로마서, 요한복음, 사도행전, 에베소서, 빌립보서, 요한 1서)
켄트 휴즈 편집. *Preaching the Word Series*. 크로스웨이. 여러 권: 여러 저자.
존 필립스. *The John Phillips Commentary Series*, 27권.(창세기, 시편, 잠언, 솔로몬의 노래, 다니엘, 소선지서들, 모든 신약의 책들)
워렌 위어스비. *Wiersbe Bible Commentary*(또는 "Be" 시리즈의 모든 성경이 수록된 개별 책).

나는 성경 각 책에 관한 참고도서를 다음의 범주에 따라 정리했다: 석의적 주석(exegetical commentaries), 강해적 주석(expository commentaries), 목회적 주석(devotional commentaries), 특별연구(special studies), 설교(sermons). 대부분의 항목에 대해 내 자신의 개인적인 논평이나 다른 사람들의 의견을 제시한다. 이러한 설명은 나의 의견 그 이상은 아니다. 브레버드 차일즈는, "한 비평가가 어떤 부분에 대하여 '자신은 그 부분에 대해 확신하지 않는다'고 말하면서 반대 입장을 표명할 수 있다. 그러나 그 이유를 설명하지 않는다면 단지 하나의 번득이는 아이디어일 수밖에 없다."고 했다. 나는 이러한 접근을 원하지 않는다.

오늘날과 같이 바쁜 세상에서 대부분의 목회자들은 여러 일들에 직면하게 된다. 그 결과 사역의 부담은 목회자의 연구와 설교 준비 시간을 제한한다. 어떤 목회자는 그런 이유로 연구시간 부족을 합리화한다. 이해할 수는 있지만, 나는 그런 것이 변명이 될 수는 없다고 생각한다. 연구할 시간은 있는 것이 아니라, 만드는 것이다. 나는 여러분에게 열심 있는 독서가가 되라고 도전한다. 프랜시스 베이컨은 다음과 같이 말했다. "독서가 폭넓은 사람이 되게 한다." 또한 훌륭한 설교를 하는 데도 도움이 된다! 차일즈는 다음과 같이 말했다. "영원히 남을 만한 지식이 있는 저자들"과 친분을 맺어라.

여러분이 주님의 말씀을 전할 때 주님께서 여러분에게 축복을 내리시길!

데이비드 알렌(David L. Allen)
사우스웨스턴 설교대학원 학장
설교학 교수
조지 W. 트루엣사역 회장
강해설교센터 감독

약어 목록

AB	Anchor Bible(G. Chapman/Doubleday)
ACCS	Ancient Christian Commentary on Scripture: New Testament(IVP)
ACNT	Augsburg Commentary on the New Testament
ANTC	Abingdon New Testament Commentary
AYB	Anchor Yale Bible
B&H	Broadman & Holman
BBC	Blackwell Bible Commentary
BCOTWP	Baker Commentary on the Old Testament: Wisdom and Psalms
BECNT	Baker Exegetical Commentary on the New Testament
BHGNT	Baylor Handbook on the Greek New Testament
BKC	Bible Knowledge Commentary
BNTC	Black's New Testament Commentaries(HNTC)
BSC	Bible Study Commentary
BT	Banner of Truth
BST	The Bible Speaks Today(IVP/IVP)
BTCB	Brazos Theological Commentary on the Bible
CB	Century Bible
CBC	Cambridge Bible Commentary on the NEB
CBSC	Cambridge Bible for Schools and Colleges
CC	The Communicator's Commentary

CGT	Cambridge Greek Testament
CLC	Christian Literature Crusade
CNT	Commentaire du Nouveau Testament
ConC	Concordia Commentary
CUP	Cambridge University Press
DSB	Daily Study Bible
EB	The Expositor's Bible(S. S. Scranton)
EBC	The Expositor's Bible Commentary
EBCS	Everyman's Bible Commentary Series
ECC	Eerdmans Critical Commentary
EGGNT	Exegetical Guide to the Greek New Testament
HCOT	Historical Commentary on the Old Testament
Hermeneia	Hermeneia: A Critical and Historical Commentary
HNTC	Harper's New Testament Commentary(=BNTC)
IB	Interpreter's Bible
IBCTP	Interpretation: A Bible Commentary for Teaching and Preaching
ICC	International Critical Commentary
IVP	Inter-Varsity Press/InterVarsity Press
IVPNTC	IVP New Testament Commentary
NAC	New American Commentary(B&H)
NACSBT	New American Commentary Series on Bible and Theology(B&H)
NCB	New Century Bible(MMS/Eerdmans)
NCBC	New Cambridge Bible Commentary(CUP)
NCCS	New Covenant Commentary Series(Wipf & Stock)
n.d.	no date

NIB	The New Interpreter's Bible(Abingdon)
NIBC	New International Biblical Commentary
NIC	New International Commentary
NICNT	New International Commentary on the New Testament
NICOT	New International Commentary on the Old Testament
NIGTC	New International Greek Testament Commentary (Paternoster/Eerdmans)
NIVAC	NIV Application Commentary(Zondervan)
NPC	New Proclamation Commentary
NTC	New Testament Commentary
NTG	New Testament Guides
NTS	New Testament Studies
OP	out of print
OT	Old Testament
OUP	Oxford University Press
P&R	Presbyterian & Reformed
Paideia	Paideia(Baker Academic)
Pelican	Pelican Commentaries
PNTC	Pillar New Testament Commentary(IVP/Eerdmans)
ProcC	Proclamation Commentaries
PTW	Preaching the Word Commentaries(Crossway)
RCS	Reformation Commentary on Scripture
REBC	Expositor's Bible Commentary: Revised Edition
REC	Reformed Expository Commentary(P&R)
repr.	reprint

S&H	Smyth & Helwys Commentary
SacPag	Sacra Pagina(Liturgical)
SGC	Founders Study Guide Commentary Series
SHBC	Smith and Helwys Bible Commentary
SIL	Summer Institute of Linguistics
SNTSMS	Society for New Testament Studies Monograph Series
THNTC	Two Horizons New Testament Commentary
THOTC	Two Horizons Old Testament Commentary
TNTC	Tyndale New Testament Commentaries
TOTC	Tyndale Old Testament Commentaries
TPC	The Preacher's Commentary Series
UBCS	Understanding the Bible Commentary Series(formerly NIBC)
UPA	University Press of America
WBC	Word Biblical Commentary
WCS	Welwyn Commentary Series
WEC	Wycliffe Exegetical Commentary
WJK	Westminster John Knox
ZECNT	Zondervan Exegetical Commentary on the New Testament

모세오경

창세기

○ 석의적 주석

Delitzsch, Franz. *A New Commentary on Genesis.* **2 vols. Edinburgh, 1888.**

저자는 독일 루터교 신학자이자 히브리어 학자였다. 그는 유대인 선교를 위한 기관을 설립했다. 그는 히브리서에 관한 두 권의 방대한 책을 포함하여, 1869년에 출판되었다가 1966년에 Baker 출판사에서 재출판 된 『*A System of Biblical Psychology*』 등 많은 책을 저술한 작가이다. 위의 책은 다섯 번째 독일어판을 번역한 것이다. 월버 스미스는 이 책이 "언어를 불문하고 지금까지 쓰여진 창세기 주석 가운데 어떤 면으로는 최고의 것"이라고 평가했다.

Wenham, Gordon. *Genesis.* **2 vols. WBC. Thomas Nelson, 1987.** 『창세기』 (솔로몬, 2001).

트렘퍼 롱맨은 저자를 오늘날 가장 훌륭한 구약성서 주석가 중 한 명으로 지칭한다. 저자가 글을 쓴 것마다 소장할 가치가 있다. 저자의 창세기 주석은 세심한 연구와 적용을 제공한다. 데이비드 바우어는 이 책이 "영국 복음주의 학문 중 최고를 대표한다"고 말했다.

Westermann, Claus. *Genesis* **1-11. Minneapolis: Augsburg, 1984.**

저자의 창세기 주석은 세 권으로 출판되었다. 브레버드 차일즈는 이 책이 "전문가가 아닌 일반 사람에게는 너무 장황하다"고 말했다. 하지만 깊이 들어가고 싶다면 학문성을 갖춘 이 책이 적격이다. 또 다른 방법은 다음의 요약된 창세기 주석을 사용하는 것이다. *Genesis: A Practical Commentary.* Text &

Interpretation series. Grand Rapids: Eerdmans, 1987. 『창세기 주석』 (한돌, 1998).

_____. *Genesis 12–36*. Augsburg, 1985.
위의 해설을 보라.

_____. *Genesis 37–50*. Augsburg, 1986.
위의 해설을 보라.

○강해적 주석
Bush, George. *Genesis: Notes Critical and Practical, on the Book of Genesis: Designed as a General Help to Biblical Reading and Instruc-tion.* **Boston: H. A. Young, 1871. 2 vols.**
이 주석은 설교에 도움이 되는 귀중한 고전이다. 특히 히브리어에 대한 지식이 없는 사람들에게 도움이 된다. 이 창세기 주석이 좋았다면 출애굽기, 레위기, 민수기 주석도 사용해 볼 것을 추천한다.

Candlish, Robert. *Studies in Genesis.* **Grand Rapids: Kregel, 1979.**
저자는 탁월한 설교의 능력을 가진 스코틀랜드 출신의 목사이자 신학자로 알려져 있다. 스펄전은, "그는 언제나 신실하고, 솔직하며, 신중하고, 설득력 있는 사람"이라고 말했다. 그가 쓴 요한일서 주석도 놓쳐서는 안 되는 작품이다. 브룩맨은 이 창세기 주석을 "매우 중요한 고전이며 … 설교를 위한 제안이 가득한 보물 창고"라고 불렀다.

Davis, John. *Paradise to Prison: Studies in Genesis.* **Grand Rapids: Baker, 1975.**
저자는 고고학과 고대근동 연구에서 얻어진 유용한 자료들을 이 주석에서 잘 이해할 수 있도록 풀어내고 있다. 목회자들에게 도움이 되는 주석이다.

Dods, Marcus. *The Book of Genesis.* EB. New York: A. C. Armstrong & Son, 1893.
저자는 글래스고에서 25년간 목사로 일한 후 교수로 활동했다. 이 책은 탁월한 주해 연구와 좋은 적용이 있는 설교를 제시한다. 창세기를 설교할 때 여전히 참고할 만한 책이다. 저자는 또한 『*The Expositor's Bible*』 시리즈에서 고린도서와 요한복음(2권)에 관한 좋은 주석을 썼다.

Hamilton, Victor. *Genesis.* 2 vols. NICOT, Grand Rapids: Eerdmans, 1990, 1995. 『NICOT 창세기 I, II』 (부흥과개혁사, 2016, 2018).
본서는 탁월한 작품이다. 만약 당신이 웬함과 해밀턴의 주석을 사용한다면 절대 잘못된 주해를 할 수 없다.

Kuruvilla, Abraham. *Genesis: a Theological Commentary for Preachers.* Eugene, OR: Resource Publications, 2014.
저자는 달라스신학교(Dallas Theological Seminary)에서 설교학을 담당하고 있으며, 본문이 스스로 말하도록 하는 데 중점을 두고 가르치고 있다. 설교자들은 이 책에서 많은 도움을 받을 것이다. 다음 그의 저서도 도움이 될 것이다. *Privilege the Text: a Theological Hermeneutic for Preaching* (Chicago: Moody Press, 2013). *A Vision for Preaching: Understanding the Heart of Pastoral Ministry* (Grand Rapids: Baker, 2015).

Leupold, H. C. *Exposition of Genesis.* 2 vols. Grand Rapids: Baker, 1949.
본서는 주해적이고 읽기 쉽다. 루터교 설교자인 저자의 이 책은 모든 설교자에게 유익하다. 윌버 스미스는 본서를 미국 학자가 출판한 창세기 주석 중 가장 중요한 책으로 평가했다.

Matthews, Kenneth. *Genesis.* 2 vols. NAC. Nashville: Broadman & Holman, 1996. 『NAC 창세기 1』 (부흥과개혁사, 2018).
본서는 본문을 설교의 시각으로 바라본 보수 구약학자가 쓴 포괄적인 최고의 창세기 주석 중 하나다.

Ross, Allen. *Creation and Blessing: A Guide to the Study and Exposition of Genesis.* Grand Rapids: Baker Academic, 1997.
본서는 창세기를 설교하기 위해 꼭 필요한 책이다. 본서는 단순한 주석 이상의 작품으로서, 본문의 구조에 따라 잘 구분된 일련의 강해설교와 각 본문에 간략한 참고문헌까지 제공하고 있기 때문이다. 나는 창세기를 설교할 때마다 이 책을 사용했다. 저자의 모든 책을 소유하라고 권하고 싶다.

Waltke, Bruce. *Genesis: a Commentary.* Grand Rapids: Zondervan, 2001

ㅇ목회적 주석

Pink, Arthur. *Gleanings in Genesis.* Chicago: Moody, 1972. 『아더 핑크 창세기 강해』 (CH북스, 2015).
저자는 진지한 칼빈주의자이며 구약의 모든 부분에서 모형론을 찾으려는 시도를 한다. 그럼에도 불구하고 실천적 설교를 추구하는 설교자들에게 도움이 되는 책이다.

Thomas, W. H. Griffith. *Genesis: a Devotional Commentary.* Grand Rapids: Eerdmans, 1946.
본서는 원래 세 권으로 출판되었다. 옥스포드의 위클리프홀(Wycliffe Hall) 학장인 저자의 이 책은 창세기에 대한 훌륭한 목회적 저서 중 하나다.

Strachan, James. *Hebrew Ideals in Genesis.* **Edinburgh: T. & T. Clark, 2nd ed. revised, 1906.**

워렌 위어스비는 본서를, "내가 가장 좋아하는 책 중 하나이다. ... 모든 설교자들이 자신의 서재에 두어야 할 책이다. ... 최근 출판된 가장 가치 있는 창세기 연구 중 하나이다. 이 책은 내 생활과 사역을 풍요롭게 해주었다."고 말했다.

○특별연구

Bonar, Horatius. *Thoughts on Genesis.* **Grand Rapids: Kregel, 1979.**

저자는 19세기 스코틀랜드 출신의 유명한 설교자 중 한 사람으로, 찬송가와 함께 성경에 관한 많은 목회적인 글을 썼다. 그는 마음으로부터 우러나온 글을 쓴다. 나는 저자가 어떤 주제를 쓴다면 그것을 읽을 것이다.

Greidanus, Sidney. *Preaching Christ in Genesis.* **Grand Rapids: Eerdmans, 2007.** 『창세기 프리칭 예수』 (CLC, 2010).

칼빈신학교의 설교학 명예교수인 저자가 쓴 본서는 창세기에서 그리스도를 설교할 때, 당신이 해석학적으로 바른 길을 갈 수 있도록 돕는다. 매우 유익한 책이다.

Kirk, Thomas. *The Life of Joseph.* **Minneapolis: Klock & Klock, 1985 reprint.**

데이비드 브룩맨이 말한 것처럼, 본서에는 "세밀함, 통찰력, 설교적 도움이 넘쳐난다."

Strahan, James. *Hebrew Ideals in Genesis.* **Grand Rapids: Kregel, 1982. reprint 1902-05.**

본서는 설교에 많은 도움을 준다. 저자는 창세기 11-50장을 다룬다. 창세기 20장에서 그가 쓴 것을 잠시 살펴보자. "성스러운 삶에는 죄의 기슴이 없다. … 아브라함이 스스로에게 '지금 내게 안전하고 편리한 과정이 무엇일까? … 내게 무슨 유익이 있을까'라는 질문을 했을 때마다 실수를 범했다. 반면 '하나님의 뜻이 무엇일까'라고 물었을 때 그는 결코 실수하지 않았다."

Taylor, William. *Joseph the Prime Minister.* **Grand Rapids: Baker, 1961.**

저자는 탁월한 강해자요 신앙서적 저술가였다. 같은 해에 출간된 저자의 다음 책도 참고하라. *Moses: The Law-Giver.* Grand Rapids: Baker, 1961.

○ 설교

존 크리소스톰(John Chrysostom)이 창세기를 본문으로 설교한 75편의 설교.

Fuller, Andrew. *Expository Discourses on the Book of Genesis Interspersed with Practical Reflections.* **In The Complete Works of the Rev. Andrew Fuller. Vol. 3. Harrisonburg, VA: Sprinkle Publications, 1988.**

저자는 침례교 역사에서 가장 위대한 목사요 신학자 중 한 명이었다. 본서에는 1805년 이전 케터링에서 설교한 58편의 창세기 설교가 수록되어 있다. 브레버드 차일즈는 저자의 창세기 설교가 본문에 가깝다고 평가했다.

○ 한국어 추가자료

월터 부르거만, 『창세기』(강성열 역; 한국장로교출판사, 2000).

구약의 거장인 저자의 창세기 주석은 창세기의 신앙고백이 하나님의 두 가지 부르심(세상과 이스라엘)에 초점을 맞추고 있다고 설명한다. 창세기는 이 두 가지 부르심에 따라 구성되어 있는데 1-11장은 하나님이 세상을 신실한 존재로 부르시고 있음을, 12-50장은 하나님이 한 특별한 민족(이스라엘)을 그의 신실한 백성으로 부르시고 있음을 증언한다. 세밀한 주석보다는 신학적 메시지에 중점을 둔 주석이다.

목회와신학 편집부,『창세기 어떻게 설교할 것인가』(두란노아카데미, 2008).
『두란노 HOW 주석』시리즈는 해당 분야 전공 신학자들이 성경의 권위를 철저히 신뢰하는 복음주의적 관점에서 집필했다. 제목처럼 "어떻게 설교할 것인가"에 대한 답을 구체적으로 제시하는 매우 실용적인 주석으로서, 학문적인 토론 위주인 기존의 주석과는 다르게 배경 연구와 본문 연구로 구성되어 있다. 본 시리즈에는 본문에 대한 충실한 주해와 더불어 그것을 어떻게 오늘날로 연관시킬 것인가에 대한 통찰도 담겨있다. 본문을 현실에 적용할 수 있는 메시지를 전하기 원하는 목회자들에게 도움이 되는 주석서이다.

출애굽기

ㅇ 석의적 주석

Durham, John. *Exodus*. WBC. Thomas Nelson, 1987. 『출애굽기』 (솔로몬, 2000).

본서는 석의적이고 신학적인 면에서 도움이 된다. 그러나 트렘퍼 롱맨은 저자의 "출애굽기 역사에 대한 무심한 태도"를 주의해야 한다고 말한다.

Garrett, Duane. *A Commentary on Exodus*. Kregel Exegetical Library. Grand Rapids: Kregel Academic, 2014.

본서는 설교자들에게 도움이 될 만한 보수주의 학자의 훌륭한 작품이다.

Hamilton, Victor P. *Exodus: An Exegetical Commentary*. Grand Rapids: Baker Academic, 2011. 『출애굽기』 (솔로몬, 2017).

본서는 석의와 본문의 의미를 발견하게 해주는 탁월한 책이다. 본서는 신학에 과도한 중점을 두고 있지 있다.

Houtman, Cornelis. *Exodus*. 4 vols. HCOT. Kampen: Kok Publishing House, 1993, 1996, 2000, 2002. (**Vols. 3 & 4 published at Leuven, Belguim: Peeters, 2000, 2002.**)

본서는 비평적이고 아주 상세하다. 표면적인 파악보다는 출애굽에 대해 알고 싶었던 모든 것을 알고자 할 때에 사용하기에 적합한 책이다. 4권은 주제 색인과 히브리어 단어 색인 및 참고문헌을 제공한다. 본서는 내가 아직까지도 참고하고 있는 출애굽기에 대한 가장 길고 상세한 해설이다.

Murphy, James. *A Critical and Exegetical Commentary on the Book of Exodus.* Andover: Warren F. Draper/Boston: W. H. Halliday & Co., 1868. Klock & Klock reprint, 1976.

19세기 아일랜드 장로교인인 저자의 책은 오래된 시대와 부담스러운 스타일에도 불구하고 여전히 가치가 있다. 때로는 지리적 문제에 대해 지나치게 상세하게 설명하기도 한다.

○강해적 주석

Brueggemann, Walter. *Exodus.* New Interpreter's Bible Comment-ary. 1982.

저자는 보수적인 학자는 아니지만 종종 본문에 대한 놀라운 통찰력을 준다.

Cole, R. Alan. *Exodus.* TOTC. IVP Academic, 2008.

사실 『틴데일 구약주석 시리즈』의 모든 책은 소장할 가치가 있다. 간결하지만 출애굽기를 설교하는 사람에게 도움이 된다.

Enns, Peter. *Exodus.* NIVAC. Grand Rapids: Zondervan, 2000.

본서는 본문을 주해적, 신학적, 설교적, 실천적으로 잘 다룬다. 롱맨은 본서에 별 다섯 개를 부여했다.

Kaiser, Walt. *Exodus.* EBC. Eds. F. Gaebelein and R. P. Poleyn. Vol. 2. Grand Rapids: Zondervan, 1990.

본서는 보수적이고 주해적인 연구를 담고 있어 특별히 목회자들에게 도움이 된다.

Stuart, Douglas K. *Exodus.* NAC. Nashville: Broadman & Holman, 2006.

본서는 복음주의 구약학자가 쓴, 본문을 충실히 다루는 탁월한 주해서이다.

Youngblood, Ronald. *Exodus.* **EBCS. Chicago: Moody, 1983.**
확고하게 보수적이며 114쪽의 간략한 서술인 본서는 학문적인 것과 실용적인 것을 조화롭게 풀어낸다.

○목회적 주석
Meyer, F. B. *Devotional Commentary on Exodus.* **Grand Rapids: Kregel,** 1978.
저자는 19세기 저명한 영국 침례교도이며 스펄전과 동시대 인물이다. 본서는 모세의 삶에 대한 탁월한 적용을 제시한다. 저자가 쓴 모든 것은 읽을 가치가 있다.

Pink, A. *Gleanings in Exodus.* **Chicago: Moody.** 『아더 핑크 출애굽기 강해』 (CH북스, 2016).
본서는 좋은 설교 자료이며 특별히 적용 부분이 뛰어나다. 모형론에 대한 지나친 강조는 주의해야 한다. 저자는 진지한 개혁주의적 성향을 보인다.

Wagner, George. *Practical Truths from Israel's Wanderings.* **London: James Nisbet & Co.,** 1862.
워렌 위어스비는 본서가 "다른 사람들이 무시하거나 소홀히 한 풍부한 금맥을 제공한다"고 말했다.

○특별연구
Chappell, Clovis G. *Ten Rules for Living.* **New York: Abingdon,** 1938.
본서는 십계명에 관한 책이다. 저자는 열정적인 감리교 설교자였는데 성경 인물들에 대한 많은 책을 저술한 것으로도 유명하다.

Dennett, Edward. *Typical Teachings of Exodus.* **Denver, CO: Wilson**

Foundation, n.d.(연도 불분명)
본서는 출애굽기에 나타난 모형론 연구에 도움이 된다.

Heslop, W. G. *Extras from Exodus.* **Grand Rapids: Kregel,** 1975 [1931].

Mohler, R. Albert. *Words from the Fire: Hearing the Voice of God from the Ten Commandments.* **Chicago: Moody,** 2009.
본서는 실천적 적용과 함께 본문에 대한 분석을 제시한다. 저자는 십계명을 신약 및 그리스도와 잘 연결한다. 설교자에게 도움이 되는 책이다.

Morgan, G. Campbell. *The Ten Commandments.* **Eugene, OR: Wipf & Stock,** 1999 reprint.
나는 저자가 저술한 모든 책을 가지고 있다. 탁월한 강해가였던 저자는 1944년 숨을 거둘 때까지 런던 웨스트민스터채플(Westminster Chapel)의 목회자였다. 이 간략한 책은 저자의 뛰어난 책으로 평가된다.

Soltau, Henry W. *The Tabernacle, The Priesthood, and the Offerings.* **Grand Rapids: Kregel,** 1972.
본서는 실천적 적용에 중점을 두면서 고전적인 연구를 보여준다. 스펄전은 이 작품을 "풍요롭게 연상시키는 것"으로 평가했다.

_____. *The Holy Vessels and Furniture of the Tabernacle.* **Grand Rapids: Kregel,** 1970.
본서는 위의 저서와 함께 보아야 할 책이다.

○한국어 추가자료
제임스 브루크너, 『출애굽기』 (김기탁 역; 성서유니온선교회, 2015).

본서는 미국 베이커 출판사의 주석 시리즈인 『Understanding the Bible Commentary』에 속한 책으로, 목회자와 신학생은 물론 성경을 진지하게 읽고자 하는 모든 이를 위한 주석이다. 그래서 본서를 열어 보면 해석의 과정보다, 철저하게 본문에 집중하게 한다는 것을 알 수 있다. 본문을 한 절씩 설명하기보다 단락별로 풀어주지만, 중요한 어휘와 어구는 자세히 다루기 때문에 설교를 준비하거나 개인적으로 출애굽기를 연구할 때 좋은 길잡이가 되어 준다.

존 헤나, 드웨인 린지, 『출애굽기 레위기』 (김태훈 역; 두란노, 2016).
본서는 권위를 자랑하는 달라스 신학교의 교수진들이 직접 편집한 『The Bible Knowledge Commentary』를 한국어로 옮긴 『BKC 강해주석』 시리즈에 속해 있다. 본서는 출애굽기 본문을 간단하고 명확하게 관찰하고 있고 설교의 핵심을 짚어 주면서 뼈대를 잡아준다. 위어스비는 본서가 쉽고 신뢰할만한 주석이기에 설교자뿐 아니라, 성경 교사, 성경공부 리더에게도 도움이 될 것이라 말했다. 신학적 깊이보다는 명료한 해설과 실제적 적용을 제시하는 주석서이다.

알렉 모티어, 『출애굽기 강해』 (송동민 역; IVP, 2017).
본서는 『BST 시리즈』의 출애굽기 주석서다. 저자는 해박한 성경 지식과 뛰어난 통찰력으로 출애굽기가 성경의 하나님에 대해 증언하는 바를 들려준다. 그 증언에는 이 땅에 오실 대제사장 예수 그리스도에 대한 이야기가 풍성하게 담겨 있다. 신약과 구약을 아우르는 저자의 혜안을 통해 우리는 성경을 관통하는 구원의 역사를 한눈에 살필 수 있다. 저자는 브리스틀에 있는 트리니티칼리지(Trinity College) 학장과 본머스에 있는 그리스도교회(Christ Church) 목사로 사역했다. 『BST 시리즈』의 구약 책임 편집자로 활동하고 있다.

레위기

○ 석의적 주석

Hartley, John E. *Leviticus*. **WBC. Thomas Nelson, 1992.** 『레위기』 (솔로몬, 2006).

본서는 500쪽 분량의 주석서이다. 긴 개요와 역사적 해석 후에 충실한 주해 결과를 보여준다.

Milgrom, Jacob. *Leviticus*. **3 vols. AB. New York: Doubleday, 1991.**

저자는 캘리포니아 버클리 대학교의 히브리어와 성경 교수로 임명된 랍비이다. 그는 레위기 연구의 최고 권위자로 알려져 있다. 저자는 고대와 현대의 유대 주해기법을 사용한다. 주석의 각 부분이 번역되고 개요가 이어지며 그 후 내용 설명이 주어진다. 본서가 무려 2700면이 넘지만 가치 있는 작품이다!

○ 강해적 주석

Bonar, A. A. *A Commentary on the Book of Leviticus*. **Grand Rapids: Zondervan, 1959 reprint.**

주해와 묵상에 탁월한 저자가 쓴 고전적 작품으로 정독할 만한 가치가 있다. 저자는 19세기 스코틀랜드 프리 처치(Free Church of Scotland) 소속의 설교자였다. 그는 전천년주의 입장을 취했다. 브레버드 차일즈는, "보나는 주해의 역사에 깊이 빠져 있는 매우 숙련된 학자였다"라고 말했다. 스펄전은 이 작품을 "매우 소중한 것"으로 평가했다.

Gane, Roy. *Leviticus, Numbers*. **NIVAC. Grand Rapids: Zondervan,**

2004.
본서는 설교자에게 매우 도움이 된다. 좋은 적용과 함께 주해를 제공한다.

Harris, R. Laird. *Leviticus.* **EBC. Vol. 2. Grand Rapids: Zondervan, 1990.**
저자는 신학적으로 보수적이며, 커버넌트신학교(Covenant Theological Seminary)에서 가르쳤다.

Kellogg, Samuel H. *The Book of Leviticus.* **Minneapolis: Klock & Klock, 1982 reprint.**
시릴 바버는 이 작품을, "아마도 이 책에 관해 한 사람이 저술할 수 있는 최고의 작품"으로 평가했다. 더글라스 무는 이 책을 "너무도 훌륭한 오래된 고전"이라고 부른다. 『The Expositor's Bible』 시리즈의 레위기편이다.

Kiuchi, Nobuyoshi. *Leviticus.* **AOTC. IVP Academic, 2007.**
본서에 약간의 논란이 있는 부분은 있으나 전체적으로 좋은 작품이다.

Rooker, Mark F. *Leviticus.* **NAC. Nashville: Broadman & Holman, 2000.** 『NAC 레위기』 (부흥과개혁사, 2018).
사려 깊은 구약 학자가 쓴 저서로, 본문의 내용을 강해적으로 잘 풀어낼 뿐 아니라 레위기의 신학에 대해서도 잘 다루고 있다.

Ross, Allen. *Holiness to the Lord: a Guide to the Exposition of the Book of Leviticus.* **Grand Rapids: Baker Academic, 2002.** 『거룩과 동행』 (디모데, 2009).
특히 강해설교를 원하는 목사와 교사를 위해 저술된, 구약학자의 훌륭한 작품이다. 각 본문의 구조를 기반으로 한 뛰어난 개요와 설명, 각 구절에 대한 간단한 참고문헌이 제공된다. 내가 레위기를 설교한다면 꼭 필요한 저서라고 생각한다.

Tidball, Derek. *The Message of Leviticus: Free to be Holy.* BST. IVP Academic, 2005. 『레위기 강해』(IVP, 2016).
히브리어 지식이 없는 저자들도 사용하기에 좋은 작품이다.

Wenham, Gordon J. *The Book of Leviticus.* NICOT. Grand Rapids: Eerdmans, 1979. 『NICOT 레위기』(부흥과개혁사, 2014, 2016).
저자의 창세기 작품과 마찬가지로, 본서는 레위기에 대한 탁월한 주석서이며 신학적인 주제까지 심도 있게 제공한다. 로스컵은 본서를, "레위기의 현대적 의미와 연관성을 보여주는, 반짝이며, 관심을 유발하고, 설득력 있는 노력이다. ... 설교나 가르침에 필수이다."라고 말했다.

○ 특별연구

Heslop, W. G. *Lessons from Leviticus.* Grand Rapids: Baker, 1945.
본서를 통해 설교자들은 설교를 위한 많은 실제적 적용들을 발견할 수 있을 것이다.

Jukes, Andrew. *The Law of the Offerings.* Grand Rapids: Kregel, 1980.
본서는 그리스도의 제물 되심에 대한 모형론적 중요성을 다루고 있다. 본서는 레위기 1-7장만을 다루고 있으며 주로 신앙적 관점을 제공한다.

Seiss, Joseph. *Gospel in Leviticus.* Grand Rapids: Kregel, 1981.
본서는 어떻게 레위기가 그리스도를 향하고 있는지를 보여주는 또 다른 고전이다.

○ 한국어 추가자료

윌리엄 벨링거, 『레위기·민수기』 (김진선 역; 성서유니온선교회, 2016).

본서는 딱딱한 법조문들과 지루하기만 한 목록들 속에서도, 레위기와 민수기가 품고 있는 하나님의 거룩하심과 놀라우심, 정결의 중요성, 예배의 본질, 순종의 중요성, 고대 이스라엘의 불순종으로 인한 결과들에 대해 흥미진진하게 소개하는 책이다. 무엇보다 하나님의 임재가 하나님 백성 공동체와 개인에게 얼마나 중요한지를 강조하면서, 하나님 백성이라는 정체성을 기반으로 한 삶으로 우리를 초대한다. 저자는 베일러대학교 종교학과 학과장이자 구약성경에 나타난 예배 연구로 잘 알려진 학자다. 그는 시편 연구에 대한 글을 써 왔고, 예배와 관련 있는 레위기나 예언서 본문에 관한 연구도 계속하고 있다.

김의원, 『레위기 주석』 (CLC, 2013).

저자는 학문성과 현장 지향성을 가진 구약학자다. 본서는 레위기가 전하는 개인과 공동체의 성결을 세 가지 법규로 설명한다: 죄를 범한 백성들이 하나님의 임재로 나오는 방법을 보여주는 제사법규, 개인과 공동체를 위한 정결법규, 더 나아가 어떻게 사는 것이 거룩한 삶인가를 말해주는 성결법규. 본서에 따르면 레위기의 초점은 "내가 거룩하니 너희도 거룩하라"(레 19:2)에 맞추어져 있다. 즉, '제사장 나라'(출 19:6)로 부름을 받은 이스라엘 민족과 그리스도의 구속함을 받은 교회 공동체에 주신 '성결 설계도'이다. 본서를 통해 설교자는 레위기의 거룩함의 개념을 오늘날 어떻게 구현할 수 있는지에 대한 통찰을 얻을 수 있다.

민수기

○석의적 주석

Harrison, R. K. *Numbers*. **Grand Rapids: Baker**, 1992.

본서는 탁월한 보수적 구약학자에 의해 저술된 최고의 주석서 중 하나다. 로스컵은 본서가 "주석적, 문화적, 역사적 빛을 주는 자료들을 숙련된 방식으로 전해준다"고 평했다.

Levine, Baruch. *Numbers 1-20, and Numbers 21-36*. **2 vols. AB. New York: Doubleday**, 1993, 2000.

저자는 뉴욕 대학의 성경 및 고대근동학 교수다. 본서는 최고의 주석서 중 하나로 꼽히고 있다. 1140쪽 이상의 세부사항을 담고 있다. 비평학적 방법이 사용된 부분에서는 주의를 기울이며 보아야 한다.

Milgrom, J. *Numbers*. **JPS Torah Commentary. Jewish Publication Society**, 1990.

롱맨은 본서를, "지식의 대작이며 ... 세밀함이 깃든 주의 깊은 연구와 전체적인 메시지를 담은 지식의 대작"이라고 평가했다.

○강해적 주석

Ashley, Timothy R. *Numbers*. **NICOT. Grand Rapids: Eerdmans**, 1993.

신학적 분석이 많지는 않으나 충실한 강해적 작품으로 설교자들에게 유익이 된다.

Cole, R. Dennis. *Numbers.* NAC. Nashville: Broadman & Holman, 2000.

강해적 특징을 가지고 있는 본서는 특별히 신학적인 통찰을 주는 면에서 설교자들에게 도움이 된다. 롱맨은 본서를 "충실하게 잘 써진 주석서"라고 평가한다.

Gane, Roy. *Leviticus, Numbers.* NIVAC. Grand Rapids: Zondervan, 2004.

동일저자에 의한 레위기 설명을 참조하라.

Huey, F. B. *Numbers.* BSC. Grand Rapids: Zondervan, 1981.

전 사우스웨스턴침례신학교(Southwestern Baptist Theological Seminary) 구약학교수에 의해 저술된 본서는 짧지만 도움이 되는 내용을 담고 있다.

Philip, James. *Numbers.* CC. Vol. 4. Waco: Word, 1987.

저자는 에든버러에서 목회를 했다. 본서는 좋은 실제적 적용과 보수적인 강해를 제공한다.

Wenham, Gordon J. *Numbers.* TOTC. Leicester: IVP Academic, 1981.

저자의 창세기 및 레위기 주석과 마찬가지로 이 책은 목회자들에게 민수기에 대한 유익한 내용을 제공한다. 로스컵의 말대로 본서는, "간결하지만 최상의 내용을 담고 있어 민수기를 가르치거나 설교할 때 필수적이다."

○목회적 주석

Heslop, William G. *Nuggets from Numbers.* Grand Rapids: Kregel, 1975.

본서는 설교자에게 실천적 내용을 제공한다. 저자는 구약에 대해서 총 8권의 책을 저술했고, 모든 저서가 설교에 도움이 된다.

Jensen, Irving L. *Numbers: Journey to God's Rest Land.* **Chicago: Moody, 1964.**
본서는 본문의 실제적 적용에 관해 가장 도움이 되는 책이다.

○한국어 추가자료
유진 메릴, 잭 디어, 『민수기·신명기』 (문동학 역; 두란노, 2016).
두 명의 구약학 대가에 의해 탄생한 주석서이다. 본서는 민수기에서 시내산 계시 이후 주어진 세 가지 가르침을 중심으로 주해와 신학을 전개한다; 이스라엘 백성이 여행 중 갖추어야 할 질서와 규율, 앞으로 있을 이동에서 제사장들과 레위인들의 기능, 그리고 이스라엘 백성의 가나안 정복과 정착을 위한 준비. 이 책은 시내산에서 맺은 언약 갱신, 여호와를 향한 순종에 대한 다짐과 실패를 주해적, 신학적으로 다루고 있다. 충실한 주해와 현대 사회로의 구체적 연관성을 제시하고 있어서 설교 준비에 반드시 필요한 책이다.

데니스 올슨, 『민수기』 (차종순 역; 한국장로교출판사, 2004).
본서는 이스라엘 백성들이 애굽 땅을 벗어난 후, 구세대로부터 새로운 세대로 전환되는 사건과 관련된 다양한 자료를 설명한다. 저자는 각종 이야기와 율법, 인구조사 목록, 예배에 대한 지시사항, 군사 전투상황의 보고, 그리고 법적인 논란에 대한 상세한 내용을 소개한다. 또한 독자들이 때때로 간과하기 쉬운 이 책에 대한 포괄적인 해석을 보여준다. 뿐만 아니라 현대적 광야에 서 있는 교회에게 이 시대의 민수기 해석을 제공한다.

신명기

○ 석의적 주석

Tigay, Jeffrey. *Deuteronomy.* JPS Torah Commentary. Philadelphia: Jewish Publication Society, 1996.
본서는 최상의 석의적 주석 중 하나로 평가된다. 롱맨의 평가처럼, 본서는 역사적 구성에 대해 온건한 비평적 접근을 시도한다.

○ 강해적 주석

Block, Daniel. *Deuteronomy.* NIVAC. Zondervan, 2012.
본서는 좋은 적용과 더불어 충실한 강해의 방식으로 본문을 다루는 탁월한 학자에 의해 저술된 주석서이다.

Craigie, Peter. *The Book of Deuteronomy.* NICOT. Grand Rapids: Eerdmans, 1976.
뛰어난 구약학자인 저자는 충실한 강해가 담긴 본서를 통해 설교자에게 유익을 준다. 본서는 본문과 문맥 및 배경에 대해 주의 깊은 논의를 제공한다.

McConville, J. G. *Deuteronomy.* AOTC. Nottingham: IVP Academic, 2002.
탁월한 학자인 저자는 신명기의 저자와 배경에 대해서 보수적이기보다는 다소 개방적인 입장을 취하지만, 매우 도움이 되는 본문 분석을 제시하고 있다.

Merrill, Eugene. *Deuteronomy.* NAC. Nashville: Broadman &

Holman, 1994.
저자는 달라스신학교의 존경받는 학자이다. 본서는 보수적인 입장에 근거한 탁월한 본문연구와 신학을 제공한다.

Miller, Patrick. *Deuteronomy.* IBCTP. Louisville: Westminster/John Knox, 1990.
바우어는 본서를 신학 연구를 위한 최고의 저서라고 본다. 상당한 실천적 도움을 주며, 자료비평 방식을 수용한다.

Thompson, J. A. *Deuteronomy.* TOTC. IVP Academic, 1974.
비평적인 이론을 수용한 복음주의적 저자에 의해 저술된 본서는 초급단계 주석서로 사용하기에 적합하다.

Woods, Edward J. *Deuteronomy.* TOTC. IVP Academic, 2011. 『신명기』 (CLC, 2016).
이 시리즈의 모든 책과 마찬가지로, 우즈는 본서에서 히브리어에 익숙지 않은 목회자들에게 지나치게 전문적이지 않으면서도 간결한 연구결과를 제시하고 있다.

○ 목회적 주석

Cumming, John. *The Book of Deuteronomy.* Minneapolis: Klock & Klock, 1982.
저자(1807-1881)는 스코틀랜드 출신의 설교자 겸 런던에 위치한 스코틀랜드 국교회의 목사였다. 이 고전적인 책은 1856년 판을 재발행한 것이다. 아마 저자의 작품 중 가장 잘 알려진 것으로 설교에 대한 풍부한 적용을 담고 있다.

○한국어 추가자료

레이먼드 브라운, 『신명기 강해』 (정옥배 역; **IVP**, 1997).

본서는 신명기에 등장하는 하나님 백성들의 삶과 그들이 따라야 할 핵심적인 주제들을 신학적으로 해설한다. 본문에 대한 세부적인 주해와 더불어 현대인을 위한 구체적인 적용도 잘 제시하고 있다. 저자는 신명기를, 모세가 쓴 '믿음과 사랑의 설교'라는 관점을 가지고 언어적이고 신학적인 도구들로 풀어나간다. 저자는 런던에 소재한 스펄전대학(Spurgeon's College)의 학장이며 케임브리지의 시온침례교회의 목사였다. 최근 IVP에서 간행한 『*Christ Above All; The Message of Hebrews*』도 설교자에게 도움이 되는 책이다.

존 칼빈, 『신명기 강해 1-4』 (곽홍석 역; 서로사랑, 2009, 2010, 2011, 2013).

불멸의 종교개혁자인 칼빈의 신명기 연속 설교이다. 설교는 칼빈의 사역에 있어 가장 중요한 임무이자 중심이었다. 따라서 그의 설교에는 단순한 성경 본문의 강해만이 아니라 그의 신학과 신앙의 요체가 여실히 잘 드러나 있다. 저자는 제네바의 종교개혁자로서 25년 동안 제네바 교회와 제네바 시를 오직 하나님의 말씀으로 개혁하는데 평생을 보내며 종교개혁시대 최고의 신학자, 설교자, 주석가, 교사, 개혁자로서의 삶을 살았다. 번역서가 지닌 한계로 저자의 설교를 생생하게 느끼기는 어렵지만, 칼빈이 어떻게 본문을 주해하고 설교를 구성했는지 확인할 수 있다.

역사서

여호수아

○ 석의적 주석

Butler, Trent C. *Joshua*. **WBC. Thomas Nelson, 1983.** 『여호수아』 (솔로몬, 2004).

본서는 여전히 여호수아서에 대한 석의가 뛰어난 주석 중 하나로 평가된다. 그러나 본서에는 역사적으로 정확하지 않은 자료도 포함되어 있다.

Chisholm, Robert. *Interpreting the Historical Books*. **Grand Rapids: Kregel, 2006.**

저자는 달라스신학교 구약학 책임교수다. 본서는 『*Handbook for Old Testament Exegesis*』 시리즈로서 목회자들에게 매우 도움이 되는 작품이다.

○ 강해적 주석

Blaikie, W. G. *The Book of Joshua*. **The Expositor's Bible. New York: A. C. Armstrong & Son, 1908.**

설교에 매우 도움이 되는 작품이다! 브레버드 차일즈는 본서가 "빅토리아 설교단의 최고 수준을 반영하고 있으며 여전히 설교준비에 도움이 된다"고 평가했다.

Davis, Dale Ralph. *No Falling Words: Expositions of the Book of Joshua*. **Grand Rapids: Baker, 1988.**

본서는 리폼드신학교(Reformed Theological Seminary)의 전 구약학자인 저자의 21개의 강해로 구성되어 있다. 세부적이지 않고 전반적인 강해를 제공하는 것이 이 책의 특징이며, 도움이 되는 적용까지 제시한다. 위어스비는, 여호수아를 설교하려는 사람은 이 책을 읽어야 한다고 말했다.

Davis, John. *Conquest and Crisis: Studies in Joshua, Judges, and Ruth.* **Grand Rapids: Baker, 1969.**
본서는 여호수아를 잘 요약해주고 있어 목회자들에게 도움이 된다.

Hess, R. S. *Joshua.* **TOTC. IVP Academic, 1996.**
롱맨은 본서가 『틴데일 구약주석 시리즈』의 최고 작품 중 하나이며, 여호수아를 다룬 최고의 주석서 중 하나라고 말했다.

Howard, David M. *Joshua.* **NAC. Nashville: Broadman & Holman, 1998.**
롱맨은 본서가 "최고의 여호수아 주석서 중 하나"라고 평가했다.

Hubbard, Robert L. *Joshua.* **NIVAC. Grand Rapids: Zondervan, 2009.**
본서는 훌륭한 신학과 현대적 의미를 담고 있다.

Woudstra, M. H. *The Book of Joshua.* **NICOT. Grand Rapids: Eerd-mans, 1981.**
조셉 엘리슨에 의하면, 본서는 "최고 가치를 지닌 보수적 주석서"이다. 저자는 개혁주의적 관점을 가지고 본서를 저술했지만, 어느 신학적 전통에 속한 이들에게도 유익할 것이다.

○목회적 주석

Lutzer, Erwin. *Overcoming the Grasshopper Complex.* **Victor Books, 1991.**

저자는 시카고 무디교회의 목사다. 본서는 좋은 예화와 실천적 적용을 제시하고 있어 설교자에게 유익하다.

Meyer, F. B. *Choice Notes on Joshua-2 Kings.* **Grand Rapids: Kregel,** 1985 [1895].
로스컵은 본서가 "명확하고, 명료하며, 실천적 적용을 제시하고 있다"고 평가했다.

Pink, A. W. *Gleanings in Joshua.* **Chicago: Moody,** 1964.
본서는 묵상을 위한 보고(寶庫)이나, 모형론의 관점을 보인다.

Scroggie, W. G. *The Land and the Rest.* **Pickering and Inglis,** 1952.
적은 분량이지만 탁월한 본서는, 스코틀랜드 복음주의자이며 스티븐 올포드(Stephen Olford)를 가르친 저자에 의해 쓰였다.

Redpath, Alan. *Victorious Christian Living.* **London: Pickering & Inglis,** 1955.
본서는 설교자들이 꼭 생각해야 할 목회적 연구들을 제공한다. 저자는 시카고의 무디메모리얼교회(Moody Memorial Church)의 목사였고 여러 책을 저술했다. 아래의 느헤미야 해설을 참고하라.

○특별연구
Schaeffer, Francis. *Joshua and the Flow of Biblical History.* **Downers Grove: IVP,** 1975.
본서는 설교와 교육에 유익한 내용을 설교식으로 전달하고 있다.

○한국어 추가자료

제임스 몽고메리 보이스, 『**우리는 주님만 섬기리라: 여호수아 1-24장**』 (문원욱 역; 솔라피데, 2015).

저자는 세계적인 복음적 개혁주의 강해설교가로서, 역사적인 개혁신앙의 토대 위에 성경을 해설해 주는 탁월한 목회자이며 저자이다. 그는 1968년부터 2000년 6월 15일까지 미국 필라델피아 텐스장로교회 담임목사로 섬기면서 주옥같은 설교를 남겼다. 저자는 탁월한 설교자와 목회자이기도 했지만, 하버드대학교와 프린스턴대학교를 거쳐 스위스 바젤대학에서 신학박사 학위를 받은 뛰어난 신학자이기도 했다. 본서를 포함해서 저자가 저술한 책들은 설교자들에게 꼭 필요한 귀중한 자료들이다.

도날드 캠벨, 드웨인 린지, 『**여호수아 사사기**』 (장의성 역; 두란노, 2011).

본서는 여호수아서의 전체적 구조를 쉽게 풀어간다. 너무 학문적이지 않으면서도 본문을 이해하기 위해 중요한 주해 내용을 효과적으로 전달하고 있다. 히브리어에 익숙하지 않은 독자들도 본문에 근거한 깊은 통찰을 본서에서 얻을 수 있다.

사사기

○ 석의적 주석

Fausset, A. R. A *Critical and Expository Commentary on the Book of Judges.* **London: James Nisbet & Co., 1885.**
바버는 본서를 "방대하고 학문적인 우수성을 가진 설교자들을 위한 최고의 작품 중 하나"로 평가했다.

○ 강해적 주석

Adar, Zvi. *The Biblical Narrative.* **Department of Education & Culture, World Zionist Organization, 1959.**
브레버드 차일즈는, 본서에 나타나는 "삼손과 아비멜렉 스토리에 대한 아다의 통찰력 있는 분석이 목회자와 교사들에게 큰 도움이 된다"고 말했다.

Block, Daniel. *Judges, Ruth.* **NAC. Broadman & Holman, 1999.**
본서는 설교자들이 꼭 소장해야 할 책으로, 중요한 주제를 균형적으로 다루고 있다. 위의 신명기에서 다룬 동일저자에 대한 설명을 참고하라.

Boda, Mark J. *Judges.* **REBC. Zondervan, 2012.**
본서는 좋은 역사적, 문화적, 신학적 연구를 제공한다.

Butler, Trent C. *Judges.* **WBC. Thomas Nelson, 2009.** 『사사기』 (솔로몬, 2011).
롱맨은 본서가 "모든 중요한 주제를 심도 있게 다루고 있으며, 신학적인 중요성에 대해서도 예민하게 잘 다루고 있다"고 평가했다.

Chisolm, Robert. *A Commentary on Judges and Ruth.* **Kregel Exegetical Library. Grand Rapids: Kregel, 2013.**

이 탁월한 주석은 현대 설교자들을 위해 사사기와 룻기에 대한 주해적이고 신학적인 빛을 비추고 있다. 저자는 본문이 고대 이스라엘에게 어떤 의미인지, 그리고 그것이 오늘날 우리에게 어떤 의미인지를 보여준다. 그는 각 본문의 주해적 구분에 따라 '설교학적 궤적'을 그려줌으로써 사사기와 룻기를 연속으로 설교하고자 하는 설교자들에게 세밀한 안내를 제공한다. 또한 본서는 역사적 내러티브가 어떻게 강단에서 다시 재현될 수 있는지를 보여준다. 설교자들에게 도움이 되는 광맥과 같은 작품이다.

Davis, Dale Ralph. *Such a Great Salvation: Exposition of the Book of Judges.* **Grand Rapids: Baker, 1990.**

여호수아에서 다룬 동일 저자에 대한 설명을 참고하라.

Meyer, F. B. *Judges.*

여호수아에서 다룬 동일 저자에 대한 설명을 참고하라.

Kirk, Thomas & John Lang. *Studies in the Book of Judges.* **Minnea-polis: Klock & Klock, 1983.**

본서는 『Samson: His Life and Work』와 『Gideon and the Judges』 이 두 권의 책들이 하나로 합쳐진 작품이다. 설교자들은 이 고전을 통해 많은 도움을 얻을 것이다.

○ 목회적 주석

Wiseman, Luke. *Practical Truths from Judges* **[originally published**

under the title *Men of Faith*]. **Grand Rapids: Kregel, 1985.**
저자는 초기 영국 복음주의감리교의 설교자였다. 스펄전은 이 책을 추천했다. 위어스비는 본서가 "다른 사람들이 소홀히 했던 금맥을 가지고 있는 고전적인 작품"이라고 평가했다. 본서는 발락, 기드온, 입다, 삼손을 다루고 있다.

Wood, Leon. *Distressing Days of the Judges*. Grand Rapids: Zonder-van, 1975.
로스컵은 본서를, 사사기 시대를 다루면서 주요 사사들에 대한 특징들을 다루는 최고의 책 중에 하나로 평가했다. 본서는 설교에 도움이 되며 실천적 적용도 제시한다.

○설교
Rogers, Richard. *Judges: A Facsimile of the 1615 edition*. Banner of Truth Trust, 1985 reprint.
저자는 본인의 교회에서 103번의 사사기 설교를 한 청교도 설교자였다. 본서는 거의 1000쪽에 달한다. 본서에 본문이 이끄는 설교에 도움이 되지 않는 성경 외의 자료들이 있지만, 선별만 잘 할 수 있다면 이 책에서 금 조각을 얻을 수 있을 것이다.

○한국어 추가자료
김지찬, 『오직 여호와만이 우리의 사사』 (생명의말씀사, 2019).
저자는 신학교 강단과 교회 설교단에서 사랑받는 스승이요 목회자다. 문예적 비평방법으로 풀어내는 사사기는 설교자가 본문의 플롯을 머리에 그릴 수 있도록 해준다. 다양한 자료를 통해 언어적, 신학적 통찰을 던지고 있다. 저자는 왕이 없으므로 자기 소견에 옳은 대로 행동하며 '엔 샬롬'을 경험했던 사사기 시대의 현실이 오늘 한국 교회에도 벌어지고 있음을 지적한다. 저자는 사사기가, 왕이신 하나님의 말씀에 불순종한 이들이 겪을 수밖에 없는 불안한 현실을 보여주고 우리의 충성과 복종을 요구하며 다가오는, '살아계신 하나님의 계시'라고 결론 내린다. 설교자와 교사들에게 매우 도움이 되는 책이다.

J. 클리턴 맥캔, 『사사기』 (오택현 역; 한국장로교출판사, 2010).
저자는 본서에서 사사기를 교회와 현 시대를 위해 해석한다. 이 책은 우리가 하나님을 예배하지 않거나 섬기지 않는다면 그 결과는 파괴적이며, 결정적으로 치명적일 수밖에 없다는 사실을 보여 준다. 사사기의 이스라엘 역사 안에서 지도자들과 백성들이 계속해서 하나님을 떠나 잘못된 신들과 우상을 섬긴 오랜 타락의 이야기이다. 이러한 불신실함의 슬픈 교훈은 계속적인 파멸이었다. 그렇지만 맥캔은 사사기 그 경고의 저변에서 희망을 가져다준다고 강력히 주장한다. 신학적 메시지가 강한 주석서이다. 본문 연구에 충실한 다른 책들과 함께 본다면 설교자에게 유익이 될 것이다.

룻기

○석의적 주석

Bush, Fredrick. *Ruth and Esther.* **WBC. Dallas: Word Books,** 1996. 『룻기』 (솔로몬, 2007).

저자는 담화분석의 언어학적 원리를 통해 깊은 연구를 제공한다. 데이비드 바우어는 본서를 "가장 세부적이고, 포괄적이며, 전문성이 깃든 주석이다"라고 평가했다. 또한 "본서는 에스더를 종합적으로 다루는 최고의 작품이다"라고 말했다. 실천적 적용을 제시하는 다른 책과 함께 보아야 할 책이다.

Sasson, J. M. *Ruth: A New Translation with a Philological Commentary and a Formalist/Folklorist Interpretation.* **2nd ed. Sheffield Academic Press,** 1989.

본서의 책 제목의 일부 글자 때문에 겁을 먹을 필요는 없다. 이 작품은 언어적 이슈와 더불어 주해적이고 전문적인 부분도 다룬다.

○강해적 주석

Barber, Cyril. *Ruth: An Expositional Commentary.* **Chicago: Moody Press,** 1983.

본서는 룻기에 대한 간략하지만 중요한 주제를 잘 다루고 있다. 저자는 트리니티복음주의신학교(Trinity Evangelical Divinity School) 및 다른 보수적인 기관들의 도서관장이었다. 그는 누구보다 신학 서적에 정통한 사람이었다.

Block, Daniel. *Judges, Ruth.* **NAC. Broadman & Holman,** 1999.

위의 신명기와 사사기에서 다룬 동일 저자에 대한 설명을 참고하라.

Block, Daniel. *Ruth*. ZECOT. Grand Rapids: Zondervan, 2015.
재능 있는 구약 학자의 펜에서 탄생한 이 작품은 설교자에게 많은 도움을 줄 것이다. 본서는 각 본문의 주요 개념이 어떻게 발전되는지를 보여준다. 또한 각 본문으로부터 도출되는 신학적 적용을 제시한다.

Chisolm, Robert. *A Commentary on Judges and Ruth*. KEL. Grand Rapids: Kregel, 2013.
위의 사사기에서 다룬 동일 저자에 대한 설명을 참고하라.

Hubbard, Robert L. *The Book of Ruth*. NICOT. Eerdmans, 1998.
본서는 『NICOT』 시리즈에서 최고 작품 중 하나다. 롱맨은 본서가 "주의 깊은 학문성과 활기찬 문체, 균형 잡힌 판단력을 보여준다"고 말했다. 본서는 목회자에게 도움이 된다. 저자는 덴버신학교(Denvor Seminary)의 히브리어 교수였다.

Lawson, George. *Expositions of Ruth and Esther*. Evansville, IN: Sovereign Grace Publishers, 1960.
본서는 스펄전이 가장 좋아했던 작품 중 하나였다. 그러나 본서에 나타난 도덕주의는 주의해야 한다.

○ 목회적 주석

Cox, Samuel. *The Book of Ruth*. London Religious Tract Society, 1922 [originally published in 1876].
이 책은 두 권의 책을 하나로 묶은 것으로 저자의 룻기에 대한 연구를 담고 있다. 주해적이기보다는 목회적 특징을 가진 본서는 설교자에게 많은 유익을 준다.

Heslop, William G. *Rubies from Ruth.* **Zondervan,** 1944.
설교학적으로 많은 도움이 되는 작품이다.

Moorhouse, Henry. *Ruth, the Moabitess.* **Chicago: Revell,** 1881.
본서는 신앙에 고무적이며 동시에 실제적이다.

○ 특별연구
Hals, Ronald. *The Theology of the Book of Ruth.* **Philadelphia: Fortress,** 1969.
로스컵은 본서를 다음과 같이 평가했다. "이 작품은 저자가 추측에 근거하여 본문을 말할 때 때로는 강점들을, 때로는 취약한 것들을 잘 조정해내는 빈틈없는 작품이다. … 철저하고 통찰력 있는 토론이 있다. … 본서는 주석은 아니지만 종종 설교자에게 큰 도움이 된다."

○ 한국어 추가자료
정창균, 『하나님을 만나다: 룻기 강해』 (설교자하우스, 2015).
저자는 합동신학교 총장이자 설교학 교수이다. 설교자들과 함께 다룬 내용을 저자가 협동목사로 섬기고 있는 남포교회(박영선 목사 시무)에서 3개월에 걸쳐 매주 수요예배에서 설교하고, 그것을 다듬고 보완하여 책으로 엮었다. 저자는 무엇보다 본문에 집중하는 설교를 강조한다. 충실한 주해와 영적인 깊이가 조화롭게 만들어내는 저자의 설교는 룻기에 나타난 하나님의 은혜가 어떻게 이 시대에 동일하게 체험될 수 있는지를 생생하게 보여준다.

요한 레드, 유진 메릴, 『룻기 사무엘상·하』 (문동학 역; 두란노, 2016).
본서는 간략하지만 충실한 주해를 통해 룻기의 다음과 같은 신학적 메시지를 전달한다. 즉, 여호와는 그의 백성을 사랑하고, 다스리시며, 섭리로 보살피시며, 언제나 신실하신 분이시다. 그러므로 하나님의 백성은 일상적인 활동에서 은혜를 받는 자들로서, 룻과 보아스처럼 하나님께는 신실한 순종으로, 타인들에게는 자비로운 태도로 반응해야 한다는 것이다. 한편 본서는 룻기를 통해 약속된 그리스도의 모습을 신학적으로 풀어간다.

이언 두기드, 『에스더, 룻기』 (황의무 역; 부흥과개혁사, 2018).
저자는 케임브리지 대학교에서 박사학위를 받고, 웨스트민스터신학교(Westminster Theological Seminary, Philadelphia)에서 구약학 교수로 재직 중이다. 『Daniel』(Reformed Expository Commentary), 『NIV Application Bible: Ezekiel』, 『Numbers: God's Presence in the Wilderness』(Preaching the Word)를 포함한 다수의 성경 주석을 썼다. 본서는 충실한 주해를 바탕으로 에스더서와 룻기가, 하나님 자신이 어떤 분이신지, 하나님이 자신의 백성과 세상을 어떻게 다루시는지에 대해 성경이 계시하는 큰 그림의 일부임을 보여주는 책들임을 보여준다. 또한 이방인과 나그네들에게 충만하고 최종적인 은혜를 베푸심으로써 반역한 죄인들을 구원하시고 그들로 하여금 하나님의 새로운 백성이 되게 하신 분이신 그리스도를 더 가까이 볼 수 있도록 초대한다.

사무엘상하

○ 석의적 주석

Anderson, A. A. *2 Samuel.* WBC. Thomas Nelson, 1989. 『사무엘하』 (솔로몬, 2001).
본서는 주해가 세부적이라는 장점을 가지고 있다. 그러나 다소 비평적 시각이 포함되어 있어 주의를 기울여야 한다.

Klein, Ralph W. *1 Samuel.* WBC. Thomas Nelson, 1983. 『사무엘상』 (솔로몬, 2004).
본서는 언어학적이고 본문 비평적인 이슈들을 다룬다. 롱맨은 본서가 문학적 신학적 이슈에 대해서는 그리 많이 강조하지 않는다고 말한다.

○ 강해적 주석

Bergen, Robert. *1 & 2 Samuel.* NAC. Nashville: Broadman & Holman, 1996.
본문은 내러티브 본문에 대한 탁월한 담화 분석을 제공한다. 저자는 한니발-라그랑케대학교(Hannibal-LaGrange University)의 교수다.

Dean, William John and Thomas Kirk. *Studies in First Samuel.* 2 vols in one.
본서는 사무엘과 사울의 삶에 초점을 맞춘 오래된 저서이며 실천적 적용을 제시한다.

Firth, David G. *1 & 2 Samuel.* **AOTC. IVP Academic, 2009.**
저자는 『틴데일 구약주석 시리즈』의 책임 편집자이다. 다음의 그의 작품도 참고하라. 1 & 2 Samuel: a Kingdom Comes. Sheffield: Sheffield Phoenix Press(2013).

Gordon, Robert. *1 & 2 Samuel.* **Library of Biblical Interpretation. Grand Rapids: Zondervan, 1988.**
RSV에 기반하고 있는 작품이다.

Laney, J. Carl. *First & Second Samuel.* **Chicago: Moody, 1982.**
본서는 132면의 짧은 분량으로 이루어져 있다. 잔 새텀은, "사무엘상하의 주해에 관해 이 보다 좋은 책은 드물 것이다"라고 말했다. 저자는 웨스턴침례신학교의 성경 문학 교수다.

Merrill, Eugene. "1 & 2 Samuel," *The Bible Knowledge Commentary,* **vol. 1, ed. by Walvoord and Zuck. Wheaton: Victor Books, 1983.**
저자는 '헤렘'에 대해 바른 견지를 유지하고 있다. 기본적인 주석서로, 히브리어 지식이 없는 사람들에도 매우 도움이 되는 책이다.

Wood, Leon. *Israel's United Monarchy.* **Grand Rapids: Baker, 1979.**
『이스라엘의 통일왕국사』 (CLC, 1994).
바버는 본서를 "탁월하다"고 평가했다.

Youngblood, R. F. "1 & 2 Samuel," *Expositor's Bible Commentary,* **vol. 3. Grand Rapids: Zondervan, 2009.**
본서는 이 분야에 최고의 책 중에 하나다.

○목회적 주석

Blaikie, William. *The First Book of Samuel.* The Expositor's Bible. London: Hodder and Stoughton, 1898. Republished by Klock & Klock, 1982.

바버는 본서가 "실질적이고 만족스러운 것을 원하는 설교자들을 위한 매우 유용한 주석서"라고 말했다. 바버는 또한 이 작품이 지금까지 출판된 최고의 목회적 주석 중 하나라고 평가했다. 차일즈는, 본서가 "내러티브를 충실하게 따르면서 설교자들이 빠지기 쉬운 본문에 대한 도덕적주의적인 경향에 어느 정도 저항했다"고 논평을 했다.

_____. *The Second Book of Samuel.* The Expositor's Bible. New York: A. C. Armstrong & Son, 1908. Republished by Klock & Klock, 1978.

위의 바버의 평가를 참조하라.

Redpath, Alan. *The Making of a Man of God.* Grand Rapids: Baker, 2004 reprint.

본서는 탁월한 목회적 연구와 실천적 적용으로 가득 차 있다. 꼭 읽어야 할 글이며 모든 설교자가 꼭 소장해야 할 책이다.

Taylor, William. *David, King of Israel: His Life and its Lessons.* London: Sampson Low, Marston & Co., 1875.

스펄전은 본서가 "모든 도서관에 꼭 비치되어야 할 굉장한 작품"이라고 추천했다.

○특별연구

Blackwood, Andrew W. *Preaching from Samuel.* New York: Abingdon

-Cokesbury Press, 1946.
본서는 설교 시리즈인데 블래이키의 책보다는 덜 도움이 되는 듯하다.

Krummacher, F. W. David, *the King of Israel*. Edinburgh: T&T Clark/Minneapolis: Klock & Klock, 1985.
저자는 독일 보수주의 복음주의 신학자로 창의적인 글쓰기에 훌륭한 재능을 가지고 있다. 이 작품은 그의 가장 유명한 『*Elijah the Tishbite*』 및 『*The Suffering Savior*』와 함께 모든 목사들이 소장해야 할 것이다. 저자는 당신의 마음을 따뜻하게 해줄 것이며, 일단 읽기 시작하면 반드시 그의 자료들을 당신의 설교에 사용하게 될 것이다.

Lawson, George. *Discourses on the History of David*. Berwick: 1833.
스펄전은, "본서에서 다윗의 경건한 삶은 오늘을 향한 실천적 삶으로 제시된다"고 말했다.

Swindoll, Charles. *David: A Man of Passion and Destiny*. Thomas Nelson, 2000.
본서에 나타나는 다윗의 삶은 성경적이며 실제적이어서 모든 목회자에게 도움이 된다. 저자는 텍사스 프리스코에 있는 스톤브라이어커뮤니티교회(Stonebriar Community Church)의 목사이다. 그는 설교의 적용에 중점을 둔 존경받는 설교자이다.

○한국어 추가자료
김지찬, 『거룩하신 여호와 앞에 누가 능히 서리요: 내러티브 해석으로 본 사무엘서』 (생명의말씀사; 2009).
본서는 내러티브 분석을 통해 사무엘서를 풀어간다. 충실한 주해와 신학적 메시지를 기반으로 내러티브 설교를 하기 원하는 설교자에게 도움이 되는 책이다. 사사기에서 다룬 저자에 대한 정보를 참조하라.

요한 레드, 유진 메릴, 『룻기 사무엘상·하』 (문동학 역; 두란노, 2016).
본서는 간략하지만 충실한 주해를 통해 어떻게 하나님의 통치권이 이스라엘 민족, 특히 그가 택하신 다윗 왕가를 통해 위임되었는지를 보여준다. 저자는 다윗과 그의 왕조에서 하나님의 통치가 구체적으로 무엇을 의미하는지를 보여주고 있다. 또한 사무엘상하의 다윗의 삶을 예수그리스도의 사역으로 연결한다. 신구약을 연결해 구속사적인 설교를 하기 원하는 설교자에게 큰 유익이 되는 주석서이다.

월터 부르거만, 『사무엘상·하』 (차종순 역; 한국장로교출판사, 2000).
본서는 비평적인 방법론에 근거한 본문 분석과 신학적 해석을 제공한다. 전통적인 해석보다는 사회-문화적 시각이 중심된 주석서이다. 저자는 하나님의 백성이 어떻게 조직과 군사적 능력을 갖춘 군주국가로 전환하는지 그 과정을 사무엘서를 통하여 추적한다. 또한 사무엘서에 핵심적인 영향을 준 사항을 다음과 같이 몇 가지로 제시한다. 즉, 정치적 힘의 영향력, 사회적 압박, 그리고 기술적인 가능성, 다윗이라는 한 개인의 영향력, 그리고 여호와의 영향력이다. 이 중에서 여호와의 간섭, 개입, 권능이야말로 사무엘서의 주된 주제라고 말한다. 전통적인 해석과 신학에서 벗어난 부분은 주의를 기울이며 읽어야 한다.

열왕기상하

○ 석의적 주석

Montgomery, J. A. *A Critical and Exegetical Commentary on the Book of Kings*. **ICC. NY: Scribners,** 1951.

본서는 『ICC』 시리즈 가운데 좋은 작품 중의 하나로 평가된다.

Provan, I. W. *1 and 2 Kings*. **UBCS. Baker,** 1995. 『열왕기』 (성서유니온, 2017).

롱맨은 본서를, "좋은 관점과 가독성 면에서 볼 때 열왕기 주석 중에 최고의 것"으로 평가한다.

○ 강해적 주석

Baehr, Karl. *1 and 2 Kings*. **Lange's Commentary on the Holy Scriptures.**

스펄전은, "저자가 이 책에 있는 이만큼 탁월한 설교 부분을 저술하기 위해 많은 노력을 했을 것이 틀림없다. 이것은 설교자에게 보석과 같다."고 말했다. 차일즈도 이 말에 동의한다.

Davis, Dale Ralph. *The Wisdom and the Folly–1 Kings*. **Christian Focus,** 2002.

_____. *The Power and the Fury–2 Kings*. **Christian Focus,** 2005.

Farrar, F. W. *The First Book of Kings.* The Expositor's Bible. New York: A. C. Armstrong & Son, 1908. Reprinted by Klock & Klock, 1981.

바버는 본서를, "심오한 학자요 위대한 설교자에 의한 가치 있는 주해 연구"라고 말했다. 저자는 당시 문학계의 거인이었다. 저자의 독서량을 추월할 수 있는 사람은 거의 없었다. 차일즈는 이 작품을 "풍요롭고 힘이 넘치는 주해"라고 말했다. 약간의 자유주의적 경향이 있지만 크게 문제가 되지 않는다.

_____. *The Second Book of Kings.* The Expositor's Bible. New York: A. C. Armstrong & Son, 1908. Reprinted by Klock & Klock, 1981.

위의 평가를 보라. 두 권 모두 설교자에게 도움이 된다.

House, Paul R. *1, 2 Kings.* NAC. Nashville: Broadman & Holman, 1995.

본서는 보수주의 학자에 의해 저술된 것으로 목회자들에게 매우 도움이 된다. 이 책은 본문을 잘 설명할 뿐만 아니라 신학적인 문제도 잘 다루고 있다.

Kirk, Thomas and George Rawlinson. *Studies in the Books of Kings.* 2 volumes in one. Minneapolis: Klock & Klock, 1983 reprint. [커크의 저술: *Solomon: His Life and His Works.* 롤린슨의 저술: *The Lives and Times of the Kings of Israel and Judah*]

바버는 "커크가 다룬 솔로몬의 삶은 너무도 훌륭해 탁월한 메시지를 제시하며, 그에 맞는 적용도 제공한다"고 말했다. 티엘의 『*Mysterious Numbers of the Hebrew Kings*』의 연대기와 비교하면서 이 책을 사용한다면 큰 유익이 될 것이다.

Konkel, A. H. *First and Second Kings*. NIVAC. Zondervan, 2006.

Patterson, Richard D. and Hermann J. Austel. *1 and 2 Kings*. EBC, vol. 4. Frank E. Gaebelein and Richard P. Polcyn, eds. Grand Rapids: Zondervan, 1988.

○ 목회적 주석
Hendricks, Howard. *Elijah*. Chicago: Moody, 1972.
본서는 달라스신학교에서 다년간 가르치며 많은 사랑과 존경을 받았던 재능 있는 저자에 의해 저술된 책이다.

○ 특별연구
Edersheim, Alfred. *Practical Truths from Elisha*. Grand Rapids: Kregel, 1984.
본서는 재출판 된 고전으로서 충실한 주해와 영적인 적용점을 제시한다.

Krummacher, F. W. *Elijah the Tishbite*. Religious Tract Society, 1836
저자가 쓴 모든 책이라면 설교자의 서재에 둘 만하다. 저자의 언어적 서술 능력에 주목하며 연구해보라.

_____. *Elisha: A Prophet for Our Times*. Kregel, 1993.
위의 설명을 보라.

Macduff, John Ross. *Elijah, the Prophet of Fire*. Minneapolis: Klock & Klock, 1985.
브룩맨은 본서가 설교자에게 반드시 필요한 책이라고 했다.

Meyer, F. B. *Elijah and the Secret of His Power.* **Chicago: Revell, n.d.**
스펄전과 동시대 인물이었던 침례교 목회자의 펜에서 나온 주옥같은 작품이다.

Thiele, Edwin. *The Mysterious Numbers of the Hebrew Kings.* **Grand Rapids: Zondervan, 1983.**
본서는 내가 왕들의 연대기를 풀어 줄 필요가 있을 때 제일 먼저 생각하는 책이다.

○한국어 추가자료
목회와신학 편집부, 『열왕기상하: 어떻게 설교할 것인가?』 (두란노, 2012).
『두란노 HOW 주석』 시리즈의 일부로, 본서의 다양한 저자들은 사무엘서 전체에 대한 주해와 신학적 메시지를 요약적으로 제시한다. 간략하지만 핵심을 잡아주는 본서는 교사와 설교자에게 도움이 된다. 이 주석의 특징에 대해서는 창세기에서 다룬 같은 시리즈에 대한 설명을 참고하라.

토마스 칸스터블, 『열왕기상·하』 (이명준, 문동학 역: 두란노, 2016).
본서는 충실한 주해와 신학을 바탕으로 이스라엘의 역사를 서술하고 있다. 저자에 따르면 열왕기상하의 주된 관심은 이스라엘과 유다 왕들의 기록을 보존하는 것이며, 무엇보다 왕들과 선별된 선지자들의 행적에 관한 것이다. 보다 중요한 사실은, 저자가 모세 율법을 기준으로 왕을 평가했으며, 이를 통해 북왕국과 남왕국 몰락의 원인을 분석하여, 열왕기가 바벨론 포로들에게 그들이 곤경에 처한 이유를 가르침으로 교훈을 이끌어내려 했다는 점을 부각한다. 본문에 대한 이해와 역사적 흐름을 잡아주는 좋은 주석서이다.

김진수, 『열왕기 주해』 (합신대학원출판부, 2016).
본서는 충실한 주해와 신학을 바탕으로 하나님 나라 관점으로 열왕기를 풀어간다. 저자에 따르면 열왕기가 가르치는 하나님 나라의 통치 원리는 간단하면서도 심오하다. 그것이 간단한 까닭은 하나님의 말씀에 대한 순종이 골자요 핵심이기 때문이다. 다른 한편, 하나님 나라의 통치원리가 심오하다는 말은, 하나님 말씀이 그 자체로서 갖는 무게와 의미가 크고, 그 말씀이 죄로 얼룩진 역사와 인간 삶에 대하여 갖는 의미가 깊다는 뜻이다. 본문에 충실하면서도 하나님 나라의 관점을 기초로 메시지를 전해주는 좋은 주해서이다.

역대상하

○석의적 주석

Dillard, R. B. *II Chronicles.* **WBC. Nelson/Paternoster,** 1987. 『역대하』 (솔로몬, 2005).

롱맨에 따르면 본서는 신학적 분석에 탁월하며, 신약과의 관계를 연구한다. 로스컵은 이 책에 대해, "많은 세부 구절들의 금광이다. ... 그러나 어떤 관점과 일정 부분은 주의해서 보아야 한다."고 말했다.

Merrill, Eugene. *A Commentary on 1 and 2 Chronicles.* **Kregel Exegetical Library (KEL). Grand Rapids: Kregel,** 2015.

본서는 학자와 목회자 모두에게 중요한 공헌을 하는 좋은 책이다. 본서는 각 구절에 대한 충실한 해설을 제공하며 여러 가지 주제를 검토하는데 특히 다음과 같은 세 가지 중요한 주제를 다루고 있다. 다윗과 그의 역사적이고 종말론적 통치; 영원한 언약의 갱신; 새롭게 구성된 사람들의 상징으로서의 새 성전.

○강해적 주석

Barber, Cyril. *1 Chronicles: God's Faithfulness to the People of Judah.* **Focus on the Bible. Christian Focus,** 2004.

전문 서지학자인 저자에 의해 저술된 본서는 주해와 적용이 조화를 잘 이루고 있어 많은 설교자들에게 유익을 줄 것이다.

_____. *2 Chronicles: God's Blessing of His Faithful People.* **Focus on the Bible. Christian Focus,** 2004.

위의 평가를 참고하라.

Hill, A. E. *1 and 2 Chronicles*. NIVAC. Zondervan/Hodder & Stoughton, 2003.
저자는 이 책을 설교라고 생각한다.

Japhet, S. *I and II Chronicles*. OTL. Westminster John Knox/SCM, 1993.
롱맨에 따르면 본서는 신학적인 부분 외에 모든 영역에서 탁월함을 보인다.

McConville, J. G. *I and II Chronicles*. 2 vols. DSB. Westminster John Knox, 1984.
본서는 좋은 강해와 적용을 제시하고 있다. 바버는 이 책에 "오랫동안 간과했던 역대상하에 대한 간결하면서도 핵심이 있는 해설과… 더 많은 연구를 할 수 있도록 시각을 열어주는 통찰이 가득하다"고 말했다.

Merrell, Eugene. *I & II Chronicles*. BKC. Vol. 1. Wheaton: Victor, 1983. 『역대상·하』 (두란노, 2017).
신명기에서 다룬 동일 저자에 대한 설명을 참고하라.

Pratt, Richard. *1 and 2 Chronicles*. Geanies House, Fearn, Ross-shire, Great Britain: Christian Focus Publications, 1998.
개혁주의적 관점에서 기록된 책으로서 견고하고 보수적이다.

Thompson, J. A. *1, 2 Chronicles*. NAC. Nashville: B&H, 1994.
호주의 침례교 구약학자가 저술한 본서는 충실한 주해를 제공한다. 로스컵에 따르면 본서는 모든 영역을 적절히 다루고 있는 작품이다.

Wilcock, M. *The Message of Chronicles: One Church, One Faith, One Lord.* **BST. IVP Academic, 1987.**
저자는 이 책이 형식에 있어서 설교적인 것으로 본다.

Williamson, H. G. M. *1 and 2 Chronicles.* **NCB. Sheffield, 1982.**
로스컵은 저자가 본문 및 문학 비평에 익숙하지만 종종 역사적인 면에서는 부정확한 점이 있다는 것을 발견했다. 전반적으로 본문의 의미는 잘 다루고 있지만 주의해서 읽어야 할 책이다.

○ 특별연구
Von Rad, Gerhard. "The Levitical Sermon in 1 and 2 Chronicles." In *From Genesis to Chronicles: Explorations in Old Testament Theology.* **Minneapolis: Fortress Press, 2005.**
차일즈는 본서가 "성서적 전통의 설교학적 사용과 긴밀하게 관련이 있다"는 것을 보여준다고 말했다.

○ 한국어 추가자료
스티븐 S. 투엘, 『**역대상·하**』 (배희숙 역; 한국장로교출판사, 2016).
저자는 버지니아 주 애슐랜드에 있는 랜돌프메칸대학교(Randolph-Macon College)에서 종교학 조교수로 가르치고 있다. 본서는 역사적인 연구와 신학적인 이해를 결합시킴으로써 역대상하에 대한 풍부한 해석을 제공한다. 또한 본문이 말하고자 하는 것이 무엇인지를 잘 이해하게 돕고, 그것을 바탕으로 오늘날의 삶과 신앙이 안고 있는 비판적인 문제들과 더불어 대화를 나눌 수 있게 해 준다. 역대기가 전하고자 하는 신학적 메시지에 대해서는 통찰을 주지만 본문을 보다 세밀하게 연구한 주석서와 함께 사용할 것을 권한다.

마틴 J. 셀만, 『**역대상**』 (임요한 역; CLC, 2016).
저자는 런던 스펄전대학교의 교수로 활동했다. 그는 비평학의 연구 결과들을 고려하면서 동시에 복음주의적 시각에서 역대기서를 풀어냈다. 그는 역대기서의 저자를 신학적 측면의 해설자로 평가하면서, 구약성경의 다른 역사서들(사무엘서, 열왕기서, 에스라-느헤미야서)과 적절하게 비교하는 가운데 역대기서의 의미를 주해했다. 또한 저자는 역대기서 저작의도를 찾기 위해 노력하고 있으며, 역대기서를 신약의 교회, 특히 예수 그리스도의 인격과 사역에 연결하는 통전적인 인식을 보이고 있다. 충실한 주해와 어려운 신학적 주제를 풀어내는 저자의 학문적 소양이 빛나는 책이다.

마틴 J. 셀만, 『**역대하**』 (임요한 역; CLC, 2017).
위의 해설을 참고하라.

에스라

○석의적 주석

Williamson, H. G. M. *Ezra-Nehemiah*. WBC. Nelson/Paternoster, 1985.

본서는 매우 방대하다. 보수적인 설교자는 이 책으로부터 유익을 얻을 것이지만, 자유주의적인 관점과 이론을 바탕으로 재구성한 부분은 주의를 기울여서 읽어야 한다.

○강해적 주석

Clines, D. J. A. *Ezra, Nehemiah, Esther*. NCB. Sheffield, 1984.

Fensham, F. Charles. *Ezra-Nehemiah*. NICOT. Grand Rapids: Eerdmans, 1982.

와이즈먼은, "설교자들이 본서를 통해 많은 적용에 대한 통찰의 빛을 얻을 수 있다"고 말했다.

Kidner, Derek. *Ezra and Nehemiah*. TOTC. Downers Grove: IVP Academic, 1979.

독자들은 기대한 대로 본서로부터 간결하지만 좋은 강해를 얻을 수 있다.

Martin, John. "Ezra," *The Bible Knowledge Commentary*, vol. 1. Wheaton: Victor Books, 1985.

본서는 충실한 주해를 제공하고 있으며, 특히 히브리어를 모르는 독자들에게 도움이 된다.

Yamauchi, E. M. *Ezra and Nehemiah.* REBC 4. Grand Rapids: Zondervan, 2010.

롱맨은, "아마 역사적인 관점으로 잘 서술된 이 주석서보다 더 좋은 작품을 찾기는 어려울 것이다"라고 말했다.

○목회적 주석

Ironside, Henry. *Ezra, Nehemiah, and Esther.* NJ: Loizeaux Brothers, 1979.

저자가 쓴 많은 주석들은 도움이 된다. 목회적이고 동시에 주해적이지만, 목회적 특징이 좀 더 드러나는 책이다.

○한국어 추가자료

H. G. M. 윌리암슨, 『에스라, 느헤미야』 (조호진 역; 솔로몬, 2008).

저자는 케임브리지대학의 히브리어 아람어교수이다. 그는 케임브리지의 트리니티칼리지(Trinity College)와 세인트존스칼리지(St. John's College)에서 공부했다. 그가 출간한 책으로는, 『*Israel in the Books of Chronicles*』, 『*1 and 2 Chronicles*』 등이 있다. 본서는 에스라, 느헤미야 본문을 철저한 언어적 연구를 통해 풀어나간다. 더불어 본문의 구조 및 신학적 메시지가 무엇인지 보여준다. 깊이 있는 본문 연구를 위해 적절한 주석서이다.

목회와신학 편집부, 『에스라 느헤미야 어떻게 설교할 것인가?』 (두란노아카데미, 2009).

『두란노 HOW 주석』 시리즈의 일부로, 본서에서 다양한 저자들이 사무엘서 전체에 대한 주해와 신학적 메시지를 요약적으로 제시한다. 간략하지만 핵심을 잡아주는 본서는 교사와 설교자에게 도움이 된다. 창세기의 본 시리즈에 관한 정보를 참고하라.

존 마틴, 진 게츠, 『에스라·느헤미야·에스더』 (이종록 역; 두란노, 2017).
간략하지만 정확하고 중요한 해석적 결과를 보여주는 주석서이다. 성경 세 권을 다루기 때문에 세밀한 본문연구나 깊이 있는 신학적 논의보다, 각 권의 핵심적 메시지가 무엇인지를 빠르게 파악하게 해준다. 원어에 대한 지식이 없어도 쉽게 내용을 파악할 수 있도록 구성되어 있다. 역사적 큰 흐름을 바탕으로 연속설교의 구성과 방향을 잡을 때 큰 도움을 줄 수 있는 책이다.

느헤미야

ㅇ석의적 주석

Williamson, Hugh. *Ezra-Nehemiah*. WBC. Nelson/Paternoster, 1985. 『에스라·느헤미야』(솔로몬, 2008).

에스라에서 다룬 동일 저자에 대한 설명을 참고하라.

ㅇ강해적 주석

Barber, Cyril. *Nehemiah*. New York: Loizeaux Brothers, 1976.

역대상하에서 다룬 동일 저자에 대한 설명을 참고하라.

Breneman, Mervin. *Ezra, Nehemiah, Esther*. NAC. Nashville: Broadman & Holman, 1993.

도움이 되는 책으로, 기본적이면서도 충실한 주해를 제공한다.

Fensham, F. Charles. *Ezra-Nehemiah*. NICOT. Grand Rapids: Eerdmans, 1982.

에스라에서 다룬 동일 저자에 대한 설명을 참고하라.

Kidner, Derek. *Ezra and Nehemiah*. TOTC. Downers Grove: IVP Academic, 1979.

에스라에서 다룬 동일 저자에 대한 설명을 참고하라.

McConville, J. G. *Ezra, Nehemiah and Esther*. DSB. Philadelphia:

Westminster, 1985.
세 책에 대해 간략하지만 도움이 되는 연구를 보여준다.

○목회적 주석

Redpath, Alan. *Victorious Christian Service: Studies in the Book of Nehemiah.* **Westwood, NJ: Revell,** 1958.
본서는 느헤미야의 모든 부분을 다루지는 않지만 읽을 가치가 충분히 있다. 목회적이고 적용적인 특징을 가지고 있다. 저자는 시카고의 무디메모리얼교회(Moody Memorial Church)의 목사였고, 여러 묵상서적의 저자이기도 하다.

Swindoll, Charles. *Hand Me Another Brick.* **Nashville: Thomas Nelson,** 1978.
저자는 미국에서 가장 잘 알려진 설교자 중 한 명인데 본서를 통해 간략한 주해, 훌륭한 예화 및 적용을 제시하고 있다. 설교자가 놓쳐서는 안 되는 책이다.

○특별주제 연구

Packer, J. I. *A Passion for Faithfulness: Wisdom from the book of Nehemiah.* **Wheaton: Crossway,** 1995.
본서는 느헤미야의 여러 사안들을 오늘날로 연결한다.

○설교

Lüthi, Walter. *Die Bauleute Gottes; Nehemia, der Prophet im Kampf um den Aufbau der zerstörten Stadt.* [The Builders of God, Nehemiah, the Prophet in the Struggle to Build the Destroyed City] **Basel: F. Reinhardt,** 1945.
이 13개의 설교는 1944년 새해 전날부터 1945년 6월까지 선포되었다. 이 설교들은 제2차 세계대전 후의 유럽을 향한 것이었다. 차일즈는 이 설교들이 "강력한 성경적 설교의 강해적 예시로 남아있다"고 말했다.

○한국어 추가자료

H. G. M. 윌리암슨, 『에스라·느헤미야』 (조호진 역; 솔로몬, 2008).
충실한 주해와 실천적 적용이 빛나는 주석서이다. 설교자에게 도움이 되는 주석이다. 에스라에서 다룬 위의 책에 대한 해설을 참고하라.

목회와신학 편집부, 『에스라 느헤미야 어떻게 설교할 것인가?』 (두란노아카데미, 2012)
『두란노 HOW 주석』 시리즈의 일부로, 본서에서 다양한 저자들이 사무엘서 전체에 대한 주해와 신학적 메시지를 요약적으로 제시한다. 간략하지만 핵심을 잡아주는 본서는 교사와 설교자에게 도움이 된다. 창세기의 본 시리즈에 관한 정보를 참고하라.

존 마틴, 진 게츠, 『에스라·느헤미야·에스더』 (이종록 역; 두란노, 2017).
본서는 각 권에 대한 핵심적인 정보를 제공한다. 빠른 시간에 설교의 구조와 주제를 파악하는데 좋은 주석서이다. 이론에 충실하면서도 현장에서 바로 적용이 가능한 여러 제안을 한다. 이 시리즈의 특징은 에스라에서 다룬 위의 책에 대한 해설을 참고하라.

에스더

○석의적 주석

Bush, Fredrick. *Ruth and Esther.* **WBC. Dallas: Word Books,** 1996. 『룻기·에스더』 (솔로몬, 2007).

롱맨은 본서를 가장 포괄적인 주석 중 하나라고 말했다. 다소 전문적인 책이다.

○강해적 주석

Baldwin, Joyce G. *Esther.* **TOTC. Leicester: IVP Academic,** 1984.

롱맨은 본서를, 철저한 연구를 기반으로 저술된 훌륭한 책으로 평가한다. 그러나 24쪽에 있는 저자의 에스더에 관한 논쟁적 언급에 대해서는 주의를 기울여야 한다. 본서는 126쪽의 간결한 책이지만 도움이 된다.

Breneman, Mervin. *Ezra, Nehemiah, Esther.* **NAC. Nashville: Broadman & Holman,** 1993.

본서가 제공하는 에스라에 대한 주석은 도움이 된다. 느헤미야와 에스더에 대한 주석도 역시 유익하다.

Jobes, K. *Esther.* **NIVAC. Grand Rapids: Zondervan,** 1999.

롱맨은 본서가 "의심할 필요 없이 에스더에 관한 주석 중에 최고의 것이다"라고 평가했다.

Reid, Debra. *Esther.* **TOTC. Downers Grove: IVP Academic,** 2008. 『에스더』 (CLC, 2015).

롱맨은 본서를 "간략하지만 도움이 되는 주해"라고 평했다.

○목회적 주석
Raleigh, Alexander. *Book of Esther: Its Practical Lessons and Dramatic Scenes.* **Minneapolis: Klock & Klock,** 1980.
본서는 묵상을 위한 저술이다. 바버는 이 책이 "삶에 실천적 적용을 제시하는 특별한 재능으로 기술되었다"고 말했다.

○설교
McGee, J. Vernon. *Exposition of the Book of Esther.* **Wheaton: Van Kampen,** 1951.
저자의 설교 시리즈이다.

○한국어 추가자료
데브라 레이드, 『에스더』 (채은하 역; 기독교문서선교회(CLC), 2015).
본서는 학문적 깊이가 있으면서도, 쉬운 문체와 이해하기 쉬운 구성으로 본문 파악에 중요한 고대 역사적 배경들을 지루하지 않게 제시한다.

존 마틴, 진 게츠, 『에스라·느헤미야·에스더』 (이종록 역; 두란노, 2017).
본서는 충실한 해석과 사역 현장에서의 적용을 핵심적이고 효과적으로 제시하고 있다. 이 시리즈의 특징은 에스라에서 다룬 위의 책에 대한 해설을 참고하라.

이언 두기드, 『에스더·룻기』 (황의무 역; 2018).
본서는 간략하면서도 룻기의 신학적 실제적 메시지를 잘 다루고 있다. 이 시리즈에 대한 특징은 룻기에서 다룬 위의 책에 대한 해설을 참고하라.

시
가
서

욥기[1]

○석의적 주석

Clines, D. J. A. *Job 1–20*. WBC. Nashville: Thomas Nelson, 1989. 『욥기 1-20』 (솔로몬, 2006).

이 주석은 세 권의 시리즈 가운데 첫 번째 책으로, 1500쪽 이상의 방대한 저작이다. 이 주석의 특징은 언어 및 본문에 대한 포괄적인 연구를 포함하고 있다는 것이다. 이러한 점에서 이 저서는 많은 목회자들이 원하는 것보다 상세한 내용을 다루고 있으나, 그 내용은 충분히 검토할 가치가 있다. 만일 시간적 여유가 있다면 참고해 보라.

_____. *Job 21–37*. 『욥기 21-37』 (솔로몬, 2009).

_____. *Job 38–42*. 『욥기 37-42』 (솔로몬, 2014).

Seow, C. L. *Job 1–21*: Interpretation and Commentary. Illumination Series. Grand Rapids: Eerdmans, 2013.

본 주석은 욥기에 대한 석의적 주석 가운데 가장 좋은 연구일 것이다. 진지하게 본문을 연구하는 강해 설교자들은 반드시 참고해야 할 주석이다. 이 연구는 욥기의 대표적인 주석 가운데 하나가 될 것이다.

---

[1] 욥기 해석에 관해 도움이 될 만한 참고도서는 다음을 참고하라. Peter Enns, *Poetry and Wisdom* (Grand Rapids: Baker, 1997), 74-93.

○강해적 주석

Alden, Robert. *Job.* **NAC. Nashville: B&H,** 1993.
개론적인 내용과 본문을 잘 설명한 주석이다.

Andersen, Francis. *Job.* **TOTC. Downers Grove: IVP Academic,** 1976.
지난 50년간 출간된 주석 중 상위의 본문연구 중 하나이다. 이 주석은 본문을 절 별로 다루고 있다. 데이비드 바우어는 이 주석에 대해 "『틴데일 주석 시리즈』에서 가장 실용적이고 권위 있는 책"이라고 평가했다.

Archer, Gleason. *The Book of Job: God's Answer to the Problem of Undeserved Suffering.* **Grand Rapids: Baker,** 1982.
본문강해와 적용이 잘 어우러진 주석으로 설교 준비에 유용하다.

Barnes, Albert. *Notes on Job.* 2 vols.
스펄전은 이 주석에 대해, "대단히 훌륭한 책이다. ... 성경을 연구하는 학생들은 이 책이 그들의 서재에 반드시 필요하기에 즉시 구입해야 한다."고 평가했다.

Davidson, Andrew. *Job.* **Cambridge Bible Commentary.**
차일즈는 이 주석을 본문의 문예적 의미에 대한 명쾌하고 진지한 분석으로 평가했다.

Gibson, Edgar. *The Book of Job.* **Minneapolis: Klock & Klock,** 1978 **reprint.**
1899년에 처음 출판된 이 책은, 강해설교자들에게 도움을 줄 수 있는 유용한 개요를 담고 있다. 또한 좋은 단어 연구를 제공한다.

Green, William Henry. *The Argument of the Book of Job.* **Minneapolis:**

Klock & Klock, 1981. 『욥기 이해』 (엠마오, 1993).
바버는, "욥기의 논쟁을 탐구할 때 이 책만큼 도움이 될 만한 책은 거의 없다"고 평가했다.

Hartley, J. E. *The Book of Job*. NICOT. Grand Rapids: Eerdmans, 1988.
복음주의에 입각하여 잘 연구된 주석이다. 로스컵은 이 주석을 보수주의적 관점에서 기록된 주석 중 최고의 연구로 평가한다. 저자는 정경적 관점에서 욥기를 다른 구약의 책들과 연결시키고자 노력한다.

Longman, Tremper. *Job*. Baker Commentary on the Old Testament: Wisdom and Psalms. Grand Rapids: Baker Academic, 2012.
롱맨은 욥기에 대한 신학적 해석을 시도한다. 본 주석은 정경 안에서 욥기의 기능과 신약 성경과의 관계를 강조하고 있다.

○ 목회적 주석

Blackwood, Andrew. *A Devotional Introduction to Job*. Grand Rapids: Baker, 1959.
제목 "욥기에 대한 신앙적 개론"이 모든 것을 말해 준다.

Caryl, Joseph. *Job: Exposition with Practical Observations*. 12 vols. [『An Exposition of Job』라는 제목의 요약본이 있다.] Grand Rapids: Kregel.
청교도인 저자의 지나칠 만큼 방대한 연구결과로 1644년에서 1646년 사이에 출간되었다. 강해적이며 동시에 목회적인 관점을 포함하고 있다. 만일 시간의 여유가 있다면, 이 12권의 책에서 독자들은 설교에 필요한 좋은 자료들을 찾아낼 수 있을 것이다. 시간적 여유가 없다면 요약본을 참고하라.

Chambers, Oswald. *Baffled to Fight Better.* **4th ed. Oxford: Alden & Co., n.d.** 『오스왈드 챔버스의 욥기: 더 나은 싸움을 위한 좌절』 (토기장이, 2015).

기독교 고전인 『주님은 나의 최고봉』의 저자가 욥기에 관해 제안하는 강해적 메시지이다. 맥 브론손은 이 책이 목회의 어려운 시간 동안 특별한 유익을 주었다고 고백했다.

Cox, Samuel. *Commentary on the Book of Job.* **London: C. Kegan Paul and Co., 1880.**

훌륭한 목회적 주석이다.

Morgan, G. Campbell. *The Answer of Jesus to Job.* **Wipf & Stock, 2013 reprint.** 『욥과 그리스도』 (풍만, 1986).

워렌 위어스비는, "이 책의 내용이 너무 좋아서, 당신은 이것을 설교하고 싶은 유혹을 받게 될 것이다"라고 말한다. 저자는 욥기를 예수 그리스도와 신약과 연결하여 설명한다.

Thomas, David. *The Book of Job, Exegetically and Practically Considered.* **James & Klock Publishing, 1976 reprint (originally published in 1884).**

이 책은 91개의 설교적 제안을 포함하고 있어, 만일 욥기 설교를 고려한다면 충분한 가치가 있는 주석이다.

○ 특별연구

Bullock, C. Hassell. *An Introduction to the Poetic Books of the Old Testament.* **Chicago: Moody, 1979.** 『시가서 개론』 (은성, 1999).

욥기부터 아가서까지 다룬 훌륭한 개론서이다.

Ellison, H. L. *From Tragedy to Triumph: The Message of the Book of Job.* Grand Rapids: Eerdmans, 1958.
구절 별로 주석을 한 연구는 아니지만, 설교자에게 도움이 되는 자료이다. 특별히, 욥의 친구들에 대한 이해에 유익하다.

Zuck, Roy. *Sitting with Job: Selected Studies on the Book of Job.* Grand Rapids: Baker, 1992.
이 책은 욥기의 주요 주제에 대한 학자들의 연구를 총 34장으로 소개하고 있다. 욥기를 설교하고자 하는 모든 설교자들에게 도움이 될 책이다.

○설교

Gregory the Great. *Magna Moralia.* c. 540-604.
욥기에 대한 유명한 설교로, 차일즈는 이것이 1000년 동안 교회에서 사용되었다고 말한다.

Calvin, John. *Sermons from Job.* Grand Rapids: Eerdmans, 1952. 『욥과 하나님』 (지평서원, 1996).
칼빈은 욥기에 관해 1554년부터 1555년까지 159회에 걸쳐 설교했다. 이 책은 번역자인 르로이 닉슨에 의해 발췌된 20개의 설교집이다. 이와 함께, 1993년 진리의깃발(Banner of Truth)에서 나온 751쪽 분량인 칼빈의 『*Sermons on Jobs*』를 참고하라.

Spurgeon, Charles.
스펄전은 욥기에 관해 88번 이상의 설교를 했다.

Chappell, Clovis. *Sermons from Job.* Nashville: Abingdon, 1957.
'십계명'에 관한 저자의 설교를 참고하라. 이 책은 재능 있는 감리교 설교가인 저자의 15개의 본문 설교를 포함하고 있다. 이 설교들은 독자들의 설교 준비를 위한 좋은 자료를 공급할 것이다.

○한국어 추가자료

J. 제럴드 젠슨, 『욥기』 (한진희 역; 한국장로교출판사, 2007).
저자는 크리스천신학교의 구약교수로, 이 책은 욥기를 문학적인 측면에서 연구하여 욥기의 문학 구조와 내용을 파악하고자 하는 설교자들에게 도움을 줄 것이다.

목회와신학 편집부, 『욥기 어떻게 설교할 것인가?』 (두란노아카데미, 2012).
『두란노 HOW 주석』 시리즈의 일부이다. 본서는 욥기의 개관적인 내용과 본문 연구를 포함하고 있어, 설교자들이 욥기의 주요 이슈와 본문 내용을 쉽게 이해할 수 있도록 돕는다. 세 명의 학자들이 욥기의 주요 신학과 본문 분석에 대한 제안을 하고 있다.

권지성, 『특강 욥기』 (IVP, 2019).
욥기를 전공한 저자의 깊은 고뇌가 담겨 있는 책이다. 인간의 고통과 하나님의 섭리 사이에서 항상 고뇌하는 인간의 삶을, 욥이라는 한 사람을 통해 잘 설명하고 있다. 의인의 고난이라는 주제로 인식되었던 욥기를 하나님의 정의와 창조주의 아름다운 섭리로 확장하여 이해하게 해 주는 유익한 책이다. 욥기의 모든 본문을 자세히 다루고 있지는 않지만, 욥기 전체의 메시지를 파악하도록 돕는 안내서가 될 것이다.

이군호, 『욥기』 (대한기독교서회, 2011).
본 주석은 『대한기독교서회 창립 100주년 기념 성서주석』 시리즈의 일부이며, 저자는 목원대학교 신학대학 구약교수이다. 히브리어 본문의 의미를 성실하게 연구했다. 본문의 의미가 설교와 어떻게 연결되어야 하는지를 보여준다.

시편[1]

○ 석의적 주석

Allen, Leslie. *Psalms 101–150.* Revised ed. WBC. Thomas Nelson, 2002. 『시편 101-150』 (솔로몬, 2001).

저자의 이전 주석을 개정한 본 주석에는 현대적인 활용이 추가되었다. 최고의 석의적 주석 가운데 하나이다.

Craigie, P. C. *Psalms 1–50.* Revised ed. WBC. Thomas Nelson, 2004. 『시편 1-50』 (솔로몬, 2000).

롱맨에 의하면, 이 주석은 언어와 구약 배경에 대한 시편 주석 가운데 최고의 작품이다. 개정판은 최근 학자들의 연구를 반영하고 있다.

Futato, Mark. *Interpreting the Psalms: An Exegetical Handbook* (*Grand Rapids: Kregel, 2007*). 『시편을 어떻게 해석할 것인가?』 (크리스챤, 2008).

『*The Handbooks for Old Testament Exegesis*』 시리즈에 속한 이 책은 설교자들에게 아주 유용한 자료이다. 이 책의 각 장은 다음과 같다. "시의 이해", "전체론적 관점", "해석을 위한 준비", "범주적 해석", "시편 선포", "원리의 실천".

Goldingay, J. *Psalms.* 3 vols. BCOTWP. Grand Rapids: Baker, 2007, 2008.

---

[1] 1997년 이전 시편 연구의 모든 방면에 대한 상세한 설명을 담은 참고도서 목록은 다음을 참고하라. Peter Enns, Poetry and Wisdom (Grand Rapids: Baker, 1997), 123-147.

시편의 신학적 연구에 강점을 보인다. 롱맨은 이 책을 원 문맥 안에서 의미를 찾고자 하는 주석 중 가장 좋은 주석으로 간주한다.

Perowne, J. J. Stewart. *The Book of Psalms.* **Grand Rapids: Zondervan, 1976 reprint [1876].**
석의와 강해에 강한 영국 개혁주의 전통에서 나온 뛰어난 19세기 주석이다. 이 책은 10년이 안 되는 기간 동안 5개의 판본으로 출간되었다. 이 주석은 역사를 통해 검증되어 왔고, 복음주의 전통에서 고전으로 여겨진다.

Tate, M. *Psalms 51–100.* **WBC. Thomas Nelson, 1990.** 『시편 51-100』 (솔로몬, 2002).
석의적인 특성이 강한 주석이다.

○강해적 주석

Alexander, J. A. *The Psalms Translated and Explained.* **Grand Rapids: Zondervan, 1975 reprint [1894].**
학문적 연구와 복음주의의 온화함이 결합된 주석이다.

Broyles, Craig. *Psalms.* **NIBCOT. Hendrickson, 1999.**

Clarke, Adam G. *Analytical Studies in the Psalms.* **3rd ed. Grand Rapids: Kregel, 1979.**
이 주석은 히브리 본문에 근거한 개요, 해설, 그리고 석의적 설명이 특징이다. 각 시편에 대한 충분한 연구가 이루어졌다. 위어스비는 이 책에 대해 "내 사역의 초기에 이 책을 알았더라면 더 좋았을 것이다"라고 평가했다. 이 책은 4년의 일본 감옥 수감과 1942년부터 1945년의 가택연금을 경험한 저자에 의해 기록되었다. 이 책의 개요는 항상 두운(頭韻)순으로 배열되었으나, 강해설교자는 이 책에서 큰 도움을 얻을 것이다.

Kidner, D. *Psalms.* 2 vols. TOTC. InterVarsity, 1973, 1975.
이 저술은 신학적이며, 또한 실천적이다. 케임브리지에 있는 틴데일하우스(Tyndale House)의 원장을 역임했던 저자에 의해 저술된, 간략하지만 목회자들에게 아주 유익한 책이다.

Grogan, G. *Psalms.* THOTC. Grand Rapids: Eerdmans, 2008.
신학적 분석에 탁월한 주석이다.

Leupold, H. G. *Exposition of the Psalms.* Grand Rapids: Baker, 1969.
이 책은 유능한 루터교 무천년주의자의 저술로, 시편에 대한 강해주석 중 가장 좋은 주석 가운데 하나이다. 1000쪽 이상의 긴 주석이지만, 이 주석을 강력히 추천한다.

Maclaren, Alexander. *The Psalms.* The Expositor's Bible. 3 vols. London: Hodder & Stoughton, 1893.
바버는 이 주석을 "훌륭한 연구"라고 평가한다. 강해적이며 동시에 목회적 접근을 하고 있다. 어떤 시편을 설교하더라도 설교자는 이 책을 반드시 참고해야 한다.

Murphy, James. *A Critical and Exegetical Commentary on the Book of Psalms.* Minneapolis: Klock & Klock, 1977 [1876].
출애굽기에서 다룬 동일저자에 대한 설명을 참조하라.

Phillips, John. *Exploring the Psalms.* 5 vols. Neptune, NJ: Loizeaux Brothers, 1985-88.

설교자를 위한 훌륭한 자료이다. 각 시의 개요가 두운(頭韻)순으로 제시되지만, 일부는 지나치게 작위적으로 보인다. 설교자들은 이 주석에서 좋은 예화들과 적용을 발견할 수 있을 것이다. 예화 중 일부는 저자가 오랫동안 읽어 온 F. W. 보함의 저작에서 가져온 것이다. 이 책은 성격상 묵상을 위한 것이어서, 시편의 모든 절들을 다루지는 않는다.

Plumer, W. S. *Psalms: A Critical and Expository Commentary with Doctrinal and Practical Remarks.* **Edinburgh: Banner of Truth, 1975 reprint [1867].**

저자는 지난 13년간 사우스캐롤라이나에 있는 콜롬비아신학대학원에서 가르쳤던 남부장로교회의 목사이자 신학자이다. 이 책은 1200면 이상의 엄청난 분량의 주석이며, 제목인 "교리적이고 실천적 관점의 시편에 대한 비평적이며 강해적 주석"이 모든 것을 말하고 있다. 교리적인 면에서는 개혁주의적 입장이 강하나, 강해와 적용적 측면에서는 설교에 관한 많은 관점을 제공한다.

Ross, Allen P. *A Commentary on the Psalms: Volume 1 (1–41).* **Grand Rapids: Kregel, 2011.**

이 주석은 시편을 설교할 때 없어서는 안 된다. 뛰어난 강해, 150쪽 이상의 개론적 배경과 참고도서는 유용한 가치가 있다.

_____. *A Commentary on the Psalms: 42-89.*

_____. *A Commentary on the Psalms: 90-150.*

Spurgeon, Charles. *A Treasury of David.* **Peabody, MA: Hendrickson, 2005.**

원래 1889년에 7권 세트로 출판되었으나, 이제는 3권으로 출판되고 있다(저자는 1892년에 사망). 이 책은 시편 연구에 고전으로 남을 것이다. 1000명이 넘는 저자들에 의한 교회 역사의 모든 시대에 걸친 자료들, 그리고 저자의 평생의 목회 기간에 쓰인 자료들을 취합하여 쓰인 이 훌륭한 주석들은, 묵상하기에 알맞도록 실천을 위한 적용과 함께 구성되었다. 이 책은 청교도 전통 위에 쓰였으나, 저자의 독특한 관점 또한 겸비했다. 풍부한 인용과 예화를 담고 있어 설교자에게 큰 도움이 될 만하다. 시편을 설교하고자 하는 설교자라면, 이 책 없이 설교할 수 없을 정도이다. 나는 열여섯 살에, 은퇴한 목사로부터 얻은 이후로 이 책을 수 없이 참고했다. 훌륭한 교회사 학자인 필립 샤프는 이 책을 일컬어, "이 시대 시편에 대한 연구 중 가장 중요하고 실천적인 주석이다. … 탁월한 설교자인 저자의 천재성이 가득한 책이다."라고 평했다. 이 책은 또한 요약본으로도 출간되었다. 그러나 나는, 요약본은 개인적인 경건을 위해 읽고, 설교의 준비를 위해서는 원본을 참고할 것을 추천한다.

Stott, John. *Selected Psalms and Canticles.* **Chicago: Moody Press, 1988 [originally published in 1971].**
영국의 대표적인 복음주의자에 의해 저술된 훌륭한 주석이다. 이 책은 다음의 시편을 다루고 있다: 시편 1, 8, 15, 16, 19, 22-24, 27, 29, 32, 34, 40, 42-43, 46, 51, 67, 73, 84, 90-91, 95, 98, 100, 103, 104, 121-123, 125, 127, 130-131, 133, 139, 145, 150.

Van Gemeren, W. *Psalms.* **REBC 5. Grand Rapids: Zondervan, 2008.**
설교자가 반드시 구비해야 할 주석이다. 롱맨은 이 주석에 최고점인 별 다섯 개를 주었다.

Wilson, Gerald. *Psalms.* **vol. 1. NIVAC. Grand Rapids: Zondervan, 2002.**
이 주석 또한 강해설교와 그에 집중한 적용을 위해 필수이다.

○ 목회적 주석

Armerding, Carl. *Psalms in a Minor Key.* **Chicago: Moody Press,** 1973.

선별된 시편 묵상을 위한 유용한 저작이며, 다소 덜 알려진 시편도 함께 다루고 있다.

Cox, Samuel. *An Exposition of the Songs of Degree.* **Minneapolis: Klock & Klock,** 1982.

시편 120-134편을 연구한 것으로서, 시간을 투자할 가치가 충분히 있는 주석이다. 스펄전은 저자를 "위대한 강해자"로 불렀다.

Dickson, David. *Psalms.* 2 vols. in 1. **Carlisle, PA: Banner of Truth,** 1990.

딕슨은 17세기 스코틀랜드의 언약주의자로, 그의 시편에 대한 연구는 충분히 연구할 만한 가치가 있다. 차일즈는 이 책을 "온화하고, 활기차며, 대담하며, 목회적"이라고 평가했다. 스펄전은 이 주석이 "설교자에게 매우 귀중한 것"이라고 말했다.

Lockyer, Herbert Sr. *Psalms: A Devotional Commentary.* **Grand Rapids: Kregel,** 1993.

저자 생애 최고의 작품이라고 불리는 이 책은 "정보와 영감의 향연"이다. 저자는 97세에 사망했고 유명한 『All』 시리즈를 포함하여 50여권 이상의 책을 저술했다. 놓치지 마라!

Olsen, Erling. *Meditations in the Book of Psalms.* **New York: Loizeaux Brothers,** 1941.

나는 이 책을, 선별된 시편의 설교를 준비할 때 사용하고 있다. 목회적 내용을 갖고 있으며, 저자는 각 시편마다 4-6면을 할당하고 있다. 설교자를 위해 실질적으로 큰 도움이 될 것이다.

Scroggie, W. Graham. *The Psalms.* **4 vols. Westwood, NJ: Revell,** 1965.
위대한 강해 설교자이며 설교자들의 스승인 스티븐 올포드를 가르친 저자가 저술한 각 시편에 대한 종합적인 연구이다. 설교를 돕는 최고의 주석이다!

○설교

Chappell, Clovis. *Sermons from the Psalms.* **Nashville: Cokesbury,** 1931.
성경인물에 대한 설교의 책으로 유명한 감리교 설교자의 본문 설교이다.

Donne, John. *Sermons on the Psalms and the Gospels.* **Berkeley: University of California Press,** 1967.
저자의 시편에 관한 설교는, 당신의 영혼에 다른 영적 공급이 없다면 읽을 만한 가치가 있다.

Hubbard, David. *Psalms for All Seasons.* **Grand Rapids: Eerdmans,** 1971.
이 주석은 다음의 시편을 다루고 있다: 시편 1, 2, 7, 8, 9, 14, 16, 23, 32, 40, 45, 49, 51

Jowett, J. H. *Springs in the Desert.* **New York: George H. Doran,** 1924.
시편의 개별 본문들에 대한 설교 시리즈로, 본문을 기반으로 하는 설교의 좋은 예이다. 훌륭한 신앙서적이다.

Manton, Thomas. *Psalm 119*. 3 volumes. **Edinburgh: Banner of Truth, 1990 reprint [1680].**

시편 119편에 대한 190편의 설교집이다! 로스컵은 이 설교들이 본문을 충분히 다루지 못했다고 불평한다. 나도 이에 동의한다. 그러나 묵상할 만한 가치는 지닌다.[2]

○ **특별연구**

Belcher, Richard P. *The Messiah and the Psalms: Preaching Christ from all the Psalms.* **Fearn, Ross-shire, Scotland: Mentor, 2006.**

제목인 "메시아와 시편: 시편에서 그리스도를 설교하기"가 이 책에 대해 모든 것을 말한다. 설교자에게 도움이 될 만한 책이다. 저자가 모든 시편에서 메시아적 요소를 찾아내는 것에 주의하라. 많은 독자들은 이 개념에 어려움을 겪을 수 있다. 개혁주의적 관점으로 기록되었다.

Bridges, Charles. *Psalm 119: An Exposition.* **London: Banner of Truth, 1979.**

브룩맨은 이 책을 "탁월하다"고 평가하고, 스펄전은 이 책은 금과 같은 가치가 있다고 말한다. 저자는 잠언에 대한 탁월한 연구로도 유명하다.

Davis, John. *The Perfect Shepherd: Studies in the Twenty-Third Psalm.* **Grand Rapids: Baker, 1980.**

구약성경과 고고학 분야의 교수인 저자의 탁월한 연구이다. 그가 제공하는 배경에 대한 연구는 최고 수준이며, 설교자들에게 매우 도움이 된다.

---

[2] 시편에 대한 많은 청교도 설교들이 이루어졌다. 이것에 관한 주요 인물들을 알기 위해서는 Henry Ainsworth, Richard Baxter, David Dickson (위의 설명을 참조하라), John Owen, and Richard Sibbes를 참조하라.

Keller, W. Phillip. *A Shepherd Looks at Psalm 23.* **Grand Rapids: Zondervan, 1970.** 『양과 목자: 한 목자의 시선으로 본 시편 23편』 (생명의 말씀사, 2018).

설교자에게 매우 유익한 시편에 대한 현대적 연구이다. 특별히 목자 이미지에 대한 탁월한 통찰력을 담고 있다.

Ker, John. *The Psalms in History and Biography.* **Edinburgh: Andrew Elliot, 1886.**

다양한 사람들이 어떻게 시편을 통해 격려를 얻는가를 설명하는 매력적인 책이다. 훌륭한 예화 자료를 담고 있다.

Ketcham, Robert. *I Shall Not Want.* **Chicago: Moody, 1953.**

설교는 아니지만, 바버에 의하면 이 연설은 "열정적이고 실천적이며, 교육적이고 풍요롭다."

Longman, Tremper. *How to Read the Psalms.* **Downers Grove: InterVarsity, 1988.** 『어떻게 시편을 읽을 것인가?』 (IVP, 1989).

설교자를 위한 삭지만 유용한 책으로, 히브리 시, 평행법, 이미지, 히브리 시의 종류 등을 다루고 있으며, 이것들이 고대 이스라엘의 예배에 어떻게 사용되었고, 다른 구약 성경과 어떤 관계였는가에 대한 연구를 포함하고 있다.

Maclaren, Alexander. *Life of David as Reflected in His Psalms.* **Grand Rapids: Baker, 1955.**

위어스비는 이 책을 필수적으로 읽어야 할 도서로 말한다.

Robinson, Haddon. *Psalm Twenty-Three.* **Chicago: Moody, 1968.**

복음주의 설교학의 거장인 저자가 저술한 강해설교자들을 위한 좋은 강해와 적용이다.

Thirtle, J. W. *The Titles of the Psalms: Their Nature and Meaning Explained*. Popular Edition. London: Morgan & Scott, 1916.
스펄전의 12,000 장서 중 7,000권을 광고하고 윌리엄주얼대학교(William Jewel College)의 도서관에 판매를 알선한 저자의 간편한 참고도서 안내서이다. 설교자에게 매우 유용하다.

Weatherhead, Leslie. *A Shepherd Remembers: Studies in the Twenty-Third Psalm*. New York: Abington, 1938.
　저자는 자유주의적 개신교인으로 런던에 있는 시티템플(City Temple)의 목사이다. 시편 23편에 대한 이 책은 탁월하다. 설교자들은 이 170쪽의 책이 유용하다는 것을 발견하게 될 것이다. 다음의 예가 저자의 뛰어난 문필 능력을 보여준다: "'새로운 도덕'으로 불리는 — 도덕이 아니고 확연히 새로운 것이 아니기에 적합한 표현이 아니지만 — 이것에 대한 가장 큰 비난은, 이것이 전혀 작용하지 않는다는 것이다. ... 가정된 자유는 '그것을 쓴 아픈 머리가 기절하도록 만드는' 납으로 된 왕관이 된다."

○한국어 추가자료
김정우, 『시편 주석 I』 (총신대학교출판부, 2005).
＿＿＿. 『시편 주석 II』 (총신대학교출판부, 2005).
＿＿＿. 『시편 주석 III』 (총신대학교출판부, 2010).
이 주석은 3권의 시리즈로 구성되어 있으며, 구조분석을 통해 시편을 분석함으로 구조 안에서 의미를 찾으려는 노력을 보여준다. 오랜 시간 시편을 강의하고 연구한 저자가 시편의 신학적 의미뿐만 아니라 삶의 적용의 문제까지 다룬 주석으로, 강해 설교자들에게 큰 유익을 줄 것이다.

앨런 로스, 『예배와 영성: 앨런 로스의 시편 강해를 위한 주석 I』 (정옥배 역; 디모데, 2015).

_____. **『예배와 영성: 앨런 로스의 시편 강해를 위한 주석 II』** (김수영 역; 디모데, 2016).

_____. **『예배와 영성: 앨런 로스의 시편 강해를 위한 주석 III』** (김수영 역; 디모데, 2018).

저자는 이 주석을 통해 시편의 다양한 측면을 보여준다. 시편 해석에 있어 제기된 주요 쟁점들을 정리해 주며, 특별히 시편을 예배와 연결시켜 이해하려고 하는 점에서 크게 유익하다. 한국어로 접근 가능한 시편 주석 가운데 최고의 주석 중 하나이다. 개별 시편의 분석뿐만 아니라, 시편 전체를 통해 개별 시편을 이해할 수 있는 안목을 얻게 해줄 것이다.

방정열, 『새로운 시편 연구』 (새물결플러스, 2018).

시편을 전공한 저자가 최근의 시편 연구를 반영하여, 시편 전체를 인간 왕에서 하나님 왕을 찾아가는 여정으로 설명한다. 다윗이라는 인물이 갖는 상징성을 시편의 구조와 연결시켜 설명함으로써 시편의 전체구조 속에서 왕권의 신학적 역할을 조명하고 있다. 시편 전체구조를 파악하여 개별적인 시편을 이해하고자 히는 설교자들에게 노움이 될 것이다.

잠언[1]

○ 석의적 주석

Delitzsch, Franz. *Biblical Commentary on the Proverbs of Solomon.* **Charleston, S.C.: BiblioBazaar, 2009.**
나는 독일의 이 보수주의 학자가 저술한 구약과 신약의 모든 책을 읽고자 노력한다.

Fox, Michael V. *Proverbs 1–9.* **AYBC. New Haven: Yale University Press, 2000.**
_____. *Proverbs 10–31.* **AYBC. New Haven: Yale University Press, 2009.**
지금까지의 주석 가운데 최고의 석의적 주석일 것이다. 석의적 측면과 기술적 측면에서 강점을 가지고 있지만, 자유주의적 관점으로 저술되었다. 중세 히브리어 주석을 포괄적으로 사용하고 있다. 두 권의 주석 끝에 유용한 연구들이 제공된다.

Murphy, Roland. *Proverbs.* **WBC. Thomas Nelson, 1998.** 『잠언』(솔로몬, 2001).
석의적 연구나 신학적 고찰에 있어 뛰어난 주석 가운데 하나이다.

---

1) 1997년 이전 잠언 연구의 모든 방면에 대한 상세한 설명을 담은 참고도서 목록은 다음을 참고하라. Peter Enns, *Poetry and Wisdom* (Grand Rapids: Baker, 1997), 94-108.

○강해적 주석

Bridges, Charles. *An Exposition of Proverbs.* **London: Banner of Truth, 1960 [1846]. (***A Modern Study in the Book of Proverbs: Charles Bridges' Classic Revised for Today's Reader.* **George Santa, ed. Milford, MI: Mott Media, 1978.으로 재출판)**

정독하며 읽을 가치가 있는 고전적 연구이다. 산타 편집본은 검색이 용이하도록 교차 색인을 사용했다. 한 가지 주의할 것이 있다면, 도덕주의적 해석을 한다는 점이다.

Garrett, D. *Proverbs, Ecclesiastes, Song of Solomon.* **NAC. Nashville: Broadman, 1993.**

견고한 본문 석의로 목회자들에게 매우 유용하다.

Hubbard, D. *Proverbs.* **Communicator's Commentary. Dallas: Word, 1989.**

이 주석은 이 시리즈 가운데 가장 뛰어난 책 가운데 하나이다. 설교자는 이 주석들이 유용하다는 것을 알게 될 것이다.

Kidner, D. *Proverbs.* **TOTC. InterVarsity, 2008.**

보수적이고 간략한 주석이다. 나는 가능하다면 항상 이 저자의 책을 읽는다.

Lawson, George. *Expositions of Proverbs.* **Grand Rapids: Kregel, 1981 reprint.**

스코틀랜드 출신의 설교자이며 신학 교수인 저자가, 균형 잡힌 강해/목회적인 주석을 출간했다. 거의 900쪽에 달하는 분량으로 설교자에게 아주 유용하다.

Longman, Tremper. *Proverbs.* **BCOTWP. Grand Rapids: Baker,**

2006. 『잠언 주석』(CLC, 2019).
잠언에 나타나는 다양한 주제에 관한 교훈을 종합한 부록이 매우 유용하다.

Phillips, John. *Exploring Proverbs.* **John Phillips Commentary Series. 2 vols. Grand Rapids: Kregel, 2002.**
저자는 무디바이블학교(Moody Bible Institute)와 무디라디오네트워크(Moody Radio Network)에서 활동하는 탁월한 성경교사이다. 또한 그는 남침례교의 가장 유명한 설교가 중의 한 사람인 제리 바인스의 사역에 큰 영향을 준 설교자이기도 하다. 두운(頭韻)법을 인위적으로 사용하는 경향이 있긴 하지만, 그가 제시한 개요들은 유용할 때가 많고 예화 또한 훌륭하다.

Ross, Allen P. *Proverbs.* **REBC 6. Grand Rapids: Zondervan, 2008.**
저자는 항상 강해에 초점을 맞추어 저술한다.

Steinmann, A. *Proverbs.* **ConC. Concordia Publishing, 2009.**
긴 서론과 좋은 본문강해를 보여주는 주석으로 예수 그리스도와 신약과의 연결에 주목한다.

Waltke, B. *Proverbs 1–15.* **NICOT. Grand Rapids: Eerdmans, 2004.**
_____. *Proverbs 16–31.*
저자는 잘 알려진 구약 신학자로, 잠언에 대해 철저하고 보수적인 해석을 해 왔다. 적극 권장한다.

Wardlaw, Ralph. *Lectures on the Book of Proverbs.* **3 vols. J. S. Wardlaw, ed. Minneapolis: Klock & Klock, 1981.**
스펄전은 이 책을 정말로 사랑했다. 이 책을 읽는 독자들도 마찬가지일 것이다.

○목회적 주석

Arnot, William. *Studies in Proverbs: Laws from Heaven for Life on Earth.* **Grand Rapids: Kregel,** 1978.

위어스비는 이 책을 "영적 진리의 금광"이라고 불렀다.

Draper, James. *Proverbs: Practical Directions for Living.* **Wheaton, IL: Tyndale House,** 1985.

존경할 만한 목사이며 남침례교의 전 총회장인 저자가 주제별로 구성한 훌륭한 주석이다. 나는 이 책을 통해 많은 유익을 얻었다.

○한국어 추가자료

김정우. 『잠언』 (대한기독교서회, 2007).

성서주석 시리즈 19번째 주석으로, 잠언 이해를 위한 개론과 주요 쟁점들을 간략하게 정리하고 있다. 본문 해설은, 구조를 중심으로 하는 전체론적 접근과 각 절별 해석을 통하여 조화롭게 시도하고 있다. 강해설교를 준비하는 설교자들에게 유익을 준다.

유선명, 『잠언의 의 개념 연구』 (새물결플러스, 2017).

잠언의 의에 대한 개념을 다룬 이 책은 저자의 박사학위 논문 요약본이다. 다른 성경과 달리 잠언의 '의' 개념은 항상 지혜와 연관되어 나타난다. 저자는 잠언의 의가 성경에 나타나는 의를 이해하는 데 필수적이라고 주장한다. 개인 인격적 차원과 사회적 차원의 의가 어우러지는 심도 있는 고찰이다. 고대 이집트 문서와의 비교연구도 흥미롭다.

목회와신학 편집부, 『잠언 어떻게 설교할 것인가』 (두란노아카데미, 2014).

『두란노 HOW 주석』 시리즈의 일부로, 이 시리즈의 특성에 맞게 잠언의 기본적인 개념과 각 본문 분석에 충실한 설교 지침서이다. 다양한 배경을 가진 학자들이 잠언을 바라보는 여러 관점을 제시한다는 점에서 큰 유익을 얻을 수 있다.

크레이그 바르톨로뮤, 『잠언 바로 읽기』 (김대웅 역; 성서유니온, 2015).
잠언 설교의 어려움은 그 자체의 문학적 특징에 있다. 저자는 서로 연결점 없이 나열된 것 같은 개별 잠언에서 통일된 메시지를 찾아내야 하는 현대 설교자들의 이 고충에 공감하며, 잠언 설교의 함정과 이를 헤쳐 나갈 대안을 제시한다. 특히 잠언서 설교를 위한 제언은 목회자들에게 크게 유익할 것이다.

전도서[1]

○ 석의적 주석

Fox, Michael V. *A Time to Tear Down and a Time to Build: a Rereading of Ecclesiastes.* **Grand Rapids: Eerdmans,** 1999.

저자는 히브리 성경, 특별히 지혜문학의 전문가이다. 이 책은 두 부분으로 나뉜다. 첫 번째 부분은 다양한 주제들-예를 들면, 히브리어 '헤벨'(허영)-에 관한 개론적인 설명이다. 두 번째 부분은 절별 주석과 본문의 번역으로 이루어져 있다. 저자는 책의 전반적인 구조와 결합한 '어휘적 의미'를 강조한다. 이 주석에 문제점들이 있기는 하나, 좋은 점이 나쁜 점보다 더 많다.

Seow, Choon-Leong. *Ecclesiastes.* **AYBC. New Haven: Yale University Press,** 1997.

구약 학자가 저술한 매우 견실한 주석이다.

○ 강해적 주석

Bartholomew, Craig G. *Ecclesiastes.* **BCOTWP. Grand Rapids: Baker,** 2009.

전도서에 대한 주석에서 가장 좋은 것들 중 하나이다. 강해자들은 이 책에서 큰 유익을 얻을 것이다.

Enns, Peter. *Ecclesiastes.* **THOTC. Grand Rapids: Eerdmans,** 2011.

---

1) 1997년 이전 전도서 연구의 모든 방면에 대한 상세한 설명을 담은 참고도서 목록은 다음을 참고하라. Peter Enns, *Poetry and Wisdom* (Grand Rapids: Baker, 1997), 52-73.

설교자를 위한 탁월한 주석이다.

Garrett, D. *Proverbs, Ecclesiastes, Song of Solomon.* **NAC. Nashville: Broadman, 1993.**
잠언에서 다룬 동일저자에 대한 설명을 참조하라.

Kaiser, Walter. *Ecclesiastes: Total Life.* **Chicago: Moody, 1979.**
간략하지만 매우 유용한 주석이다. 나는 전도서 설교를 할 때마다 이 책을 참고한다.

Kidner, Derek. *The Message of Ecclesiastes: A Time to Mourn and a Time to Dance.* **BST. Downers Grove: InterVarsity, 1976.**
간략하지만 균형 잡힌 강해와 적용이 담긴 훌륭한 주석이다. 나는 전도서를 설교할 때 이 주석을 사용하며 항상 도움을 받고 있다.

Leupold, H. C. *Exposition of Ecclesiastes.* **Grand Rapids: Baker, 1952.**
전도서 주석 가운데 여전히 가장 좋은 주석 중 하나이다. 강해 설교에 큰 도움이 된다.

Longman, Tremper. *Ecclesiastes.* **NICOT. Grand Rapids: Eerdmans, 1998.**
신학적인 논의에 초점을 둔 유용한 주석이다. 저자는 자신이 번역한 전도서 본문을 사용한다. 솔로몬 저작설에 대해서는 반대의 입장에 있다.

Macdonald, James M. *The Book of Ecclesiastes Explained.* **Minnea-polis: Klock & Klock, 1982.**

스펄전은 이 책에 관해, "철저하게 석의적이며… 발견한다면 구입해야 할 책이다"라고 평가했다.

Provan, Iain. *Ecclesiastes/Song of Solomon.* NIVAC. Grand Rapids: Zondervan, 2001.

○설교

Hubbard, David. *Ecclesiastes, Song of Solomon.* The Preacher's Commentary. Vol. 16. Nashville: Thomas Nelson, 1991.
위어스비에 의하면, 적극 권장되는 설교 시리즈이다.

Jeremiah, David. *Searching for Heaven on Earth.* Nashville: Thomas Nelson, 2007.
잘 알려진 강해 설교자이며 라디오 설교자가 저술한 전도서의 좋은 설교들이다.

Swindoll, Charles. *Living on the Ragged Edge: Coming to Terms with Reality.* Waco, TX: Word, 1985.
성경을 능숙하게 전달하는 저자의 저술인 이 책은, 전도서를 설교할 때 설교적 지혜를 얻기 위한 전도서에 대한 설교 시리즈 중 어떤 것보다 먼저 참고 되어야 할 책이다.

Vines, Jerry. *Messages on Ecclesiastes* on CD.
전도서 전체에 대한 가장 뛰어난 강해설교이다. 만일 전도서 전체를 설교하고자 한다면, 남침례교 강해설교자 중 왕자라고 불리는 저자의 이 설교를 반드시 들어야 한다.

Wardlaw, Ralph. *Exposition of Ecclesiastes.* Minneapolis: Klock &

Klock, 1982.

1868년에 출판된 설교 시리즈로, 특별히 실질적 원리와 적용 부분에 있어 여전히 현대 설교자들에게 유익을 준다.

Young, H. Edwin. *Been There, Done That, Now What?* **Nashville: Broad-man & Holman, 1994.**

휴스턴에 있는 미국의 대형 교회 중 하나인 세컨드침례교회(Second Baptist Church) 목사의 전도서에 대한 좋은 설교들이다.

○특별연구

Fuhr, Richard Alan. *An Analysis of the Inter-Dependency of the Prominent Motifs within the Book of Qohelet.* **Studies in Biblical Literature, vol. 151. New York: Peter Lang, 2013.**

이 주석은 리버티대학교(Liberty University)에서 강의하는 보수적인 학자인 저자에 의해 저술된 책으로, 매우 흥미롭고 유익하다. 강해설교자는 전도서를 설교하고자 할 때 이 주석을 필히 참고해야 한다.

○한국어 추가자료

오스왈드 챔버스, 『오스왈드 챔버스의 전도서』 (스데반 황 역; 토기장이, 2016).

이 책은 저자가 1차 세계대전 당시 군목으로 참전하여 장병들에게 전한 전도서 설교이며, 유작이기도 하다. 인생의 허무와 불확실성을 담고 있는 전도서의 메시지는, 설득력과 현장감이 있다. 전도서 각 장에 대한 통찰력 있는 분석과 적용이 설교자들에게 큰 유익을 줄 것이다.

찰스 스펄전, 『스펄전 설교전집 11: 잠언·전도서·아가』 (박문재 역; CH북스, 2014).

가장 뛰어난 설교가로 인정받는 저자가 남긴 7개의 전도서 설교이다. 저자의 명성에 걸맞는 설교들이 수록되어 있다. 인생의 다양한 문제에 대한 통찰력과 분석이 들어있다.

대니엘 프레더릭스, 대니엘 에스테스 공저, 『전도서·아가』 (권대영 역, 부흥과 개혁사, 2018).

전도서 편은 대니엘 프레더릭스에 의해 저술 되었고, 이 책에서 저자는 전도서의 주요 이슈와 신학적인 문제를 일목요연하게 정리했다. 특히, 전도서에 나타나는 다양한 주제들을 정리하여 전체 내용을 이해하는데 도움을 준다. 성경본문과 주석도 강해설교자들에게 큰 유익이 될 것이다.

아가[1]

ㅇ석의적 주석

Garrett, Duane & Paul House. *Song of Solomon/Lamentations.* WBC. Thomas Nelson, 2004. 『아가 예레미야애가』 (솔로몬, 2010).

두 명의 보수주의 구약 신학자들의 저술로, 목회자들에게 유익한 주석이다.

Ginsburg, C. D. *The Song of Songs and Coheleth.* New York: Ktav, 1970.

최고의 전문적인 주석 가운데 하나로, 유대 학자에 의해 저술 되었다.

Hess, Richard S. *Song of Songs.* BCOTWP. Grand Rapids: Baker Academic, 2005.

고대근동 배경 전문가에 의해 저술된 견고한 주석이다.

ㅇ강해적 주석

Akin, Daniel. *God on Sex: the Creator's Ideas About Love, Intimacy, and Marriage.* Nashville: Broadman & Holman, 2003.

성경적이고 실용적이며 감각 있는 주석으로, 아가서 본문을 훌륭하게 다루고 있다. 목회자들이 개인적으로 사용하거나, 혹은 설교를 준비할 때 모두 유용할 것이다.

---

[1] 1997년 이전 아가서 연구의 모든 방면에 대한 상세한 설명을 담은 참고도서 목록은 다음을 참고하라. Peter Enns, Poetry and Wisdom (Grand Rapids: Baker, 1997), 148-58.

Carr, G. Lloyd. *The Song of Solomon: an Introduction and Comment-ary.* TOTC. Downers Grove: InterVarsity, 1983.
좋은 강해 주석으로 설교자들에 도움이 된다. 바우어는 이 주석을 적극 권장한다.

Garrett, D. *Proverbs, Ecclesiastes, Song of Solomon.* NAC. Nashville: Broadman, 1993.
잠언서에서 다룬 동일저자에 대한 설명을 참고하라.

Gledhill, Tom. *The Message of the Song of Songs: the Lyrics of Love.* BST. Downers Grove: InterVarsity, 1994.
롱맨은 이 주석을 대중적인 주석의 좋은 본보기라고 평가한다. 읽기 쉽게 잘 쓰인 책이다.

Glickman, S. Craig. *A Song for Lovers.* Downers Grove: InterVarsity, 1976.
문자적 해석을 바탕으로 아가서를 결혼의 낭만적 사랑에 대한 표현으로 이해힌다. 흥미롭고 유익하다.

Longman, Tremper. *Song of Songs.* NICOT. Grand Rapids: Eerdmans, 2001. 『NICOT 아가』 (부흥과개혁사, 2018).
아가서의 신학적 초점을 잘 다룬 주석이다.

Schwab, George M. *Song of Songs.* REBC 6. Grand Rapids: Zonder-van, 2008.
저자는 웨스트민스터신학교에서 박사학위를 받고 어스킨신학교(Erskine Theological Seminary)에서 조교수로 재직하고 있다. 견실한 저작이며, 상담에 초점을 맞춘 적용을 담고 있다. 저자는 목회자들에게 도움이 될 만한 지혜 문학과 상담에 관한 몇 개의 논문을 저술하기도 했다.

Patterson, Paige. *Song of Songs*. Everyman's Bible Commentary. Chicago: Moody, 1986.

모든 설교자들의 서재에 있어야 할 간략하고 매우 탁월한 주석으로, 아가서에 대한 다양한 접근에 대해 훌륭히 조망하였다. 로스컵은, "패터슨은 각 절의 주석에 있어 명쾌하고 정통하며, 언제 문자적으로 해석해야 하며, 언제 은유적으로 해석해야 할지 아는 통찰력을 가지고 있다"라고 말했다.

Provan, Iain. *Ecclesiastes/Song of Solomon*. NIVAC. Grand Rapids: Zondervan, 2001.

전도서에서 다룬 동일저자에 대한 설명을 참조하라.

○ 목회적 주석

Dillow, Joseph. *Solomon on Sex*. New York: Thomas Nelson, 1977.

설교자들에게 매우 도움이 되는 주석이다. 저자는 아가서가 솔로몬에 의해 저술되어 솔로몬과 술람미 여인의 사랑 관계를 묘사하고 있다고 여긴다. 그는 타당한 논리로 우의적 해석을 거부했다. 비록 모든 적용들이 아가서 본문에서 나온 것은 아니지만, 사랑과 결혼에 대한 많은 좋은 적용들을 다루고 있다. 설교자들을 위한 좋은 자료이다.

○ 설교

Bernard of Clairvaux. *Song of Solomon*. Trans. and ed. Samuel Eales. Minneapolis: Klock & Klock, 1984 reprint.

저자는 12세기 시토회 수도사로, 그의 가장 유명한 저술은 아가서에 대한 86편의 설교들이다. 그는 아가서를 예수 그리스도와 교회의 유비로 보았다. 설교하는데 어느 정도 도움은 되겠지만, 사실 이 책에는 독자의 영혼에 양식을 줄 묵상 내용이 풍부하다. 저자는 결코 진부하지 않고, 항상 창의적이다. 바버는 이 책에 대해, "이 책은 지금까지 쓰인 저술 가운데 매우 경건하며 영혼을 고양하는 작품이다"라고 말했다.

Nelson, Tom. *Love Song: A Study of the Song of Solomon*, 1991. **(Audio)**

텍사스의 덴톤성경교회(Denton Bible Church)의 유명한 강해 설교자인 저자에 의해 저술된 아가서에 관한 훌륭한 설교들이다. 남편과 아내의 관계에 대한 적합한 적용을 다루며, 저자는 이것이 어떻게 이루어져야 하는지를 보여준다. 섹스를 지나치게 강조하고 부적절한 언어와 내용을 사용하여 감각적이고 무의미한 방식으로 아가서를 설교하고자 하는 최근 일부 젊은 설교자들의 시도에 주의하라.

Patterson, Paige. *Sermon Series on the Song of Solomon.*

이 시리즈는 2016년 봄 사우스웨스턴신학교의 채플에서 설교되었다. '아가서 전체를 어떻게 설교할 것인가?'라는 문제에 좋은 본보기로 적극 추천한다. 알레고리적 해석을 지양하면서, 어떻게 예수 그리스도를 유비적으로 해석할 것인가를 보여준다.

Spurgeon, Charles. *The Most Holy Place: Sermons on the Song of Solomon.*

스펄전이 설교한 59개의 아가서 설교 가운데 52개를 포함한다.

○ **특별연구**

Bullock, C. Hassell. *An Introduction to the Poetic Books of the Old Testament: The Wisdom and Songs of Israel.* **Chicago: Moody**, 1979.

『시가서 개론』 (은성, 1999).
복음주의적 관점에서 기록된 시가서에 대한 가장 좋은 개론서 중 하나이다.

○한국어 추가자료

대니엘 프레더릭스, 대니엘 에스테스 공저, 『AOTC 전도서·아가』 (권대영 역, 부흥과개혁사, 2018).

아가서 편은 대니엘 에스테스가 저술했고, 아가서 해석에 대한 다양한 접근을 소개한다. 그동안 아가서 해석이 모형론이나 비문자적 접근을 시도해 왔다면, 저자는 문자적 해석을 바탕으로 히브리 시의 문학적 특성을 연구하고 있다. 또한 아가서의 정경성에 주목하여 다른 성경과의 관계도 제시한다.

롤런드 머피, 엘리자베스 휴와일러, 『잠언·전도서·아가』 (전의우 역; 성서유니온, 2015).

성경 가운데 가장 섬세한 책인 아가서를 여성 신학자의 관점에서 세밀하게 분석한 주석이다. 창조주 하나님께서 인간에게 주신 가장 아름다운 선물인 성을 어떻게 누려야 행복한 삶을 살 것인가에 대한 문제를 심도 있게 다루고 있다. 신학적인 논쟁보다는 현대 크리스천들의 삶속에 있는 사랑과 성에 대한 적용에 초점을 두고 있다.

대선지서

이사야

○ 석의적 주석

Alexander, J. A. *Isaiah: Translated and Explained.* **2 vols. New York: John Wiley, 1851-1852.**

오래된 주석들 가운데 고전으로 남아 있는 히브리어 학자가 저술한 주석이며, 개혁주의적 관점에서 쓰였다.

Delitzsch, Franz. *Isaiah.* **Grand Rapids: Eerdmans, 1976.**

비록 오래된 고전적 주석이지만 오늘날에도 여전히 석의적 가치를 갖는 저술이다. 이 주석을 위해서 히브리어를 알 필요가 있다. 무천년주의 관점을 보인다.

○ 강해적 주석

Bultema, Harry. *Commentary on Isaiah.* **Grand Rapids: Kregel, 1981.**

저자는 그가 세대주의적 전천년주의로 전환하기 전까지 CRC(Christian Reformed Churches) 교단에서 목회를 했다. 600면 이상의 각 절별 주석을 포함하고 있다. 목회자들에게 큰 도움이 될 주석이다.

Goldingay, J. *Isaiah.* **UBCS. Grand Rapids, Baker. 2001.**

저자는 이사야의 온전한 저작권을 부인하긴 하지만, 좋은 본문강해를 제공한다.

Grogan, G. *Isaiah.* **REBC 6. Grand Rapids: Zondervan, 2008.**

이사야서의 단일 저작권을 강하게 주장하며, 신학적인 면에서도 강점을 보인다.

Kelly, William. *An Exposition of the Book of Isaiah*. 4th ed. Minneapolis: Klock & Klock, 1979 reprint.

종말론에 정통한 저자가 전천년주의 관점에서 저술한 이사야서 주석이다. 바버는 이 책에 대해, "시간을 투자해서 내용을 충분히 살펴볼 가치가 있는 책"이라고 평가한다.

Lessing, R. Reed. *Isaiah 40-55*. Concordia Commentary Series. St. Louis: Concordia, 2011.

_____. *Isaiah 56-66*. CCS. St. Louis: Concordia, 2014.

저자는 인디애나 주 포트웨인에 있는 세인트마이클루터교회(Saint Michael Lutheran Church)의 담임목사이며, 콘코디아신학교의 해석학 교수와 대학원처장을 역임했다. 이 『*Concordia Commentary*』 시리즈는 성경의 무오성과 성경의 강해, 신학, 그리고 실천적 분석에 충실하다. 이 주석은 최고 수준의 이사야 주석이다. 적극 추천한다.

Motyer, J. A. *The Prophecy of Isaiah: an Introduction and Commentary*. Downers Grove: InterVarsity, 1993. 『이사야 주석』 (솔로몬, 2018).

이 주석은 이사야서에 대한 최고의 주석 가운데 하나로, 강해 설교자들에게 큰 도움이 될 것이다. 저자는 개혁주의 관점에서 주석을 집필했다.

Oswalt, John N. *Isaiah 1–39*. NICOT. Grand Rapids: Eerdmans, 1986. 『이사야 I』 (부흥과개혁사, 2015).

_____. *Isaiah 40–66*. NICOT. Grand Rapids: Eerdmans, 1998. 『이사야 II』 (부흥과개혁사, 2016).

강해설교자들이 반드시 소장해야 할 주석이다. 보수적이며 본문설명에 충실하다.

_____. *Isaiah*. NIVAC. Grand Rapids: Zondervan, 2003.『NIV 적용: 이사야』(솔로몬, 2015).

저자의 NICOT 이사야 주석과 동일하게 훌륭한 본문강해를 보여주지만, 이 주석은 적용에 보다 초점을 맞추고 있다. 강해 설교자들이 필히 소장해야 할 주석이다.

Smith, George Adam. *The Book of Isaiah*. **The Expositor's Bible. 2 vols. London/New York: Harper & Bros., 1927.**

윌버 스미스는 이 주석이 "우아한 문체로 쓰였고 … 각 장은 화려함으로 반짝이며 저자가 주석한 본문을 설교하고자 하는 사람은 그의 의견을 벗어 날 수 없을 정도"라고 평가했다. 그러나 스미스는 이 주석이 "고등비평이론에 집착하여 저자의 마음에 따라 본문을 조각내는 일도 서슴지 않는다"고 비평했다. 금은 얻고 찌꺼기는 버리라!

Young, E. J. *The Book of Isaiah*. **3 vols. Grand Rapids: Eerdmans, 1965, 1969, 1972.**

비록 1700면에 달하는 거대한 분량이지만, 설교자들은 저자로부터 큰 도움을 받을 것이다. 상당히 보수적이다. 이사야 53장에 대한 그의 주석을 놓치지 마라. 무천년주의 관점에서 기록되었다.

○ **목회적 주석**

Jennings, F. C. *Isaiah*. **Neptune, N.J.: Loizeaux Brothers, 1966.**

목회적이며 강해적인 접근이 아주 잘 조합된 주석이다. 저자는 플리머스형제단(Plymouth Brethren)의 배경을 갖고 있다. 윌버 스미스는 저자를 추천하고 있지만, 어떤 예언들에 대한 그의 본문 해설은 본문 자체에 확고한 기반을 두지 않은 것 같다고 지적한다.

○특별연구

Baron, David. *The Servant of Jehovah.* **Grand Rapids: Zondervan, 1954 reprint.**

이사야 53장에 대한 훌륭한 연구이다.

Bock, Darrell, and Mitch Glaser, eds. *The Gospel According to Isaiah 53: Encountering the Suffering Servant in Jewish and Christian Theology.* **Grand Rapids: Kregel Academic & Professional, 2012.**

이사야 53장에 대한 많은 복음주의 학자들의 탁월한 연구이다.

Lindsey, F. Duane. *The Servant Songs: A Study in Isaiah.* **Chicago: Moody, 1985.**

구약에서 그리스도를 제시하는 데 뛰어난 연구이다. 바버는 "설교자들은 이 책에서 큰 가치를 발견하게 될 것"이라고 주장한다.

Meyer, F. B. *Christ in Isaiah.* **Fort Washington, PA: Christian Literature Crusade, 1973.**

스펄전과 동시대를 살았던 사랑받는 침례교 목사인 저자의 이사야 40-55장에 대한 목회적 연구이다. 저자의 저술은 모두 소장할 가치가 있다.

Redpath, Alan. *The Promise of Deliverance. In Faith for the Times: Studies in the Prophecy of Isaiah 40 to 66.* **Part 1. Old Tappan, NJ: Fleming Revell, 1972.**

_____. *The Plan of Deliverance. In Faith for the Times: Studies in the Prophecy of Isaiah 49 to 54.* **Part II.**

_____. *The Fruit of Deliverance. In Faith for the Times: Studies in the Prophecy of Isaiah 55-66.* **Part III.**

무디교회의 목사인 저자의 모든 저서를 나는 구할 수 있는 대로 읽는다. 나는 어떤 본문을 설교하기 전에 항상 그가 본문에 대해 저술한 것을 읽으려고 노력한다.

○설교

Criswell, W. A. *Isaiah: An Exposition*. Grand Rapids: Zondervan, 1977.

달라스제일침례교회(First Baptist Church, Dalls)를 50년 동안(1944-1994) 섬긴 존경받는 목회자의 탁월한 설교 자료이다.

○한국어 추가자료

마틴 로이드 존스, 『이사야 1장 강해』 (이운연 역; 기독교문서선교회, 2001).

가장 뛰어난 강해설교자 중 한 사람인 저자가 이사야서에 대해 설교한 내용을 수록한 강해설교집이다. 이사야서의 근본적인 주제인 구원의 문제를 현대에 적용하여 전달하고자 했던 설교자의 마음이 읽힌다.

김창대, 『이사야서의 해석과 신학』 (CLC, 2019).

저자는 이사야서에 나타나는 신학을 본문을 통해 이해하려고 노력한다. 깊이 있는 본문 분석을 통해 이사야서에 나타나는 구원과 회복이라는 신학적 틀을 제공하고 있다. 최근의 이사야 연구에 대한 반영도 있어 유익하다.

오성호, 『이사야서의 종말론 신학』 (솔로몬, 2012).

본서는 저자의 박사학위 논문을 요약한 것으로 이사야서에 나타나는 종말론적 관점에 대한 통합적 연구이다. 종말론과 연결된 이사야서의 종말론은 이스라엘의 구원과 연결되어 있고, 이러한 선민의 구원은 확장되어 창조세계의 회복과 구원으로 진행됨을 보여준다.

예레미야

○석의적 주석

Lundbom, J. *Jeremiah 1–20*. AYBC. New Haven: Yale University Press, 1999.

_____. *Jeremiah 21–36*. 2004.

_____. *Jeremiah 37–52*. 2004.

롱맨은 이 주석에 최고점을 주었다. 그에 의하면 이 주석은 예레미야서를 연구하고자 하는 학자나 목회자가 반드시 구입해야 할 책이다.

○강해적 주석

Dearman, J. Andrew. *Jeremiah/Lamentations*. NIVAC. Grand Rapids: Zondervan, 2002.

설교자를 위한 유익한 본문강해와 적용을 담고 있는 주석이다.

Feinberg, Charles. *Jeremiah*. Grand Rapids: Zondervan, 1982.

개론적인 설명과 좋은 참고도서 목록이 포함되어 있으며 자세한 본문강해를 보여주는 주석이다. 전천년주의 관점을 보인다. 이 주석은 『*The Expositor's Bible Commentary*』를 통해서도 출간되었다. 만일 내가 예레미야서를 설교한다면 이 주석을 정기적으로 참고할 것이다.

Fretheim, Terence E. *Jeremiah*. SHBC. Macon, GA. Smyth and Helwys, 2002.

롱맨은 이 주석에 최고점을 주었다.

Harrison, R. K. *Jeremiah & Lamentations.* TOTC. Downers Grove: InterVarsity, 2008.

긴 주석은 아니지만, 아주 유용하다. 저자는 항상 좋은 글을 제공한다.

Huey, F. B. *Jeremiah, Lamentations.* NAC. Nashville: Broadman & Holman, 1993.

저자는 사우스웨스턴침례신학교에서 오랜 기간 동안 구약을 강의했다. 이 책에 있는 견실하고 기본적인 본문해석은 설교자들에게 큰 도움이 될 것이다.

Laetsch, Theodore. *Jeremiah/Lamentations.* St. Louis: Concordia Publishing House, 1952.

더글라스 무는 이 주석을 루터교의 관점에서 기록된 충실한 복음주의적 연구라고 평가한다.

Thompson, J. A. *The Book of Jeremiah.* NICOT. 2nd Revised ed. Grand Rapids: Eerdmans, 1980.

이 주석은 설교자들이 예레미야서를 설교하고자 할 때 필히 참고해야 할 주석이다.

Wright, Christopher. *The Message of Jeremiah: Against Wind and Tide.* Downers Grove: IVP, 2013. 『예레미야 강해』 (IVP, 2018).

저자는 케임브리지에서 박사학위를 취득했고 랭햄파트너십미니스트리(Langham Partnership Ministries)의 국제 담당자이다. 이 주석은 모티어, 스토트, 티드볼과 같은 학자들이 편집자로 있는 『BST 시리즈』로 예레미야서에 대한 탁월한 본문해석과 적용을 담고 있다. 쉽게 읽을 수 있는 주석이다. 만일 당신이 예레미야서를 설교 한다면, 이 주석은 필독서이다.

○ 목회적 주석

Morgan, G. Campbell. *Studies in the Prophecy of Jeremiah.* New York/Chicago: Fleming Revell, 1931.

뛰어난 강해설교자의 예레미야서에 대한 해석을 담고 있다.

○ 한국어 추가자료

트렘퍼 롱맨 3세, 『예레미야·예레미야애가』 (이철민 역; 성서유니온, 2017).

뛰어난 구약 신학자인 롱맨이 저술한 예레미야 주석이다. 본문에 대한 깊은 이해를 바탕으로 본문의 의미를 파악하고 수집된 의미들로 신학을 만들어내는 전형적인 롱맨의 방법론이 사용되었다. 언약과 심판, 그리고 새 언약이라는 큰 틀에서 예레미야서를 이해할 수 있도록 돕는 좋은 강해주석이며 또한 신학서이다.

피더 크레이기, 『예레미야 1-25』 (권대영 역; 솔로몬, 2003).

『WBC』 시리즈의 일부로 이 주석은 본문에 대한 세밀한 분석과 언어학적 연구, 그리고 신학적 연구에 이르는 방대한 작업을 담고 있다. 예레미야서 본문을 깊이 연구하고자 하는 설교자들에게 큰 유익을 주는 주석이다.

목회와신학 편집부, 『예레미야 1 어떻게 설교할 것인가』 (두란노아카데미, 2012).

『두란노 HOW 주석』 시리즈의 일부로 예레미야서에 대한 개론과 함께 본문 연구를 담고 있어 설교와 성경공부를 준비하는데 좋은 자료가 될 것이다. 여러 학자들이 함께 참여하여 다양한 해석과 의견을 제시하고 있어 한 권의 책에서 여러 학자들의 전문성을 경험할 수 있는 장점이 있다.

예레미야애가[1]

○석의적 주석

Hillers, Delbert R. *Lamentations*. Anchor Bible. Garden City, NY: Doubleday, 1972.
포괄적인 연구이면서 읽기 쉬운 주석이다. 그러나 신정통주의적 관점에서 저술되었다.

○강해적 주석

Dobbs-Allsopp, F. W. *Lamentations. Interpretation*. Louisville, KY: John Knox Press, 2002. 『예레미야애가』(한국장로교출판사, 2012).
바우어에 의하면, 이 주석은 "예레미야애가의 원래 메시지를 구약 전체와 현대 상황에 탁월하게 연결시키고 있다." 설교에 있어 실천적 적용을 찾는데 도움이 된다.

Ferris, Paul W. *Lamentations*. REBC 7. Grand Rapids: Zondervan, 2010.
예레미야서 연구에 정통한 저자의 훌륭한 본문강해 주석이다.

Harrison, R. K. *Jeremiah & Lamentations*. TOTC. Downers Grove: InterVarsity, 2008.
예레미야서에서 다룬 동일저자에 대한 설명을 참조하라.

---

1) 1997년 이전 예레미야애가 연구의 모든 방면에 대한 상세한 설명을 담은 참고도서 목록은 다음을 참고하라. Peter Enns, *Poetry and Wisdom* (Grand Rapids: Baker, 1997), 159-63.

Huey, F. B. *Jeremiah, Lamentations.* NAC. Nashville: Broadman & Holman, 1993.
예레미야서에서 다룬 동일저자에 대한 설명을 참조하라.

Parry, R. A. *Lamentations.* THOTC. Grand Rapids: Eerdmans, 2010.
롱맨은 이 주석을 "설교자를 위한 소중한 자료"라고 불렀다.

○특별연구
Kaiser, Walter. *Grief and Pain in the Plan of God.* Fearn: Christian Focus, 2004. Formerly published as *A Biblical Approach to Personal Suffering.* Chicago: Moody, 1982.
고든콘웰신학교(Gordon-Conwell Seminary) 총장이었던 저자의 작지만 유용한 책이다. 저자는 항상 설교자에게 도움이 되는 자료를 제공한다. 이 책도 예외는 아니다.

○한국어 추가자료
트렘퍼 롱맨 3세, 『예레미야·예레미야애가』 (이철민 역; 성서유니온, 2017).
뛰어난 구약 신학자인 롱맨이 저술한 예레미야 주석이다. 본문에 대한 깊은 이해를 바탕으로 본문의 의미를 파악하고 수집된 의미들로 신학을 만들어내는 전형적인 롱맨의 방법론이 사용되었다. 언약과 심판, 그리고 새 언약이라는 큰 틀에서 예레미야서를 이해할 수 있도록 돕는 좋은 강해주석이며 또한 신학서이다.

에스겔

○ 석의적 주석

Greenberg, M. *Ezekiel 1–20*. AYBC. New Haven: Yale University Press, 1983.

_____. *Ezekiel 21–37*. AYBC. New Haven: Yale University Press, 1995.

많은 사람들은 저자를 에스겔 연구의 최고 권위자라고 생각한다. 그는 예루살렘에 있는 히브리대학(Hebrew University)의 성서학 교수이었고 많은 책을 저술한 저자이며, 『*Encyclopaedia Judaica*』의 편집장을 역임했다. 저자는 히브리어 본문의 세밀한 부분까지 반영된 본문 번역을 제시하고 있다. 모든 면을 다 동의하지는 않겠지만, 이 주석은 에스겔 연구에 있어 최고의 주석이다.

Zimmerli, Walther. *Ezekiel*. **Hermeneia. Philadelphia: Fortress, 1979.**

에스겔서에 대한 세부적인 주석이다. 더글라스 무는 이 주석을 "훌륭한 참고도서 목록을 포함하고 있는, 자유주의적 관점에서 기록된 최고의 주석"으로 평가한다.

○ 강해적 주석

Alexander, Ralph H. *Ezekiel*. REBC 7. Grand Rapids: Zondervan, 2010.

전천년주의 관점에서 저술된 견고한 본문강해이다. 매우 유익한 주석이다.

Block, Daniel. *The Book of Ezekiel 1–24*. NICOT. Grand Rapids:

Eerdmans, 1997.

_____. *The Book of Ezekiel 25–48*. 1998.

모든 학자와 설교자들이 필히 소장해야 할 주석이다. 확실한 보수주의적 입장을 견지한다. 이 주석을 참고하지 않고 청중 앞으로 나아가지 말라.

Cooper, Lamar. *Ezekiel.* **NAC. Nashville: Broadman & Holman, 1994.**

설교자들에게 큰 유익을 주는 주석이다. 본문강해에 있어 충실하지만 지루하지 않다. 저자의 에스겔 40-48장의 분석을 주목하라. 저자는 텍사스 주 달라스에 있는 크리스웰대학교(Criswell College)에서 구약을 강의하고 있다.

Craigie, P. *Ezekiel.* **DSB. Philadelphia: Westminster, 1983.**

보수적이고 복음주의적인 관점에서 본문을 해석한 주석이다.

Duguid, Iain M. *Ezekiel.* **NIVAC. Grand Rapids: Zondervan, 1999.**

목회자들을 위한 훌륭한 본문강해와 적용을 담고 있는 주석이다. 롱맨은 이 주석에 최고점을 주었다. 개혁주의적 관점을 견지하고 있다.

Fairbairn, Patrick. *An Exposition of Ezekiel.* **Grand Rapids: Zonder-van, 1960. Published under the same title: Minneapolis: Klock & Klock, 1979 [1851].**

세심하고 읽기 쉬운 복음주의적 관점에서 저술된 주석이다. 특별히 40-48장 연구가 유익하다.

Feinberg, Charles. *The Prophecy of Ezekiel.* **Chicago: Moody, 1969.**

전천년주의 관점의 뛰어난 주석이다. 장별로 연구하는 방식이다. 40-48장을 문자적으로 해석하여 천년에 성전이 재건되는 것으로 이해하고 있다.

Stuart, Douglas. *Ezekiel.* **The Preacher's Commentary. Thomas Nelson, 1989.**

견고한 본문주해로 모든 설교자들에게 유익을 주는 주석이다.

ㅇ목회적 주석

Blackwood, Andrew W. *The Other Son of Man.* **Grand Rapids: Baker, 1966.**

저자는 장로교 목사로, 이 연구는 에스겔서의 "인자" 개념을 그리스도와 결부하여 연구했다. 실제로 이 연구는 에스겔서 주요본문에 대한 12개의 설교 시리즈이다. 이 책의 서두에 있는 "인자"의 개념에 대한 간략한 소개를 주목하라. 저자는 또한 목회자들에게 유익한 250쪽에 달하는 에스겔서의 절별 주석을 저술했다. *Ezekiel: Prophecy of Hope* (Grand Rapids: Baker, 1965)을 참고하라.

Guthrie, Thomas. *The Gospel in Ezekiel.* **Grand Rapids: Zondervan, n.d. reprint.**

개혁주의적인 관점에서 에스겔서를 신약성경과 관련지어 연구한 22개의 논문을 포함하는 400쪽 분량의, 에스겔서의 주요 쟁점에 대한 저작이다. 다소 길지만 유용한 사료이다.

ㅇ한국어 추가자료

목회와신학 편집부, 『에스겔 어떻게 설교할 것인가』 (두란노아카데미, 2012).

『두란노 HOW 주석』 시리즈의 일부로, 에스겔서에 대한 개론과 함께 본문 연구를 담고 있어 설교와 성경공부를 준비하는데 좋은 자료가 될 것이다. 여러 학자들이 함께 참여하여 다양한 해석과 의견을 제시하고 있어 한권의 책에서 여러 학자들의 전문성을 경험할 수 있는 장점이 있다.

마틴 로이드 존스, 『마틴 로이드 존스 에스겔 강해』 (정상윤 역; 복있는사람,

2019).

이 책은 에스겔 36장에 대한 저자의 14편의 설교를 담고 있다. 실패와 심판의 땅 바벨론에서 경험하는 고난과 절망 속에서 예루살렘의 회복을 소망하는 본문을 통해 저자는 하나님의 은혜를 강조하고 있다. 절망과 좌절로 주저앉은 이 시대의 영혼들에게 다시 한 번 하나님의 은혜를 소망하게 돕는 설교들이다.

조셉 블렌킨숍, 『에스겔』 (박문재 역; 한국장로교출판사, 2002).
저자의 본문에 대한 깊이 있는 연구와 함께 적용을 담고 있는 주석이다. 저자의 글은 명쾌하며 가독성이 뛰어나다.

다니엘

○ 석의적 주석

Goldingay, John. *Daniel.* WBC. Waco, TX: Word, 1989. 『다니엘』 (솔로몬, 2008).

나의 관점에서는 이 주석이 양식 비평에 치우친 것으로 보이고, 저자는 다니엘서의 내용이 완전히 역사적이라고 생각하지는 않는 것 같다. 그러나 이 주석은 본문강해에 있어서는 도움이 된다.

○ 강해적 주석

Baldwin, Joyce G. *Daniel.* TOTC. Downers Grove: InterVarsity, 2008.

우리가 이 시리즈의 저자들에게 기대하는 바와 같이 이 주석은 견고하며, 보수주의적 관점으로 기록되어 설교자들에게 도움이 된다.

Boutflower, Charles. *In and Around the Book of Daniel.* Grand Rapids: Zondervan, 1923.

윌버 스미스는 이 책에 대해 다음과 같이 평가한다. "주로 역사적이고 고고학적인 면에서 가치가 있다. 역사적인 연구에 있어 이 주석은 영어권에서 가장 훌륭한 주석 중 하나이다."

Hill, Andrew E. *Daniel.* REBC 8. Grand Rapids: Zondervan, 2008.

보수적인 관점에서 본문을 해석한 주석으로 다니엘서를 설교하려는 이들에게 유익하다.

Longman, Tremper. *Daniel.* NIVAC. Grand Rapids: Zondervan, 1999.
현대 사회에 대한 실천적 적용이라는 관점에서 좋은 주석이다. 마지막 6장에 대한 해석에는 아쉬움이 있다. 내가 볼 때 저자의 언약신학이 다니엘의 예언에 관한 올바른 해석을 놓치게 하는 것 같다.

Miller, Stephen R. *Daniel.* NAC. Nashville: Broadman & Holman, 1994.
보수적 입장에서 다니엘서를 연구한 주석이다. 강해설교자에게 도움이 된다.

Wallace, Ronald S. *The Lord is King: the Message of Daniel.* BST. Downers Grove: InterVarsity, 1979.
다니엘서에 관해 보수주의적 관점에서 저술한, 강해 설교자들에게 도움이 되는 또 하나의 좋은 주석이다. 더글라스 무는 "이 주제에 관한 탁월한 책"이라고 말한다.

Walvoord, John. *Daniel: the Key to Prophetic Revelation.* Chicago: Moody, 1971.
저자의 계시록에 관한 훌륭한 주석과 연계되어 저술된 이 주석은 전천년주의 전문가에 의한 뛰어난 절별 주석이다. 비록 당신이 전천년주의자가 아니더라도 이 주석을 당신의 서재에 꼭 소장해야 한다. 저자는 오랫동안 달라스신학교의 총장으로 섬겼고, 잘 알려진 세대주의적 전천년주의자이다.

Wood, Leon. *A Commentary on Daniel.* Grand Rapids: Zondervan, 1973. 『다니엘 주석』 (기독교문서선교회, 1995).
다니엘서에 관한 훌륭한 절별 주석이다. 다니엘서를 설교하는 강해 설교자에게 매우 유용한 책이다. 전천년주의 관점에서 저술되었다.

○ **특별연구**

Anderson, Robert. *The Coming Prince.* **London: Hodder & Stoughton,** 1909.

전천년주의 관점에서 다룬 다니엘 9장에 대한 뛰어난 연구이다.

Wilson, Robert Dick. *Studies in the Book of Daniel.* 2 vols. in one. **Grand Rapids: Baker,** 1972 reprint.

프린스턴신학교의 셈족 언어와 구약 성서 비평 교수인 W. H. 그린 교수의 비평적 연구에 대항하여 다니엘서를 변증하기 위하여 저술된 책으로 필독서이다. 688쪽의 뛰어난 연구가 포함되어 있다.

○ **설교**

Criswell, W. A. *Expository Sermons on Daniel.* 4 vols. **Grand Rapids: Zondervan,** 1972.

저자의 최고의 저서 중 하나이다. 달라스제일침례교회에서 시리즈로 설교되었다. 전천년주의 관점을 견지한다.

Greidanus, Sidney. *Preaching Christ from Daniel: Foundations for Expository Sermons.* **Grand Rapids: Eerdmans,** 2012.

Phillips, John & Jerry Vines. *Exploring the Book of Daniel.* **Neptune, NJ: Loizeaux Brothers,** 1990.

가치 있는 설교들로서, 개요와 간략한 본문강해, 예화, 적용을 포함하고 있다. 세대주의적 관점을 견지한다.

○한국어 추가자료

시블리 타우너, 『다니엘서』 (신정균 역; 한국장로교출판사, 2004).

『현대성서주석(Interpretation)』 주석 시리즈의 일부로, 이 시리즈가 지향하는 목회자와 설교자를 돕는 주석의 기능을 다하고 있다. 다니엘서 해석의 기본적인 쟁점들로부터 본문의 세밀한 주해에 이르기까지 목회자들이 설교를 위해 필요한 자료를 담고 있다.

목회와신학 편집부, 『다니엘 어떻게 설교할 것인가』 (두란노아카데미, 2012).

『두란노 HOW 주석』 시리즈의 일부로, 다니엘서에 대한 개론과 함께 본문 연구를 담고 있어 설교와 성경공부를 준비하는데 좋은 자료가 될 것이다. 여러 학자들이 함께 참여하여 다양한 해석과 의견을 제시하고 있어 한권의 책에서 여러 학자들의 전문성을 경험할 수 있는 장점이 있다.

소선지서

소선지서

단행본 혹은 시리즈로 소선지서를 다룬 연구들 가운데 다음의 저술을 추천한다.

Feinberg, Charles Lee. *The Minor Prophets.* **Chicago: Moody, 1976.**
『12 소선지서 연구』(은성, 2013).

원래 5권으로 출판된 것을 1권으로 출간한 책이다. 저자는 정통적인 유대교 가정에서 성장했고 랍비 교육을 위해 히브리어와, 관련 주제를 14년 동안 공부했다. 강해설교자들에게 훌륭한 자료가 될 것이다. 각주는 없으며 강해와 경건의 조화를 보여준다.

Freeman, Hobart. *An Introduction to the Old Testament Prophets.* **Chicago: Moody, 1968.**

목회자들을 위한 훌륭한 개론서이다.

Henderson, Ebenezer. *The Twelve Minor Prophets.* **Grand Rapids: Baker, 1980 reprint [1845].**

이 주석은 로버트 할데인의 가르침을 받았고 20년 동안 북유럽 선교사로 활동했으며, 1830-1850년 사이에 신학과 성서학 교수로 재직했던 스코틀랜드 출신의 저자에 의해 저술된 석의 주석이다. 보수적인 관점을 견지하고 있다. 비록 차일즈는 이 책이 오래된 정보 때문에 쉽게 제외될 수 있다고 생각했지만, 내 생각에는 이 책이 읽기 쉽지는 않아도 여전히 연구할 가치가 있다고 생각한다.

Keil, C. F. *The Twelve Minor Prophets.* J. Martin, trans. Vol. 2. Edinburgh: T.&T. Clark, 1889.
보수적이고, 석의적이며, 강해적이지만, 하나님의 일에 대한 영적인 안목으로 저술된 주석이다.

McComiskey, Thomas E. *The Minor Prophets.* **3 volumes. Grand Rapids: Baker, 1992, 1993, 1998.**
현재는 한 권의 책으로 출판되어 있다. 각 권이 다른 저자에 의해 연구되었다. 이 책은 소선지서를 연구하고자 하는 사람들에게는 필독서이다. 오스왈트는 "소선지서 히브리어 본문이 무엇을 말하는지에 대한 질문에 답할 때 이 책은 가장 우선되어야 할 자료이다"라고 말했다.

Pusey, E. B. *The Minor Prophets: A Commentary Explanatory and Practical.* 2 vols. **Grand Rapids: Baker, 1961.**
바버는 이 책이 "설교적 자료를 포함하고 있는 광범위하고 세밀한 소선지서 연구"라고 말한다. 많은 교부들과 중세 참고 주석들을 포함하고 있다. 무천년주의 관점을 견지한다.

Robinson, George. *The Twelve Minor Prophets.* **Grand Rapids: Baker, 1978 reprint [1926].**
위어스비는 이 책을 "고전"이라 평가했다.

Tatford, Frederick. *The Minor Prophets.* 3 vols. **Minneapolis: Klock & Klock, 1982.**
바버에 의하면 이 책은 훌륭한 본문해석을 보인다. 저자는 소선지서의 전문가이다. 전천년주의 입장을 견지한다.

○소선지서 설교

Achtemeier, Elizabeth. *Preaching From the Minor Prophets.* **Grand Rapids: Eerdmans, 1998.**

저자는 실제로 모든 소선지서의 주석을 저술했다. 각 책에 대해, 저자는 주로 중도적 입장에서 자유주의적 관점까지의 주석 추천 목록을 추가했고, 역사적/신학적 배경을 설명한 이후에 일부 본문을 선택하여 간단하게 언어학적/수사학적 특성을 설명하고, 설교의 제목을 제안하며, 설교적 강해를 제시했다. 설교를 위한 훌륭한 적용 아이디어를 얻을 수 있다.

호세아

○ 석의적 주석

Stuart, Douglas. *Hosea–Jonah.* **WBC. Dallas: Word, 1987.** 『호세아-요나』 (솔로몬, 2011).

롱맨에 의하면 최고의 소선지서 주석 가운데 하나이다. 모든 설교자들이 소장해야 할 주석이다. 무천년주의 입장을 견지한다.

○ 강해적 주석

Carroll, Rodas, & M. *Daniel. Hosea.* **REBC 8. Grand Rapids: Zondervan, 2008.**

신뢰할 만한 주석 시리즈에서 나온 매우 유용한 주석이다. 이 주석은 같은 주석 시리즈에 있는 레온 우드의 1985년 『호세아』를 대체했다. 레온 우드의 주석도 역시 시간을 투자할 만한 가치가 있다.

Dearman, J. Andrew. *The Book of Hosea.* **NICOT. Grand Rapids: Eerdmans, 2010.**

롱맨은 이 주석에 최고점을 주었다. 에반스는 "현재 가능한 최고의 복음주의적 주해서이다"라고 평했다.

Feinberg, Charles Lee. *Hosea: God's Love for Israel.* **New York: American Board of Missions to the Jews, 1947.**

소선지서에서 다룬 동일 저자에 대한 설명을 참조하라.

Garrett, Duane. *Hosea and Joel.* NAC. Nashville: Broadman & Holman, 1996.
보수적인 학자에 의한 훌륭한 연구이다. 구입을 추천한다.

Hubbard, D. A. *Hosea.* TOTC. Downers Grove: InterVarsity, 2008.
『틴데일 구약주석 시리즈』의 일부로 보수적이며 간결하다. 롱맨은 이 주석에 별 네 개를 부여했다.

Kidner, Derek. *The Message of Hosea: Love to the Loveless.* BST. Downers Grove: InterVarsity, 1981.
학구적, 목회적 통찰력, 간결한 문체의 특징을 갖는 주석이다. 매우 유용하다.

McComiskey, Thomas. "Hosea." *The Minor Prophets: An Exegetical and Expository Commentary.* Thomas McComiskey, ed. Vol. 1. Grand Rapids: Baker, 1992.
롱맨은 이 주석을 호세아서에 대한 진지한 연구를 위한 필독서라고 추천한다.

Smith, Gary. *Hosea, Amos, Micah.* NIVAC. Grand Rapids: Zonder-van, 2001.
본문 해석과 적용이 강해설교자들에게 도움이 될 것이다.

○특별연구
Sibbes, Richard. *The Returning Backslider, or a Commentary on Hosea XIV.* Evansville, IN: Sovereign Grace Book Club, 1957. Also in vol. 2 of **Works of Richard Sibbes, published by Banner of Truth.**
"천상의 박사 십스"라고 불리는 저자는 케임브리지의 위대한 청교도 설교자 중 가장 중요한 사람이다. 그의 저서는 항상 읽어야 할 가치가 있다. 이 책은 호세아 14장에 대한 그의 주석이다.

○한국어 추가자료

목회와신학 편집부, 『호세아·미가 어떻게 설교할 것인가』 (두란노아카데미, 2012).

『두란노 HOW 주석』 시리즈의 일부로 호세아, 미가서에 대한 개론과 함께 본문 연구를 담고 있어 설교와 성경공부를 준비하는데 좋은 자료가 될 것이다. 여러 학자들이 함께 참여하여 다양한 해석과 의견을 제시하고 있어 한권의 책에서 여러 학자들의 전문성을 경험할 수 있는 장점이 있다.

드와이트 팬티코우스트, 로버트 치숌, 『다니엘·호세아·요엘』 (문명조 역; 두란노, 2016).

달라스 신학교 교수들이 저술한 『BKC 강해주석』 시리즈를 두란노에서 번역한 주석이다. 달라스 신학교의 전통을 잘 반영하여 본문 해석에 있어 탁월하고 원문의 의미에 충실하다. 적용 부분에 있어서도 현대인들의 삶 속에서 성경을 어떻게 적용할 것인가에 도움을 준다.

요엘

○석의적 주석

Stuart, Douglas. *Hosea-Jonah.* **WBC. Dallas: Word,** 1987. 『호세아-요나』 (솔로몬, 2011).

호세아서에서 다룬 동일저자에 대한 설명을 참고하라.

○강해적 주석

Allen, Leslie. *The Books of Joel, Obadiah, Jonah, and Micah.* **NICOT. Grand Rapids: Eerdmans,** 1976.

더글라스 무는 이 주석에 관해 학문적으로도 설교학적 가치로도 뛰어난 작품이라고 평가한다.

Baker, David W. *Joel, Obadiah, Malachi.* **NIVAC. Grand Rapids: Zondervan,** 2006.

이 주석 시리즈의 의도와 같이, 저자는 만족할 만한 본문 설명과 적용을 제시하고 있다.

Dillard, Raymond B. *"Joel."* *The Minor Prophets: An Exegetical and Expository Commentary.* **Thomas McComiskey, ed. Vol.** 1. **Grand Rapids: Baker,** 1992.

롱맨은 이 주석에 최고점을 주었다. 그에 의하면, "만일 당신이 단 한권의 요엘서 주석을 원한다면, 이것이 바로 그 책이다."

Driver, S. R. *The Books of Joel and Amos*. Cambridge Bible. Revised ed. Cambridge: Cambridge University Press, 1915.
차일즈에 의하면 이 주석은 "빈틈없이 구성된 고전"이다.

Feinberg, Charles Lee. *Joel, Amos and Obadiah*. New York: American Board of Missions to the Jews, 1948.
소선지서에서 다룬 동일저자에 대한 설명을 참조하라.

Finley, T. J. *Joel, Amos, Obadiah*. WEC. Chicago: Moody, 1990.
요엘서의 모든 면을 잘 다룬 주석이다. 전천년주의 입장을 견지한다. 롱맨은 이 주석에 별 네 개를 부여했다. 다른 출판사에서(Biblical Studies Press)에서 재인쇄 되었다.

Garrett, Duane. *Hosea and Joel*. NAC. Nashville: Broadman & Holman, 1996.
보수적 학자로부터 저술된 훌륭한 본문해설이다. 목회자는 필히 이 주석을 참고해야 한다.

Hubbard, D. A. *Joel & Amos*. TOTC. Downers Grove: InterVarsity, 2008.
『틴데일 구약주석 시리즈』는 항상 목회자들을 위해 좋은 본문강해를 간략하게 제시한다.

Morgan, G. Campbell. *Hosea: The Heart and Holiness of God*. Westwood, NJ: Fleming Revell, 1934.
저자의 가장 뛰어난 본문강해로 간주된다.

Patterson, Richard. *Joel.* **REBC 8. Grand Rapids: Zondervan, 2008.**
학문적이며 보수적인 연구이다. 목회자들에게 매우 유익한 주석이다.

○한국어 추가자료

드와이트 팬티코우스트, 로버트 치솜, 『다니엘·호세아·요엘』 (문명조 역; 두란노, 2016).

달라스 신학교 교수들이 저술한 『BKC 강해주석』 시리즈를 두란노에서 번역한 주석이다. 달라스 신학교의 전통을 잘 반영하여 본문 해석에 있어 탁월하고 원문의 의미에 충실하다. 적용 부분에 있어서도 현대인들의 삶 속에서 성경을 어떻게 적용할 것인가에 도움을 준다.

목회와신학 편집부, 『요엘·오바댜·나훔·스바냐 어떻게 설교할 것인가』 (두란노아카데미, 2012).

『두란노 HOW 주석』 시리즈의 일부로 요엘서에 대한 개론과 함께 본문 연구를 담고 있어 설교와 성경공부를 준비하는데 좋은 자료가 될 것이다. 여러 학자들이 함께 참여하여 다양한 해석과 의견을 제시하고 있어 한권의 책에서 여러 학자들의 전문성을 경험할 수 있는 장점이 있다.

아모스[1]

○ 석의적 주석

Andersen, Francis I. and David N. Freedman. *Amos.* **AYBC. New Haven: Yale University Press, 1989.**

롱맨은 이 주석에 최고점을 주며 아모스서의 히브리 본문을 깊이 연구하고자 할 때 반드시 참고해야 할 주석으로 평가한다. 그러나 고등비평적 결론에는 주의할 필요가 있다.

Cripps, Richard. *A Critical and Exegetical Commentary on the Book of Amos.* **London: S.P.C.K., 1921. Revised in 1955 by S.P.C.K. Also published by Klock & Klock 1981 reprint.**

수년 동안 케임브리지의 세인트존스칼리지(St. John's College)에서 강의한 저자가 저술한 이 주석은 견고한 본문석의와 적용을 담고 있다. 차일즈는 이 주석에 대해 과도하게 비판적으로, "안전하게 무시"해도 된다고 제안했다.

Garrett, Duane. *Amos: A Handbook on the Hebrew Text.* **In BHHB (Baylor Handbook on the Hebrew Bible). Waco, TX: Baylor University Press, 2008.**

---

1) 아모스 연구의 다양한 주제에 대한 설명이 추가된 참고도서 목록은 다음을 참고하라. M. Daniel Carroll R. *Amos: The Prophet & His Oracles* (Louisville: Westminster/John Knox, 2002). 이 책은 20세기까지의 아모스 연구에 대한 최고의 개론서이다. 또한 다음의 책도 참고하라. M. Daniel Carroll R. *Amos: The Prophet & His Oracles* (Louisville: Westminster/John Knox, 2002). 하젤은 1960-1990년까지의 아모스 연구를 조사했다. 이 책은 800개 이상의 참고도서 목록을 포함한다.

히브리어 본문을 연구하여 설교하고자 하는 목회자들에게 도움이 될 주석이다.

Paul, Shalom. *Amos*. **Hermeneia. Minneapolis: Fortress Press,** 1991.
언어학적 분석은 강하나 신학적인 면에서는 그렇지 못하다. 고등비평적 연구가 반영된 점을 제외하고는 아주 유용한 주석이다. 글린은 이 주석을 "권위 있는 저술이며… 시종일관 인상적"이라고 평가했다.

Stuart, Douglas. *Hosea-Jonah*. **WBC. Dallas: Word,** 1987. 『호세아-요나』 (솔로몬, 2011).
호세아서에서 다룬 동일저자에 대한 설명을 참조하라.

강해적 주석
Allen, Leslie. *The Books of Joel, Obadiah, Jonah, and Micah*. **NICOT. Grand Rapids: Eerdmans,** 1976.
요엘서에서 다룬 동일저자에 대한 설명을 참고하라.

Feinberg, Charles Lee. *Joel, Amos and Obadiah*. **New York: American Board of Missions to the Jews,** 1948.
소선지서에서 다룬 동일저자에 대한 설명을 참고하라.

Hubbard, D. A. *Joel & Amos*. **TOTC. Downers Grove: InterVarsity,** 2008.
요엘서에서 다룬 동일저자에 대한 설명을 참고하라.

Lessing, R. Reed. *Amos*. **CCS. St. Louis. Concordia,** 2009.
이사야 40-55장에서 다룬 동일저자에 대한 설명을 참고하라.

Longman, Tremper and Thomas McComiskey. *Amos*. REBC 8. Grand Rapids: Zondervan, 2009.
원 저자인 맥코미스키의 주석을 롱맨이 개정했다.

Niehaus, Jeffrey. "Amos." *The Minor Prophets*, ed. Thomas McComis-key. Grand Rapids: Baker, 2009.
견고한 역사적 배경을 토대로 연구한 좋은 주석이다.

Smith, Billy and Frank Page. *Amos, Obadiah, and Jonah*. NAC. Nashville: Broadman & Holman, 1995.
기본적이며 능숙한 본문연구로 목회자들에게 유익한 주석이다.

Smith, Gary. *Hosea, Amos, Micah*. NIVAC. Grand Rapids: Zonder-van, 2001.
이 주석 시리즈의 목적에 부합하여 이 책은 설교에 유익한 적용을 위한 아이디어를 제공한다. 에반스에 의하면 이 책은 아모스 연구 가운데 가장 보수적인 특성을 갖는다.

_____. *Amos: A Commentary*. 2nd ed. Mentor Commentaries. Fearn: Mentor, 1998.
400쪽에 달하는 좋은 본문석의와 신학적 해석을 담고 있는 주석이다. 이 책은 1989년 존더반 판을 개정한 것이다. 글린에 의하면 이 주석은 사회수사학적 통찰력을 포함하고 있다.

Thorogood, Bernard. *A Guide to the Book of Amos*. London: S.P.C.K., 1971.
진보적 복음주의 관점에서 기록된 주석으로 적용 부분이 강점이다. 더글라스 무에 의하면, 이 주석은 목회자를 위한 좋은 도구이다.

○한국어 자료

조휘, 『사자가 부르짖은즉 누가 두려워하지 않겠느냐?: 아모스서 원전연구 및 주해』 (그리심, 2011).

아모스서에 대한 견고한 주석이다. 원문의 의미에 충실하고 특히, 히브리어 본문의 구조 속에서 의미를 파악하려는 저자의 노력이 잘 담겨 있다. 히브리어 원문의 다양한 쟁점들을 충실히 다루었고 원문에 기반을 둔 사역(私譯)을 제공함으로 히브리어에 익숙하지 않은 독자들도 원문의 의미를 파악하는데 큰 도움을 준다. 적용을 위해서는 저자가 발간한 다음 책을 참고하라.『아모스와 함께 하는 말씀 묵상』(아세아연합신학대학교, 2017).

목회와신학 편집부, 『아모스 어떻게 설교할 것인가』 (두란노아카데미, 2012).

『두란노 HOW 주석』 시리즈의 일부로 아모스서에 대한 개론과 함께 본문 연구를 담고 있어 설교와 성경공부를 준비하는데 좋은 자료가 될 것이다. 여러 학자들이 함께 참여하여 다양한 해석과 의견을 제시하고 있어 한권의 책에서 여러 학자들의 전문성을 경험할 수 있는 장점이 있다.

도날드 수누키얀 외 4명, 『아모스·오바댜·요나·미가·나훔』 (김영헌 역; 두란노, 2016).

『BKC 강해주석』 시리즈의 일부로 달라스 신학교의 교수들이 함께 저술한 주석이다.

오바댜

○ 석의적 주석

Block, Daniel. *Obadiah*. **ZECOT. Grand Rapids: Zondervan**, 2014.
아래의 룻기에서 다룬 동일저자에 대한 설명을 참고하라.

Raabe, Paul R. *Obadiah*. **AYBC. New Haven: Yale University Press**, 1996.
롱맨은 이 주석에 최고점을 주었다. 바우어는 이 주석을 적극 추천한다.

Stuart, Douglas. *Hosea-Jonah*. **WBC. Dallas: Word**, 1987. 『호세아-요나』 (솔로몬, 2011).
호세아서에서 다룬 동일저자에 대한 설명을 참고하라.

○ 강해적 주석

Alexander, Baker & Bruce Waltke. *Obadiah, Jonah, Micah*. **TOTC. InterVarsity**, 2008.
신뢰할 수 있는 『틴데일 구약주석 시리즈』의 일부로, 간략하지만 유익한 본문 강해를 제공한다.

Allen, Leslie. *The Books of Joel, Obadiah, Jonah, and Micah*. **NICOT. Grand Rapids: Eerdmans**, 1976.
요엘서에서 다룬 동일저자에 대한 설명을 참고하라.

Armerding, Carl. *Obadiah*. REBC 8. Grand Rapids: Zondervan, 2008.
롱맨은 이 주석에 별 네개를 주었다.

Baker, David W. *Joel, Obadiah, Malachi*. NIVAC. Grand Rapids: Zondervan, 2006.
설교를 위한 유익한 본문석의와 적용 아이디어를 제공하는 주석이다.

Feinberg, Charles. *Joel, Amos and Obadiah*. New York: American Board of Missions to the Jews, 1948.
소선지서에서 다룬 동일저자에 대한 설명을 참고하라.

Marbury, Edward. *Obadiah and Habakkuk*. Minneapolis: Klock & Klock, 1979 reprint [1649-1650 in separate volumes/reprinted 1865 in one volume].
저자는 17세기 런던의 목회자이다. 스펄전은 이 저자의 하박국 연구에 대해, 그는 "영국의 오래된 작가들 가운데 입지를 확고히 하고 있으며, 그는 이 일을 가치 있게 하고 있다"고 설명했다.

Niehaus, Jeffery. "Obadiah." *The Minor Prophets*. Vol. 2. Thomas McComiskey, ed. Grand Rapids: Baker, 2009.
소선지서의 맥코미스키에 대한 설명을 참고하라.

Smith, Billy and Frank Page. *Amos, Obadiah, and Jonah*. NAC. Nashville: Broadman & Holman, 1995.
아모스서에서 다룬 동일저자에 대한 설명을 참고하라.

○ 한국어 추가자료

도날드 수누키얀 외 4명,『아모스·오바댜·요나·미가·나훔』(김영헌 역; 두란노, 2016).

『BKC 강해 주석』 시리즈의 일부로 달라스 신학교의 교수들이 함께 저술한 주석이다.

목회와신학 편집부,『요엘·오바댜·나훔·스바냐 어떻게 설교할 것인가』(두란노아카데미, 2012).

『두란노 HOW 주석』 시리즈의 일부로 오바댜서에 대한 개론과 함께 본문 연구를 담고 있어 설교와 성경공부를 준비하는데 좋은 자료가 될 것이다. 여러 학자들이 함께 참여하여 다양한 해석과 의견을 제시하고 있어 한권의 책에서 여러 학자들의 전문성을 경험할 수 있는 장점이 있다.

요나

○ 석의적 주석

Sasson, Jack. *Jonah.* AB. New York: Doubleday, 1990.
바우어는 이 주석이 출간된 주석 가운데 가장 구체적이고 포괄적인 분석을 담고 있다고 평가한다. 각 구절에 대한 섬세한 해석이 특징이다.

Stuart, Douglas. *Hosea-Jonah.* WBC. Dallas: Word, 1987. 『호세아-요나』 (솔로몬, 2011).
호세아서에서 다룬 동일저자에 대한 설명을 참고하라.

Youngblood, Kevin. *Jonah.* ZECOT. Grand Rapids: Zondervan, 2015.
설교자들이 강해설교에 익숙해지도록 돕는 훌륭한 본문 해석이다.

○ 강해적 주석

Alexander, T. D. David Baker & B. Waltke, *Obadiah, Jonah, Micah.* TOTC. Downers Grove: InterVarsity, 2008.

Allen, Leslie. *The Books of Joel, Obadiah, Jonah, and Micah.* NICOT. Grand Rapids: Eerdmans, 1976.
요엘서에서 다룬 동일저자에 대한 설명을 참고하라.

Baldwin, Joyce. "Jonah." *The Minor Prophets.* **Thomas McComiskey,**

ed. Grand Rapids: Baker, 2009.
소선지서에서 다룬 맥코미스키에 대한 설명을 참고하라.

Bruckner, James. *Jonah, Nahum, Habakkuk, Zephaniah.* NIVAC. Grand Rapids: Zondervan, 2004.
설교자에게 유익한 기본적인 본문 해석과 적용이 있는 주석이다.

Burn, Samuel. *The Prophet Jonah.* Minneapolis: Klock & Klock, 1981 reprint.
바버는 이 주석을 설교자를 위한 최고의 주석으로 평가한다.

Feinberg, Charles Lee. *Jonah: God's Love for all Nations.* New York: American Board of Missions to the Jews, 1951.
바버에 의하면 이 주석은 간략하나 가치가 있다.

Fretheim, Terence. *The Message of Jonah: A Theological Comment-ary.* Minneapolis: Augsburg, 1977.
중도적 보수주의 입장을 견지하고 있으나 신학적인 분석은 탁월하다. 요나서를 설교할 때 유익한 책이다.

Lessing, R. Reed. *Jonah.* CCS. St. Louis: Concordia, 2007.
이사야 40-55장에서 다룬 동일저자에 대한 설명을 참고하라.

Smith, Billy and Frank Page. *Amos, Obadiah, and Jonah.* NAC. Nashville: Broadman & Holman, 1995.
아모스에서 다룬 동일저자에 대한 설명을 참고하라.

Walton, John. *Jonah.* REBC 8. Grand Rapids: Zondervan, 2008.
롱맨에 의하면 이 주석은 감각적인 석의가 특징이다.

○ 목회적 주석

Bank, William. *Jonah: The Reluctant Prophet.* Chicago: Moody, 1966.
바버는 이 저자에 대해, "그는 역사적 자료를, 히브리어 단어 연구와 목회적 강조점을 융합하였다"라고 평가했다.

Exell, Joseph. *Practical Truths from Jonah.* Grand Rapids: Kregel, 1982 reprint [1874].
이 책은 저자가 절별 분석을 통해 본문의 의미를 파악하고자 했기에 강해적 주석으로 분류될 수 있다. 그러나 저자의 초점은 적용에 있고 이러한 점이 이 책을 설교자들에게 도움이 될 수 있게 했다. 위어스비는 이 주석이 "다른 사람들이 무시하거나 무관심했던 풍부한 금맥을 담고 있다"고 평가했다. 저자는 수많은 성경 예화를 수집했고, 『The Pulpit Commentary』와 『Preacher's Homiletical Commentary』를 편집했다.

Fairbairn, Patrick. *Jonah: His Life, Character, and Mission.* Grand Rapids: Kregel, 1964.
이 주석이 50년 이상 출간되었을 때 스펄전은, "이 주석은 이 주제에 대해 연구한 가장 효과적인 영어권 연구이다"라고 평가했다. 이 주석은 또한 강해적 주석으로 분류할 수 있다.

Ferguson, Sinclair. *Man Overboard: The Story of Jonah.* Edinburgh: Banner of Truth, 2008.
달라스에 있는 리디머신학교의 교수를 역임한 개혁주의 목사인 저자에 의해 저술된 설교를 돕는 자료이다.

Kirk, Thomas. *Jonah: His Life and Mission.* **Minneapolis: Klock & Klock, 1983.**

이 책은 설교자들에게 많은 유익을 선사할 것이다. 책에 있는 부록을 주목하라. 이 부록에서 저자는 요나서에 대한 우화적 해석을 비판하고, 요나는 주전 8세기 선지자이며 이 책의 저자임을 주장하고 있다.

Martin, Hugh. *The Prophet Jonah: His Character and Mission to Nineveh.* **London: Banner of Truth, 1958 reprint.**

저자는 19세기 중반의 스코틀랜드 출신의 설교자이다. 이 주석은 훌륭한 신앙서적이다. 스펄전은 이 책에 대해, "이 책을 가진 사람은 다른 것을 필요로 하지 않을 것이다"라고 평가했다.

○설교

Hooper, John, "An Oversight and Deliberation upon The Holy Prophet Jonah; made and uttered before the King's majesty, and his most honourable council, by John Hooper, in Lent last past: comprehended in seven sermons, A.D. 1550," Writings of Dr. John Hooper, vol. 5 in the set, *The British Reformers,* pp. 83–192.

○특별연구

Overduin, Jan. *Adventures of a Deserter.* **Grand Rapids: Eerdmans, 1965.**

당시 강단 설교자로 유명했던 저자의 네덜란드어 저술의 영어 번역본이다. 독일이 네덜란드를 점령했던 때, 저자는 다하우(Dachau)를 포함한 네 곳의 감옥과 두 군데의 수용소에 수감되었다. 그는 요나를, "영향력을 줄 수 있는 실질적으로 멋진 설교"를 할 수 있는 문체와 어조를 가지고 있다고 보았다. 설교 안에서 통찰력과 묘사된 언어의 도움을 찾는 설교자들에게 이 책은 보고가 될 것이다.

○한국어 자료

도날드 수누키얀 외 4명, 『아모스·오바댜·요나·미가·나훔』 (김영헌 역; 두란노, 2016).

『BKC 강해주석』 시리즈의 일부로 달라스 신학교의 교수들이 함께 저술한 주석이다.

목회와신학 편집부, 『요나·하박국 어떻게 설교할 것인가』 (두란노아카데미, 2012).

『두란노 HOW 주석』 시리즈의 일부로 요나서에 대한 개론과 함께 본문 연구를 담고 있어 설교와 성경공부를 준비하는데 좋은 자료가 될 것이다. 여러 학자들이 함께 참여하여 다양한 해석과 의견을 제시하고 있어 한권의 책에서 여러 학자들의 전문성을 경험할 수 있는 장점이 있다.

미가

○석의적 주석

Andersen, Francis and David N. Freeman. *Micah*. AB. New York: Doubleday, 2000.

본문의 문맥을 통한 문학적이고 언어학적인 분석에 강하다. 저자는 역사적이고 신학적인 문제에는 관심이 부족해 보인다. 바우어는 이 주석을 적극 추천한다.

○강해적 주석

Alexander, T. D. David Baker & B. Waltke, *Obadiah, Jonah, Micah*. TOTC. Downers Grove: InterVarsity, 2008.

오바댜서에서 다룬 동일저자에 대한 설명을 참고하라.

Allen, Leslie. *The Books of Joel, Obadiah, Jonah, and Micah*. NICOT. Grand Rapids: Eerdmans, 1976.

오바댜서에서 다룬 동일저자에 대한 설명을 참고하라.

Barker, Ken and Waylon Bailey. *Micah, Nahum, Habakkuk, and Zephaniah*. NAC. Nashville: Broadman & Holman, 1997.

목회자들에게 유익이 될 훌륭한 본문강해이다.

Feinberg, Charles Lee. *Micah: Wrath Upon Samaria and Jerusalem*. New York: American Board of Missions to the Jews, 1951.

소선지서에서 다룬 동일저자에 대한 설명을 참고하라.

Kaiser, Walter. *Micah-Malachi*. TPC. Nashville: Thomas Nelson, 1992.
이 책은 설교를 위한 유익한 개요와 예화를 담고 있다.

McComiskey, Thomas. *Micah*. REBC 8. Revised. Grand Rapids: Zondervan, 2008.
소선지서에서 다룬 동일저자에 대한 설명을 참고하라.

Smith, Gary. *Hosea, Amos, Micah*. NIVAC. Grand Rapids: Zonder-van, 2001.
호세아서에서 다룬 동일저자에 대한 설명을 참고하라.

Waltke, Bruce. "Micah." *The Minor Prophets*. Vol. 2. Thomas Mc-Comiskey, ed. Grand Rapids: Baker, 2009.
소선지서에서 다룬 동일저자에 대한 설명을 참고하라.

_____. *A Commentary on Micah*. Grand Rapids: Eerdmans, 2007.
이 주석은 냉철한 구약 신학자에 의해 저술된 뛰어난 주석 가운데 하나이다. 롱맨은 이 책을 현존하는 가장 포괄적이고 통찰력 있는 미가서 주석이라고 평가했다. 조금 아쉬운 점은 개혁주의적 관점을 견지하는 저자의 이스라엘에 대한 대안적 신학이다.

○ 설교

Calvin, John. *Sermons on the Book of Micah*. Trans. and ed. by Benjamin Farley. Phillipsburg, NJ: P&R, 2003.
칼빈의 설교는 항상 살펴 볼 가치가 있다. 이 책에는 28개의 미가서에 관한 설교가 있다.

○ 한국어 추가자료

도날드 수누키얀 외 4명, 『아모스·오바댜·요나·미가·나훔』 (김영헌 역; 두란노, 2016).

『BKC 강해주석』 시리즈의 일부로 달라스 신학교의 교수들이 함께 저술한 주석이다.

목회와신학 편집부, 『호세아·미가 어떻게 설교할 것인가』 (두란노아카데미, 2012).

『두란노 HOW 주석』 시리즈의 일부로 미가서에 대한 개론과 함께 본문 연구를 담고 있어 설교와 성경공부를 준비하는데 좋은 자료가 될 것이다. 여러 학자들이 함께 참여하여 다양한 해석과 의견을 제시하고 있어 한권의 책에서 여러 학자들의 전문성을 경험할 수 있는 장점이 있다.

나훔

○석의적 주석

Maier, Walter. *The Book of Nahum: A Commentary.* **St. Louis: Concordia, 1959. [Minneapolis: James Family, 1977 reprint].**

라디오 방송 "루터교 시간"의 유명한 성경교사이며, 하버드에서 셈족 언어연구로 박사학위를 받고 콘코디아 신학교에서 히브리어와 구약성경 교수를 역임한 저자의 주석이다. 그는 1950년에 사망했다. 저자의 관심은 나훔서에 있었고, 그는 긴 세월동안 나훔서에 대한 포괄적인 본문연구를 했는데, 이러한 연구의 결과가 이 주석이다. 태생적 복음주의자이다. 만일 나훔을 설교하고자 한다면 이 주석을 필히 참고하라.

Patterson, Richard. *Nahum, Habakkuk, Zephaniah.* **WEC. Chicago: Moody, 1991.**

로스컵에 의하면, 이 주석은 확고한 보수주의적 입장을 띠며, 학문적인 이해와 전문성이 뒷받침되는 섬세한 연구이다.

○강해적 주석

Baker, David. *Nahum, Habakkuk, Zephaniah.* **TOTC. Downers Grove: InterVarsity, 2008.** 『나훔·하박국·스바냐』 (기독교문서선교회, 1994).

설교자를 위한 간결하지만 유익한 본문강해이다.

Barker, Ken and Waylon Bailey. *Micah, Nahum, Habakkuk, and*

Zephaniah**. NAC. Nashville: Broadman & Holman**, 1997.
미가서에서 다룬 동일저자에 대한 설명을 참고하라.

Bruckner, James. ***Jonah, Nahum, Habakkuk, Zephaniah*****. NIVAC. Grand Rapids: Zondervan**, 2004.
설교자는 이 주석을 통해 견고하고 기본적인 본문강해와 함께 좋은 적용을 찾을 수 있을 것이다.

Cook, Gregory. ***Severe Compassion: The Gospel According to Nahum*****. P&R Publishing**, 2016.
나훔서에 대한 그리스도 중심의 관점으로 쓰인 주석으로 설교자들에게 유익을 줄 것이다.

Longman, Tremper. "**Nahum.**" ***The Minor Prophets*****. Vol. 2. T. McComiskey, ed. Grand Rapids: Baker**, 2009.
소선지서에서 다룬 맥코미스키에 대한 설명을 참고하라.

Robertson, O. P. ***The Books of Nahum, Habakkuk, and Zephaniah*****. NICOT. Grand Rapids: Eerdmans**, 1990.
롱맨은 이 주석이 신학적 분석과 적용에 있어 탁월하다고 평가한다.

ㅇ한국어 자료
조휘, 『나훔과 함께』 (그리심, 2013).
원문의 의미에 충실하고 특히, 히브리어 본문의 구조 속에서 의미를 파악하려는 저자의 노력이 잘 담겨 있다. 히브리어 원문의 다양한 쟁점들을 충실히 다루었고 원문에 기반한 사역(私譯)을 제공함으로 히브리어에 익숙하지 않은 독자들도 원문의 의미를 파악하는데 큰 도움을 준다.

도날드 수누키얀 외 4명, 『아모스·오바댜·요나·미가·나훔』 (김명헌 역; 두란노, 2016).

『BKC 강해주석』 시리즈의 일부로 달라스 신학교의 교수들이 함께 저술한 주석이다.

목회와신학 편집부, 『요엘·오바댜·나훔·스바냐 어떻게 설교할 것인가』 (두란노아카데미, 2012).

『두란노 HOW 주석』의 일부로 나훔서에 대한 개론과 함께 본문 연구를 담고 있어 설교와 성경공부를 준비하는데 좋은 자료가 될 것이다. 여러 학자들이 함께 참여하여 다양한 해석과 의견을 제시하고 있어 한권의 책에서 여러 학자들의 전문성을 경험할 수 있는 장점이 있다.

하박국

○석의적 주석

Andersen, Francis I. *Habakkuk.* AYBC. New Haven: Yale University Press, 2001.

글린은 이 주석을 "철저하다"고 평가했다.

Patterson, Richard. *Nahum, Habakkuk, Zephaniah.* WEC. Chicago: Moody, 1991. [2003년에 **Biblical Studies**에서 재출간]

나훔서에서 다룬 동일저자에 대한 설명을 참고하라.

○강해적 주석

Baker, David. *Nahum, Habakkuk, Zephaniah.* TOTC. Downers Grove: InterVarsity, 2008. 『나훔·하박국·스바냐』 (기독교문서선교회, 1994).

나훔서에서 다룬 동일저자에 대한 설명을 참고하라.

Barker, Ken and Waylon Bailey. *Micah, Nahum, Habakkuk, and Zephaniah.* NAC. Nashville: Broadman & Holman, 1997.

미가서에서 다룬 동일저자에 대한 설명을 참고하라.

Bruce, F. F. "Habakkuk." *The Minor Prophets*, Ed. by T. McComiskey. Grand Rapids: Baker, 2009.

소선지서에서 다룬 맥코미스키에 대한 설명을 참고하라.

Bruckner, James. *Jonah, Nahum, Habakkuk, Zephaniah.* NIVAC. Grand Rapids: Zondervan, 2004.
요나서에서 다룬 동일저자에 대한 설명을 참고하라.

Feinberg, Charles Lee. *Habakkuk: Problems of Faith.* New York: American Board of Missions to the Jews, 1951.
소선지서에서 다룬 동일저자에 대한 설명을 참고하라.

Kaiser, Walter. *Micah-Malachi.* TPC. Nashville: Thomas Nelson, 1992.
미가서에서 다룬 동일저자에 대한 설명을 참고하라.

Robertson, O. P. *The Books of Nahum, Habakkuk, and Zephaniah.* NICOT. Grand Rapids: Eerdmans, 1990.
나훔서에서 다룬 동일저자에 대한 설명을 참고하라.

○ 설교
Lloyd-Jones, David Martyn. *From Fear to Faith.* London: Inter-Varsity, 1953.
런던의 웨스트민스터채플의 유명한 목회자가 저술한 하박국서에 대한 강해 메시지이다.

○ 한국어 추가자료
로날드 블루 외 3인, 『하박국·스바냐·학개·스가랴·말라기』 (김희건 역; 두란노, 2017).
강해설교로 명성 있는 달라스신학교 교수들이 집필한 『BKC 강해주석』 시리즈의 일부이다. 각 성경의 구조와 원문의 의미를 충실히 밝히는 좋은 주석이다.

목회와신학 편집부, 『요나·하박국 어떻게 설교할 것인가』 (두란노아카데미, 2012).

『두란노 HOW 주석』 시리즈의 일부로 하박국서에 대한 개론과 함께 본문 연구를 담고 있어 설교와 성경공부를 준비하는데 좋은 자료가 될 것이다. 여러 학자들이 함께 참여하여 다양한 해석과 의견을 제시하고 있어 한권의 책에서 여러 학자들의 전문성을 경험할 수 있는 장점이 있다.

마틴 로이드 존스, 『하박국 강해』 (목회자료사, 2010).

가장 뛰어난 강해설교자 중 한 사람인 저자가 하박국서에 대해 설교한 내용을 수록한 강해설교집이다.

스바냐

석의적 주석

Patterson, Richard. *Nahum, Habakkuk, Zephaniah.* **WEC. Chicago: Moody, 1991.**

보수적인 관점으로 저술된 가장 유익한 석의적 주석일 것이다.

강해적 주석

Baker, David. *Nahum, Habakkuk, Zephaniah.* **TOTC. Downers Grove: InterVarsity, 2008.** 『나훔·하박국·스바냐』 (기독교문서선교회, 1994).

나훔서에서 다룬 동일저자에 대한 설명을 참고하라.

Barker, Ken and Waylon Bailey. *Micah, Nahum, Habakkuk, and Zephaniah.* **NAC. Nashville: Broadman & Holman, 1997.**

미가서에서 다룬 동일저자에 대한 설명을 참고하라.

Bruckner, James. *Jonah, Nahum, Habakkuk, Zephaniah.* **NIVAC. Grand Rapids: Zondervan, 2004.**

요나서에서 다룬 동일저자에 대한 설명을 참고하라.

Feinberg, Charles. *Zephaniah: The Day of the Lord.* **New York: American Board of Missions to the Jews, 1951.**

소선지서에서 다룬 동일저자에 대한 설명을 참고하라.

Kaiser, Walter. *Micah-Malachi.* TPC. Nashville: Thomas Nelson, 1992.
미가서에서 다룬 동일저자에 대한 설명을 참고하라.

Kleinert, Paul. *The Book of Zephaniah.* Charles Elliott, trans. Grand Rapids: Zondervan, 1960.
탁월한 주석이다. 더글라스 무에 의하면, 이 주석은 깊게 연구되었고, 쉽게 읽을 수 있으며, 온전하고, 설교를 위해 유익하다.

Motyer, J. A. "Zephaniah." *The Minor Prophets.* Vol. 3. T. McComiskey, ed. Grand Rapids: Baker, 2008.
소선지서에서 다룬 맥코미스키에 대한 설명을 참고하라.

Robertson, O. P. *The Books of Nahum, Habakkuk, and Zephaniah.* NICOT. Grand Rapids: Eerdmans, 1990.
나훔서에서 다룬 동일저자에 대한 설명을 참고하라.

Walker, Larry L. *Zephaniah.* REBC 8. Grand Rapids: Zondervan, 2009.
유명한 구약 학자가 저술한 스바냐서에 대한 좋은 본문강해서이다. 목회자에게 유익하다.

Webber, Daniel. *The Coming of the Warrior-King: Zephaniah Simply Explained.* WCS. Darlington: Evangelical Press, 2004.
간략하지만 좋은 본문강해를 포함하고 있고 설교자를 염두에 둔 적용이 특징이다.

○ 목회적 주석

Allen, Ronald. *A Shelter in the Fury: A Prophet's Stunning Picture of God*. Portland, OR: Multnomah, 1986.

설교자는 이 주석을 통해 설교적 도움을 얻을 것이다.

○ 한국어 추가자료

목회와신학 편집부, 『요엘·오바댜·나훔·스바냐 어떻게 설교할 것인가』 (두란노아카데미, 2012).

『두란노 HOW 주석』 시리즈의 일부로 스바냐서에 대한 개론과 함께 본문 연구를 담고 있어 설교와 성경공부를 준비하는데 좋은 자료가 될 것이다. 여러 학자들이 함께 참여하여 다양한 해석과 의견을 제시하고 있어 한권의 책에서 여러 학자들의 전문성을 경험할 수 있는 장점이 있다.

로날드 블루 외 3인, 『하박국·스바냐·학개·스가랴·말라기』 (김희건 역; 두란노, 2017).

강해설교로 명성 있는 달라스신학교 교수들이 집필한 『BKC 강해주석』 시리즈의 일부이다. 각 성경의 구조와 원문의 의미를 충실히 밝히는 좋은 주석이다.

학개

○석의적 주석

Merrill, Eugene. *Haggai, Zechariah, Malachi: An Exegetical Commentary.* **Spokane: Biblical Studies Press, 2003 reprint.**

달라스신학교의 존경받는 구약 학자가 저술한 탁월한 주석이다. 목회자들이 쉽게 읽을 수 있다. 나는 이 책들을 설교하고자 한다면 이 주석을 읽을 것이다.

○강해적 주석

Boda, Mark J. *Haggai, Zechariah.* **NIVAC. Grand Rapids: Zonder-van, 2004.**

학구적이며 목회적인 주석이다. 롱맨은 이 주석에 최고점을 주었다.

Hill, Andrew. *Haggai, Zechariah and Malachi: An Introduction and Commentary.* **TOTC. Downers Grove: InterVarsity, 2012.** 『학개·스가랴·말라기』 (CLC, 2014).

명성 있는 『틴데일 구약주석 시리즈』의 일부로 간략하고, 명쾌하며, 목회자들을 위한 유용한 본문강해를 제공한다.

Feinberg, Charles Lee. *Haggai: Rebuilding the Temple.* **New York: American Board of Missions to the Jews, 1951.**

소선지서에서 다룬 동일저자에 대한 설명을 참고하라.

Kaiser, Walter. *Micah-Malachi.* **TPC. Nashville: Thomas Nelson,**

1992.
미가서에서 다룬 동일저자에 대한 설명을 참고하라.

Merrill, Eugene H. *Haggai*. REBC 8. Grand Rapids: Zondervan, 2009.
저자에 대한 위의 설명을 참고하라.

Motyer, J. A. "Haggai." *The Minor Prophets*, Vol. 3. T. McComiskey, ed. Grand Rapids: Baker, 2009.
소선지서에서 다룬 맥코미스키에 대한 설명을 참고하라.

Taylor, Richard A. and E. Ray Clendenen. *Haggai and Malachi*. NAC. Nashville: Broadman & Holman, 2004.
테일러는 학개서를 담당하고 클렌데넨은 말라기를 연구했다. 두 부분 다 견고한 연구이다. 클렌데넨은 말라기 해석을 위해 강화 분석의 관점을 사용했다.

Verhoef, Pieter A. *The Books of Haggai and Malachi*. NICOT. Grand Rapids: Eerdmans, 1987.
저자는 보수적인 성향을 갖는 남아공의 스텔렌보쉬대학(University of Stellenbosch)의 구약 교수이다.

Wolf, Herbert. *Haggai and Malachi*. Chicago: Moody, 1976.
목회자는 이 주석에 있는 유용한 석의와 적용을 통해 유익을 얻게 될 것이다.

○ 한국어 추가자료
목회와신학 편집부, 『학개·스가랴·말라기 어떻게 설교할 것인가』 (두란노아카데미, 2012).
『두란노 HOW 주석』 시리즈의 일부로 학개서에 대한 개론과 함께 본문 연구를 담고 있어 설교와 성경공부를 준비하는데 좋은 자료가 될 것이다. 여러 학자들이 함께 참여하여 다양한 해석과 의견을 제시하고 있어 한권의 책에서 여러 학자들의 전문성을 경험할 수 있는 장점이 있다.

로날드 블루 외 3인, 『하박국·스바냐·학개·스가랴·말라기』 (김희건 역; 두란노, 2017).
강해설교로 명성 있는 달라스신학교 교수들이 집필한 『BKC 강해주석』 시리즈의 일부이다. 각 성경의 구조와 원문의 의미를 충실히 밝히는 좋은 주석이다.

스가랴

○ 석의적 주석

Merrill, Eugene. *Haggai, Zechariah, Malachi: An Exegetical Commentary.* **Spokane: Biblical Studies Press**, 2003.

학개서에서 다룬 동일저자에 대한 설명을 참고하라.

○ 강해적 주석

Barker, Kenneth L. *Zechariah.* **REBC 8. Revised. Grand Rapids: Zondervan,** 2008.

매우 좋은 스가랴서 연구이다. 전천년주의 입장을 견지한다.

Baron, David. *The Visions and Prophecies of Zechariah.* **3rd ed. London: Morgan & Scott,** 1919.

유대인 기독교 학자인 저자가 랍비의 자료를 본문연구에 활용한 강해적이며 목회적인 연구이다. 카이저는 이 주석을 "신학과 본문석의에 대한 풍부한 연구"라고 평가했다. 윌버 스미스는 이 주석은 성경을 연구하는 모든 사람들의 서재에 있어야 할 필독서라고 말한다. 이 책을 놓치지 마라. 550쪽 이상의 책이다.

Boda, Mark J. *Haggai, Zechariah.* **NIVAC. Grand Rapids: Zonder-van,** 2004.

강해설교자를 위해 저술된 주석으로 좋은 본문강해와 적용이 담겨 있다.

Feinberg, Charles Lee. *God Remembers: A Study of the Book of*

Zechariah. New York: American Board of Missions to the Jews, 1965. [4th ed. Portland, Or: Multnomah, 1979.]

소선지서에서 다룬 동일저자에 대한 설명을 참고하라. 성경색인과 선별되고 해설이 추가된 유익한 참고도서를 포함하고 있는 훌륭한 주석이다. 저자는 달라스신학교와 탈봇신학교(Talbot Seminary)에서 스가랴서의 석의 과정을 오랜 시간동안 강의했다.

Hill, Andrew. *Haggai, Zechariah and Malachi: An Introduction and Commentary*. TOTC. Downers Grove: InterVarsity, 2012. 『학개·스가랴·말라기』 (CLC, 2014).

잘 알려진 『틴데일 구약주석 시리즈』의 일부로, 간략하고 명쾌하며 목회자들의 본문강해를 도울 수 있는 주석이다.

Kaiser, Walter. *Micah-Malachi*. TPC. Nashville: Thomas Nelson, 1992.

미가서에서 다룬 동일저자에 대한 설명을 참고하라.

Klein, George. *Zechariah*. NAC. Nashville: Broadman & Holman, 2007.

사우스웨스턴침례신학교의 구약 교수가 저술한 훌륭한 주석이다. 전천년주의 입장에서 심도 있게 다룬 본문 주해이다.

Leupold, H. C. *Zechariah*. Grand Rapids: Baker, 1971. 『스가랴서』 (크리스챤서적, 1994).

목회자이자 학자이며 복음주의적 루터교 전통에 속한 저자가 저술한 강해설교자에게 아주 유익한 주석이다. 무천년주의 입장을 견지하고 있다. 더글라스 무는 이 주석이 탁월하고, 완전하며, 잘 연구되었으며, 복음주의적이라고 평가했다.

McComiskey, Thomas. "Zechariah." *The Minor Prophets*. Vol. 3. T. McComiskey, ed. Grand Rapids: Baker, 2008.

소선지서에서 다룬 동일저자에 대한 설명을 참고하라.

Unger, Merrill. *Zechariah: Prophet of Messiah's Glory*. Grand Rapids: Zondervan, 1963.

히브리어 본문에 근거한 훌륭한 본문 석의이다. 로스컵에 의하면 이 주석은 저자가 15년 이상 달라스신학교에서 강의한 결과물이다.

Webb, Barry G. *The Message of Zechariah: Your Kingdom Come*. BST. Downers Grove: InterVarsity, 2003.

저자는 호주 무어신학대학교(Moore Theological College)의 구약분과 학장이다. 이 주석은 견고한 본문 석의를 보여준다.

Wright, Charles H. H. *Zechariah and His Prophecies*. Bampton Lectures, 1878. London: Hodder & Stoughton, 1879 [1980년에 **Klock & Klock**에서 재판 간행].

피인비그는 이 주석을, "스가랴 예언 연구의 걸작이며 … 책 마지막에 있는 비평적, 문법적 해설은 특별히 유익하다. 이 책을 숙독하지 않고 스가랴의 예언에 대해 잘 읽었다고 말할 사람은 없다."라고 평가했다. 700면이 넘는 분량이나, 시간을 투자할 가치가 있다. 무천년주의 입장을 견지한다.

○ 목회적 주석

Meyer, F. B. *The Prophet of Hope: Studies in Zechariah*. New York: Revell, 1900.

스펄전과 동시대를 살았던 런던의 침례교 목사에 의해 저술된 주석이다. 저자는 어떤 것이든 목회적 저술에 있어서는 다른 누구에게도 뒤지지 않는다.

○ 한국어 추가자료

목회와신학 편집부, 『학개·스가랴·말라기 어떻게 설교할 것인가』 (두란노아카데미, 2012).

『두란노 HOW 주석』 시리즈의 일부로 스가랴서에 대한 개론과 함께 본문 연구를 담고 있어 설교와 성경공부를 준비하는데 좋은 자료가 될 것이다. 여러 학자들이 함께 참여하여 다양한 해석과 의견을 제시하고 있어 한권의 책에서 여러 학자들의 전문성을 경험할 수 있는 장점이 있다.

로날드 블루 외 3인, 『하박국·스바냐·학개·스가랴·말라기』 (김희건 역; 두란노, 2017).

강해설교로 명성 있는 달라스신학교 교수들이 집필한 『BKC 강해주석』 시리즈의 일부이다. 각 성경의 구조와 원문의 의미를 충실히 밝히는 좋은 주석이다.

말라기

○석의적 주석

Hill, Andrew. *Malachi.* AB. New Haven: Yale University Press, 2008.
개론적인 쟁점들에 대한 포괄적인 분석과 본문에 대한 좋은 석의를 제공하는 주석이다. 말라기와 신약과의 관계에 대한 연구도 포함되어 있다.

Merrill, Eugene. *Haggai, Zechariah, Malachi: An Exegetical Comment-ary.* Spokane: Biblical Studies Press, 2003 reprint.
학개서에서 다룬 동일저자에 대한 설명을 참고하라.

○강해적 주석

Adam, Peter. *The Message of Malachi: I Have Loved You, Says the Lord.* BST. Downers Grove: IVP Academic, 2013.
설교의 신학에 대한 탁월한 책인 『*Preaching God's Words*』를 저술한 저자의 유익한 본문 연구이다.

Baker, David W. *Joel, Obadiah, Malachi.* NIVAC. Grand Rapids: Zon-dervan, 2006.
요엘서에서 다룬 동일저자에 대한 설명을 참고하라.

Benton, John. *Losing Touch with the Living God: Malachi Simply Explained.* WCS. Darlington: Evangelical, 1985.

제목인 "살아계신 하나님과의 연결이 단절되다: 쉽게 풀어 쓴 말라기"가 모든 것을 말해준다.

Blaising, Craig. "Malachi." BKC. Vol. 1. Wheaton: Victor, 1983.
진보적 세대주의를 이끌었던 저명한 학자이며 신학자인 저자의 초기 작품이다. 목회자들은 이 주석에서 견고한 본문석의를 발견할 것이다.

Feinberg, Charles Lee. *Malachi: Formal Worship*. New York: American Board of Missions to the Jews, 1951.
소선지서에서 다룬 동일저자에 대한 설명을 참고하라.

Hill, Andrew. *Haggai, Zechariah and Malachi: An Introduction and Commentary*. TOTC. Downers Grove: InterVarsity, 2012. 『학개·스가랴·말라기』 (CLC, 2014).
학개서에서 다룬 동일저자에 대한 설명을 참고하라.

Kaiser, Walter. *Micah-Malachi*. TPC. Nashville: Thomas Nelson, 1992.
트리니티복음주의신학교에서 학장과 부총장을 역임하면서 강의했던 유명한 구약 학자에 의해 저술된 섬세한 본문 연구이다.

_____. *Malachi: God's Unchanging Love*. Grand Rapids: Baker, 1984.
위에서 다룬 동일저자에 대한 설명을 참고하라. 바버는 이 주석에 대해, "탁월한 장점을 가진 책으로, 본문 석의의 진정한 목적인 학문적 연구와 신앙의 융합을 통해 성경 본문을 분명하고 적합하게 해석하는 길을 잘 보여주었다.… 적극 추천한다."라고 평가했다.

Merrill, Eugene H. *Malachi.* REBC 8. Grand Rapids: Zondervan, 2009.

달라스신학교의 유명한 구약 교수가 저술한 주석으로 분명하고, 간략하며, 유익한 말라기 본문 연구이다.

Morgan, G. Campbell. *Malachi's Message for Today.* **Grand Rapids: Baker, 1972.**

저자의 최고 걸작이다. 말라기를 설교할 때 참고하라.

Ross, Allen. *Malachi Then and Now: An Expository Commentary Based on Detailed Exegetical Analysis.* **Weaver Book Co., 2016.**

베델신학교 구약 교수인 데이비드 M. 하워드 Jr.는 이 책에 대해, "나는 이 주석과 유사한 다른 책을 본 적이 없다. 로스 교수는 히브리 본문을 연구하는 학생과 성경 강해 설교자라는 두 부류의 독자를 마음에 두고 이 책을 저술했다. 이러한 저자의 의도에 따라 독자들은 한편으로 문법의 뉘앙스와 구문, 그리고 이것들의 본문해석에 대한 연관성을 설명하는 최고의 교사의 히브리어 강의를 들으면서, 또 다른 한편으로는 교회를 향한 열정과 모호하게 여겨지는 구약 성경이 현대인들에게 어떤 영향을 주는지를 능숙하게 설교하는 강해설교자를 동시에 만나게 될 것이다. 이 과정에서 저자는 어떻게 이전 단계를 토대로 다음 단계로 진행하는지를 설명함으로 한 단계에서 다음 단계로의 진행을 자세히 설명하고 있다. 이 책은 풍성한 자료이며 나는 이 책을 강력 추천한다."라고 평가했다. 나도 이 평가에 전적으로 동의한다. 구입해서 사용하라!

Stuart, Douglas. "Malachi." *The Minor Prophets,* **Ed. by Thomas McComiskey. Grand Rapids: Baker, 2009.**

소선지서에서 다룬 맥코미스키에 대한 설명을 참고하라.

Taylor, Richard A. and E. Ray Clendenen. *Haggai and Malachi*. NAC. Nashville: Broadman & Holman, 2004.

클렌데넨의 말라기 주석은 그의 긴 연구의 결과이다. 이 책은 본문의 이해를 돕기 위해 언어학적인 관점을 중심에 둔다.

Verhoef, Pieter A. *The Books of Haggai and Malachi*. NICOT. Grand Rapids: Eerdmans, 1987.

학개서에서 다룬 동일저자에 대한 설명을 참고하라.

○한국어 추가자료

목회와신학 편집부, 『학개·스가랴·말라기 어떻게 설교할 것인가』 (두란노아카데미, 2012).

『두란노 HOW 주석』 시리즈의 일부로 말라기서에 대한 개론과 함께 본문 연구를 담고 있어 설교와 성경공부를 준비하는데 좋은 자료가 될 것이다. 여러 학자들이 함께 참여하여 다양한 해석과 의견을 제시하고 있어 한권의 책에서 여러 학자들의 전문성을 경험할 수 있는 장점이 있다.

로날드 블루 외 3인, 『하박국·스바냐·학개·스가랴·말라기』 (김희건 역; 두란노, 2017).

강해설교로 명성 있는 달라스신학교 교수들이 집필한 『BKC 강해주석』 시리즈의 일부이다. 각 성경의 구조와 원문의 의미를 충실히 밝히는 좋은 주석이다.

사복음서

마태복음

○ 석의적 주석

Davies, W. D. and Dale Allison. *Matthew*. 3 vols. ICC. Edinburgh: T. & T. Clark, 1988, 1991, 1997.

아주 상세한 석의 내용을 포함하고 있는 일급 주석이다. 신학적 훈련이 필요한 초급자들에게는 권하지 않는다. 한 권짜리 요약본인 『*Matthew: A Shorter Commentary*』 (London; New York: T. & T. Clark International, 2004)를 사용하길 원하는 사람도 있을 것이다.

Nolland, John. *The Gospel of Matthew*. NIGTC. Grand Rapids: Eerd-mans, 2005.

석의 내용은 유용하지만 조심해야 할 위험요소도 있다. 이를테면 마태 저작설 부인, 책 전체에 걸친 편집비평과 서사비평의 사용과 같은 것들 말이다.

Osborne, Grant R. *Matthew*. ZECNT. Grand Rapids: Zondervan, 2010. 『강해로 푸는 마태복음』 (디모데, 2015).

저자는 언제나 유익한 것을 준다. 헬라어 본문에 대한 석의가 훌륭하다.

Plummer, Alfred. *An Exegetical Commentary on the Gospel According to St. Matthew*. Grand Rapids: Baker, 1982.

1915년 초판이 나왔을 때 바버는 이러한 논평을 남겼다. "이것은 지금까지 마태복음에 대해 기록된 책들 중 최고로 남을 것이다."

Turner, David L. *Matthew*. BECNT. Grand Rapids: Baker, 2008. 『BECNT 마태복음』 (부흥과개혁사, 2014).
전천년주의 관점을 견지하고 있는 훌륭한 석의적 주석이다. 『BECNT』는 책도 두껍고 내용도 충실한 탁월한 주석 시리즈로 자리 잡았다.

○ 강해적 주석

Blomberg, Craig L. *Matthew*. NAC. Nashville: Broadman & Hol-man, 2001.
저자는 언제나 세심하고 복음주의적이다. 전천년주의 관점을 견지한다.

Broadus, John Albert. *Commentary on the Gospel of Matthew*. Grand Rapids: Kregel, 1990.
침례교단의 『*American Commentary Series*』 중 여전히 유효한 주석은 이 책 한 권이다. 서든침례신학교(Southern Baptist Theological Seminary) 창립자 중 한 명이었던 저자는 설교자들의 책장에 있어야 할 고전을 남겼다. 이 주석에는 설교자를 위한 유용한 자료들이 가득하다. 마태복음을 다루는 교부와 중세 시대 문헌에 대한 그의 지식은 수많은 관련 인용들에 나타난다. 본서는 마태복음을 해석하고 설교하는 데 탁월한 자료가 될 것이다.

Carson, D. A. *Matthew*. REBC 9. Grand Rapids: Zondervan, 2010.
저자는 언제나 믿을 만하고 본문의 논점을 파고든다.

France, R. T. *The Gospel of Matthew*. NICNT. Grand Rapids: Eerdmans, 2007. 『NICNT 마태복음』 (부흥과개혁사, 2019).
견실하고 방대한 저작(1200쪽 이상)이다. 마태복음에 대한 평생 연구의 결과물이다. 하지만 특히 그의 종말론적 접근을 포함해 몇 가지 해석들은 주의할 필요가 있다.

Keener, Craig S. *The Gospel of Matthew: A Socio-Rhetorical Comment-ary.* **Grand Rapids: Eerdmans, 1999.**

나는 일부 학자들처럼 사회수사학적 주석들의 새 물결을 크게 환영하지는 않지만(물론 그것들은 유용한 정보를 담고 있다) 이 책은 설교자들에게 유익한 자료가 될 것이다. 특히 적용 부분에서 큰 도움이 되리라 생각한다.

Wilkins, Michael J. *Matthew.* **NIVAC. Grand Rapids: Zondervan, 2004.**『**NIV 적용주석 마태복음**』(솔로몬, 2009).

시리즈의 목표에 맞게 저자는 설교자를 위한 기본적인 본문설명과 함께 유익한 적용을 제시한다.

○ 목회적 주석

Morison, James. *A Practical Commentary on the Gospel According to St. Matthew.* **Minneapolis: Klock & Klock, 1981 reprint.**

스코틀랜드 출신 강해설교자인 저자는 확실히 하나님을 향한 마음을 가지고 있다. 바버는 다음과 같이 논평한 바 있다. "목회적이고 실천적인 사색만으로도 이 책은 그 가치를 톡톡히 한다."

Morrison, George H. *Morrison on Matthew.* **3 vols. Glasgow Pulpit Series. Chattanooga, TN: AMG, 1978.**

스코틀랜드 출신인 저자는 15개월 동안 알렉산더 와이트(Alexander Whyte)의 지도를 받았다. 그는 1902년부터 1928년 그의 사망 전까지 글래스고의 웰링턴교회(Wellington Church)에서 마지막 목회를 했다. 마태복음 전체를 다루진 않았지만 그가 다룬 부분들은 분명 읽을 가치가 있다! 나는 그의 설교집을 모두 수집하려고 노력 중이다. 그는 탁월한 문장가이다.

Spurgeon, Charles. *The Gospel of the Kingdom: A Commentary on* *the Book of Matthew*. **Grand Rapids: Zondervan, 1964.**

저자가 죽고 나서 1년 뒤인 1893년에 초판이 출판되었다. 설교의 실천적 적용을 위한 유익한 책이다.

○산상수훈을 위한 연구

Boice, James M. *The Sermon on the Mount*. **Grand Rapids: Baker, 2002.** 『산상수훈 강해』 (CH북스, 1997).

내가 좋아하는 장로교 목사들 중에 한 명으로 매우 유익한 설교들을 담고 있다.

Chappell, Clovis Gillham. *Sermon on the Mount*. **New York: Abingdon, 1930.**

감리교회 목사인 저자는 수많은 설교, 특히 성경인물에 대한 설교로 유명하다. 산상수훈 설교 시리즈는 모든 목회자에게 유익할 것이다.

Guelich, Robert A. *The Sermon on the Mount: A Foundation for Under-standing*. **Waco, TX: Word, 1982.**

450쪽 분량의 탁월한 책으로 산상수훈을 설교할 때 절대 빼먹어서는 안 되는 자료이다.

Hughes, R. Kent. *The Sermon on the Mount*. **Wheaton: Crossway, 2001.**

유명한 강해설교자가 집필한 매우 유용한 책이다. 저자는 휘튼에 위치한 칼리지교회(The College Church)에서 수년 동안 사역했으며 크로스웨이에서 발간하는 『*Preaching the Word Series*』의 편집장을 역임했다. 저자의 설교 예화를 놓치지 말라.

Lloyd-Jones, David Martyn. *Studies in the Sermon on the Mount*. **Grand Rapids: Eerdmans, 1984.** 『산상수훈 강해』 (CH북스, 1999).

산상수훈에 대해 설교할 계획이라면 이 책 없이는 결코 충분하지 않을 것이다. 1943년부터 1968년까지 런던의 웨스트민스터채플에서 사역한 강해설교의 대가가 제시하는 탁월한 본문설명과 실천적 적용이 고스란히 담겨있다.

Pink, Arthur. *An Exposition of the Sermon on the Mount.* **Grand Rapids: Baker, 1950.** 『아더 핑크 산상수훈 강해』 (CH북스, 2015).

저자는 개혁주의 신학과 모형론에 있어 극단적인 입장을 취하는 경우가 있어 나는 다른 일부 학자들만큼 핑크의 열혈팬은 아니다. 하지만 본서는 산상수훈에 대한 유익한 강해설교 포인트와 수많은 실천적인 적용을 담고 있다. 나는 이 책을 매우 자주 사용한다.

Quarles, Charles L. *Sermon on the Mount: Restoring Christ's Message in the Modern Church.* **NACSBT. Nashville: Broadman & Holman, 2011.**

산상수훈에 대해 최근 출판된 최고의 책들 중 하나이다. 목회자들에게 매우 유용할 것이다.

Robinson, Haddon. *The Christian Salt and Light Company: A Contemporary Study of the Sermon on the Mount.* **Grand Rapids: Discovery House Publishing, 1988.** 『빛과 소금으로 사는 법: 하나님의 표준에 맞게 사는 생활』 (나침반, 2006); and *The Solid Rock Construction Company.* **Grand Rapids: Discovery House Publishing, 1989.** 『반석 위에 인생을 세우는 법: 집요한 유혹에서 승리하는 생활』 (나침반, 2006).

복음주의 설교자들의 학장이라 여겨질 만한 저자의 작품으로서, 설교자들을 위한 두 권짜리 유용한 저서이다. 『빛과 소금으로 사는 법』은 마태복음 5장을 다루고, 『반석 위에 인생을 세우는 법』은 마태복음 6-7장에 대해 논의한다. 설교 아이디어에 도움을 주는 내용으로 가득하다.

Stott, John. *Christian Counter-Culture: The Message of the Sermon on the Mount.* Downers Grove: InterVarsity, 1978. 『존 스토트의 산상수훈』 (생명의말씀사, 2011).

스토트가 무언가에 대해 썼다면 설교자들은 무조건 그것을 읽어봐야 한다!

○팔복에 대한 연구

Boreham, Frank. *The Heavenly Octave.* **New York: Abingdon, 1936.**

바버에 의하면, 이 메시지들은 "화려하고 아름답다." 저자는 언어의 장인이고 50권 이상의 책을 저술했다. 설교학적 가치의 관점에서 볼 때 나는 이 책을 설교자들에게 강력 추천한다. 저자는 존 필립스가 사랑하는 작가이다. 필립스의 주석에 등장하는 수많은 예화는 저자로부터 온 것이다. 라비 재커라이어스도 저자를 좋아한다. 제커라이어스의 사역 블로그 이름(*A Slice of Infinity*)은 저자가 이전에 썼던 한 에세이의 제목에서 따온 것이다.

Maclaren, Alexander. *A Garland of Gladness.* **Grand Rapids: Eerdmans, 1945.**

이 목회적 메시지들은 19세기 말에 처음으로 출판되었다. 저자는 내가 언제나 읽기를 원하는 훌륭한 강해설교자 중 한 명이다.

Wiersbe, Warren. *Live Like a King: Making the Beatitudes Work in Daily Life.* **Chicago: Moody, 1976.** 『왕으로 사는 길』 (보이스사, 1983).

나는 저자의 책을 모두 수집했으며, 가능하다면 설교하기 전에 그의 설교집을 항상 참고하는 편이다. 저자의 장점은 예화와 실천적인 적용이다. 바버는 이 책을 가리켜 "신앙서적계의 명작"이라고 평한 바 있다.

○한국어 추가자료

강대훈,『마태복음 주석 상, 하』(부흥과개혁사, 2019).

마태복음의 하늘 개념으로 박사학위를 받고 현재는 개신대학원대학교에서 신약학을 가르치고 있는 강대훈 교수가 집필한 책이다. 한국 성경학자가 쓴 마태복음에 대한 석의적 주석 중 가장 포괄적이다. 절별로 쟁점이 되는 역사적, 신학적, 석의적, 정경적 이슈들을 다루고 난 후 단락별로 간단한 결론과 적용을 제공한다. 최근의 논의—이를테면, Richard Hays, *Echoes of Scripture in the Gospels,* Waco: Baylor University Press, 2016.—까지 성실하게 반영한 책으로 마태복음을 강해하는 데 필수적인 책이다.

도널드 시니어,『마태복음』(민경식 역; 대한기독교서회, 2018).

대한기독교서회『신약학입문시리즈』의 첫 번째 책이다. 특별연구로 분류될 수 있는 본서는 마태복음을 거시적 관점으로 개관하기에 좋은 책이다. 책의 전반부는 마태복음 연구와 관련된 주요한 이슈들—자료와 구조, 구약성서 인용, 율법의 이해, 이방선교, 그리스도론, 제자도, 마태공동체—을 간략하게 요약하고 있으며, 책의 후반부는 마태복음을 큰 단락별로 나누어 주요한 내러티브와 쟁점을 속도감 있게 정리한다. 절별 석의와 해석으로 들어가기 전에 마태복음에 대한 큰 그림을 그리고 싶다면 이 책을 보라.

민경식,『마태복음』(대한기독교서회, 2013).

『연세신학백주년기념 성경주석 시리즈』의 일부로 연세대학교 학부대학에서 가르치고 있는 민경식 교수가 집필한 책이다. 절별로 간략한 석의와 신학적 논의를 제공한 후 본문의 단락별로 '오늘의 메시지,' 즉 본문의 현대적 의미를 덧붙인다. 석의의 내용은 명쾌하며, '오늘의 메시지'는 설교자들의 대지로 사용할 수 있는 아이디어로 가득하다.

**크레이그 블롬버그, 릭 E. 왓츠,『마태·마가복음』(김용재, 우성훈 역; 기독교문서선교회, 2010).

기독교문서선교회의 『신약의 구약 사용 주석 시리즈』의 첫 번째 책으로, 본서는 원래 D. A. 카슨과 G. K. 빌이 공동편집하고 다수의 신약학자들이 집필에 참여한 『*Commentary on the New Testament Use of the Old Testament*』라는 원제의 방대한 저작을 성경의 책별로 나누어 번역 출판한 것이다. 마태복음의 구약 사용 부분은 크레이그 블롬버그가 집필했다. 마태복음뿐 아니라 신약에 나타난 구약 구절의 사용에 대한 다양한 해석학적, 신학적 논의를 연구하기 위해서는 반드시 이 책을 거쳐야 한다.

마가복음

○석의적 주석

France, R. T. *The Gospel of Mark*. NIGTC. Grand Rapids: Eerdmans, 2002. 『**NIGTC 마가복음**』 (새물결플러스, 2017).

700쪽 이상의 주석으로 석의적 쟁점들보다는 역사적, 신학적 문제에 더 많은 초점을 둔다. 글린의 평에 따르면 절별이 아닌 단락별로 본문을 다룬다. 바우어는 신중하고 상세하다는 논평을 한 바 있다.

Stein, Robert H. *Mark*. BECNT. Grand Rapids: Baker, 2008. 『**BECNT 마가복음**』 (부흥과개혁사, 2014).

견실한 석의 작업과 복음주의 입장을 볼 수 있다. 아래 누가복음에서 다루게 될 동일 저자에 대한 설명을 참고하라.

Strauss, Mark. *Mark*. ZECNT. Grand Rapids: Zondervan, 2015. 『**강해로 푸는 마가복음**』 (디모데, 2016).

시리즈의 의도에 맞게 저자는 이해하기 쉬운 형태로 설교자들에게 탁월한 석의적 도움을 제공한다.

○강해적 주석

Edwards, James R. *The Gospel According to Mark*. PNTC. Grand Rapids: Eerdmans, 2001. 『**마가복음**』 (부흥과개혁사, 2018).

『PNTC 주석 시리즈』는 본문에 대한 충실한 설명에 강점을 보인다. 이 책 역시 예외가 아니다.

Garland, David E. *Mark.* NIVAC. Grand Rapids: Zondervan, 1996. 『NIV 적용주석 마가복음』 (솔로몬, 2011).

내가 생각하기에 저자는 면밀하면서도 균형 잡힌 주석가이다. 그가 어떤 주제에 대해 쓰면 나는 대체로 읽어보려고 한다. 『NIVAC』 시리즈의 의도에 맞게 본서는 본문설명과 적용 간에 적절한 균형을 보여준다.

Hiebert, D. Edmond. *The Gospel of Mark: An Expositional Commentary.* Greenville, SC: Bob Jones University Press, 1994.

나는 수년간 저자의 책들을 읽어왔다. 강해설교자에게 큰 유익을 제공하는 저자로서 그는 본문 의미의 핵심을 짚어주는 법을 알고 있다.

Kuruvilla, *Mark: A Theological Commentary for Preachers.* Eugene, OR: Cascade Books, 2012.

창세기에서 다룬 동일 저자에 대한 설명을 참고하라.

Lane, William L. *The Gospel of Mark.* NICNT. Grand Rapids: Eerdmans, 1974. 『마가복음』 (생명의말씀사, 1983).

레인은 침례교 학자이다. 본서는 부분적으로 편집비평을 사용하고 있지만 책의 전체적인 문학적 구조를 잘 설명하고 있다. 바우어의 논평에 따르면, 본문에 대한 신학적 성찰에 주목할 필요가 있다. 저자는 『WBC』 시리즈의 두 권짜리 히브리서 주석으로 가장 잘 알려져 있다.

Swete, Henry Barclay. *The Gospel According to St. Mark.* Grand Rapids: Eerdmans, 1978 reprint [1898].

케임브리지 출신 학자가 집필한 책으로, 학문적으로 뛰어나지만 카슨은 "단순하고 지루하다"고 평한 적이 있다. 하지만 내 생각에 설교자들을 위해서는 여전히 유용한 책이다. 무천년주의 관점을 견지한다.

○목회적 주석

Morrison, George H. *Morrison on Mark.* **Glasgow Pulpit Series. Ridgefield, N.J.: AMG, 1977.**
마태복음에서 다룬 동일 저자에 대한 설명을 참고하라.

Morison, James. *A Practical Commentary on the Gospel According to St. Mark.* **4th revised ed. Minneapolis: Klock & Klock, 1981 reprint.**
마태복음에서 다룬 동일 저자에 대한 설명을 참고하라. 바버는 본문설명에 대한 강점이 구문론적 약점보다 훨씬 더 크다고 논평한 적이 있다.

○한국어 추가자료

로완 윌리엄스, 『복음을 읽다』 (김병준 역; 비아, 2018).
저자가 2010년에 캔터베리성당(Canterbury Cathedral)에서 강연한 내용을 책으로 엮은 것이다. 이 책은 마가복음을 상세히 해설하거나 주석하지는 않는다. 하지만 마가복음의 중요한 신학적, 석의적 주제들을 대중의 언어로 탁월하게 풀어낸 책이다. 복음서의 기원, 메시아 비밀, 마가복음 16장의 결론과 같은 복잡한 주제들의 쟁점과 저자의 해결책을 한두 시간 안에 읽어볼 수 있다.

목회와신학 편집부, 『마가복음 어떻게 설교할 것인가』 (두란노아카데미, 2012).
열다섯 명 정도의 신학자와 목회자들이 공동집필한 책이다. 『두란노 HOW 주석』 시리즈의 일부로 성경을 가르치는 목회자, 설교자들이 마가복음의 주요한 쟁점과 전체적인 윤곽을 잡는데 탁월한 도움을 주는 책이다. 1부는 마가복음 배경연구를 제공하고 있으며, 2부는 마가복음의 각 장별로 주요한 석의 내용과 설교를 위한 아이디어를 제시한다.

박윤만, 『마가복음: 길 위의 예수, 그가 전한 복음』 (킹덤북스, 2017).

1238쪽의 방대한 주석으로 마가복음에 대한 석의는 이 책 한 권이면 충분하다. 대신대학교에서 신약학을 가르치고 있는 박윤만 교수는 마가복음의 언어적, 역사적, 신학적 주제들을 면밀하게 검토하면서 본문의 의미를 명확하게 드러낸다. 본문 설명에 대한 책의 구성이 '주해'와 '요약과 해설'로 나누어져 있어서 진지한 성경연구와 실제적인 설교준비 모두를 위해 유용하게 사용될 수 있다.

찰스 스윈돌, 『마가복음』 (김희수 역; 디모데, 2018).
『찰스 스윈돌의 신약 인사이트 시리즈』는 목회자들에게 유용한 강해적 주석이다. 매 장을 구성하고 있는 글이 한 편의 완성된 설교와도 같다. 절별 주해를 제공하고 있지는 않지만, 단락별로 본문에 대한 설명을 제시한 뒤 해당 본문에 대한 적용으로 글을 마무리한다. 강해설교자들은 이 책에서 수많은 통찰력과 아이디어를 발견할 것이다.

크레이그 블롬버그, 릭 E. 왓츠, 『마태·마가복음』 (김용재, 우성훈 역; 기독교문서선교회, 2010).
기독교문서선교회의 『신약의 구약 사용 주석 시리즈』의 첫 번째 책으로, 본서는 원래 D. A. 카슨과 G. K. 빌이 공동편집하고 다수의 신약학자들이 집필에 참여한 『*Commentary on the New Testament Use of the Old Testament*』라는 원제의 방대한 저작을 성경의 책별로 나누어 번역 출판한 것이다. 마가복음의 구약 사용 부분은 릭 E. 왓츠가 집필했다. 마가복음뿐 아니라 신약에 나타난 구약 구절의 사용에 대한 다양한 해석학적, 신학적 논의를 연구하기 위해서는 반드시 이 책을 거쳐야 한다.

누가복음

○석의적 주석

Bock, Darrell L. *Luke*. 2 vols. BECNT. Grand Rapids: Baker, 1994, 1996. 『BECNT 누가복음』 (부흥과개혁사, 2013).

다작가이자 달라스신학교의 저명한 신약학 교수인 대럴 복이 쓴 책으로 누가복음에 대한 현존하는 석의적 주석 가운데 단연 으뜸이다. 누가복음 강해설교를 염두에 둔 설교자라면 반드시 구입해야 한다.

Garland, David E. *Luke*. ZECNT. Grand Rapids: Zondervan, 2011. 『강해로 푸는 누가복음』 (디모데, 2016).

1000쪽 이상의 주석으로, 복음주의 최고의 주석가 중 한 명인 갈랜드의 펜에서 나온 견실한 석의와 본문설명을 맛볼 수 있다.

Marshall, I. Howard. *The Gospel of Luke*. NIGTC. Grand Rapids: Eerdmans, 1978.

대럴 복의 책이 나오기 전까지 나는 이 책을 누가복음 석의적 주석 중에 최고로 생각했다. 저자는 균형 잡히고 두루 존경받는 신약학자이다. 편집비평과 관련한 몇 가지 이슈를 조심할 필요가 있다. 누가는 마가와 Q에 의존했다고 가정한다.

○강해적 주석

Godet, F. *A Commentary on the Gospel of St. Luke*. Eugene, OR: Wipf & Stock, 2004 reprint.

나는 이 복음주의 프랑스 학자가 이전에 쓴 주석을 무엇이든 읽어보려고 하는 편이다. 비평주의 이전의 학자이긴 하지만 설교자들은 그의 책에서 유익한 도움을 발견할 것이다. 그는 자신의 저작들 구석구석에 따뜻한 목회적 성찰을 심어 놓았다.

Green, Joel B. *The Gospel of Luke.* **NICNT. Grand Rapids: Eerd-mans, 1997.**

1000쪽이 조금 안 되는 주석이지만 본서는 누가복음에 대한 진지한 저작 중 하나이다. 저자는 누가복음의 전체적인 구조를 이해하는 데 있어 도움을 주는 담화분석의 다양한 방면에 초점을 맞춘다. 스타인의 주석이나 다른 강해적 주석을 보충할 수 있는 자료로 사용하라.

Hendriksen, William. *Exposition of the Gospel According to Luke.* **Grand Rapids: Baker, 1978.** 『누가복음』 (아가페출판사, 1989).

칼빈신학교의 신약학 교수인 저자의 펜에서 나온 책 중 단연 으뜸이라고 생각한다.

Stein, Robert H. *Luke.* **NAC. Nashville: Broadman & Holman, 1993.**

저자의 책은 언제나 견실하고 복음주의적이다. 본서는 누가복음에 대한 강해적 주석 중 최고라고 할 수 있다.

ㅇ목회적 주석

Morgan, G. Campbell. *The Gospel According to Luke.* **New York: Revell, 1931.** 『누가복음』 (아가페출판사, 1994).

바버는 다음과 같은 평을 남겼다. "누가의 논증에 근접하면서도 강해설교의 가장 좋은 예를 보여주는 신중하고도 합리적인 본문설명을 제공한다." 전천년주의 관점을 견지하고 있지만 저자는 생애 후반에 이러한 관점으로부터 돌아섰다.

Morrison, George H. *Morrison on Luke*. 2 vols. Glasgow Pulpit Series. Chattanooga, TN: AMG, 1978.
마태복음에서 다룬 동일 저자에 대한 설명을 참고하라.

○ 특별연구
Bock, Darrell L. *A Theology of Luke and Acts*. Grand Rapids: Zonder-van, 2012. 『누가신학』 (부흥과개혁사, 2016).
위에 나와 있는 동일 저자에 대한 설명을 참고하라.

Liddon, H. P. *The Magnificat*. 3rd ed. London: Longman's Green & Co., 1898.
영국의 가장 저명한 복음주의 설교자 중 한 명이 세인트폴스성당(St. Paul's Cathedral)에서 설교한 것들을 모아놓은 것이다.

○ 한국어 추가자료
데이비드 W. 파오, 에카르트 J. 슈나벨, 안드레아스 J. 쾨스텐버거 『누가·요한복음』 (우성훈, 배성진 역; 기독교문서선교회, 2012).
기독교문서신교회의 『신약의 구약 사용 주석 시리즈』의 두 번째 책으로, 본서는 원래 D. A. 카슨과 G. K. 빌이 공동편집하고 다수의 신약학자들이 집필에 참여한 『*Commentary on the New Testament Use of the Old Testament*』라는 원제의 방대한 저작을 성경의 책별로 나누어 번역 출판한 것이다. 누가복음의 구약 사용 부분은 데이비드 W. 파오와 에카르트 J. 슈나벨이 집필했다. 누가복음뿐 아니라 신약에 나타난 구약 구절의 사용에 대한 다양한 해석학적, 신학적 논의를 연구하기 위해서는 반드시 이 책을 거쳐야 한다.

목회와신학 편집부, 『누가복음 어떻게 설교할 것인가』 (두란노아카데미, 2009).

누가·행전의 전문가인 허주 교수를 비롯해 20여명의 신학자와 목회자들이 공동집필한 책이다. 『두란노 HOW 주석』시리즈의 일부로 성경을 가르치는 목회자, 설교자들이 누가복음의 주요한 쟁점과 전체적인 윤곽을 잡는데 탁월한 도움을 주는 책이다. 1부는 문학적, 역사적, 신학적 배경연구를 제공하고 있으며, 2부는 누가복음의 각 장별로 주요한 석의 내용과 설교를 위한 아이디어를 제시한다.

찰스 스윈돌, 『누가복음』(김희수 역; 디모데, 2012).

『찰스 스윈돌의 신약 인사이트 시리즈』는 목회자들에게 유용한 강해적 주석이다. 매 장을 구성하고 있는 글이 한 편의 완성된 설교와도 같다. 절별 주해를 제공하고 있지는 않지만, 단락별로 본문에 대한 설명을 제시한 뒤 해당 본문에 대한 적용으로 글을 마무리한다. 강해설교자들은 이 책에서 수많은 아이디어와 통찰력을 발견할 것이다.

R. T. 프랜스, 『TTC 누가복음』(이옥용 역; 부흥과개혁사, 2013).

『TTC(*Teach the Text Commentary*)』시리즈는 강해설교자와 성경교사들에게 유용한 자료이다. 학문적이고 석의적인 내용으로 꽉 찬 주석에 흥미를 잃었다면 이 주석 시리즈를 참고해 보라. 이 책은 ① 본문 이해하기, ② 본문 가르치기, ③ 예화 제시하기의 세 영역으로 나누어져 있다. ①에서는 문맥 안의 본문의 위치와 기능, 역사적·문화적 배경, 절별 주해, 신학적 통찰을 제시한다. ②에서는 ①의 논의 내용을 바탕으로 본문을 어떻게 가르쳐야 할지 가이드라인을 제시한다. ③에서는 본문을 가르치는 과정에서 사용할 수 있는 책, 영화, 인용문 등을 제공한다. 석의적 주석을 대체할 수는 없겠으나 성경공부나 설교를 준비할 때 틀림없이 유용한 자료가 될 것이다.

케네스 E. 베일리, 『중동의 눈으로 본 예수님의 비유』(오광만 역; 이레서원, 2016).

역자 서문에도 나와 있듯이 이 책은 베일리의 대표작인 『*Poet & Peasant*』를 번역한 책이다. 저자의 차별성은 팔레스타인 지역과 사회에 대한 두터운 경험이다. 성경을 전공하는 학자들조차 예수님이 살았던 지역과 사회에 대한 지식을 간접적으로—이를테면, 배경서적을 읽는 것—얻는 경우가 대부분이지만, 베일리는 팔레스타인과 그 주변 지역에 40년 이상 거주하면서 몸소 체득한 경험적 지식을 독자들에게 친절한 언어로 풀어놓는다. 누가복음에 등장하는 예수님의 비유를 더 가까이 이해하고 느끼고 싶다면 반드시 이 책을 읽으라!

요한복음

○ 석의적 주석

Barrett, C. K. *The Gospel According to St. John: An Introduction with Commentary and Notes on the Greek Text.* Revised. London: SPCK, 1988. 『요한복음』 (한국신학연구소, 1984).

저자는 석의와 해석에 필요한 다양한 요소들을 한데 모아놓았다. 그는 역사적 쟁점들에 관해서는 큰 관심이 없고 요한복음을 신학적 통일성의 관점에서 본다. 본서는 요한복음에 대한 최고 주석 중 하나로 여겨진다.

Keener, Craig S. *The Gospel of John.* 2 vols. Peabody, MA: Hendrickson, 2003. 『키너 요한복음』 (CLC, 2018).

1636쪽에 달하는 방대한 저작이자 역작이다!

Köstenberger, Andreas J. *John.* BECNT. Grand Rapids: Baker, 2004. 『BECNT 요한복음』 (부흥과개혁사, 2017).

사우스이스턴침례신학교의 신약학 교수인 저자가 공들여 저술한 책이다. 요한복음은 저자의 전공분야이기도 하니 반드시 읽으라.

Westcott, B. F. *The Gospel According to St. John.* Grand Rapids: Eerdmans, 1950.

1881년에 초판이 나왔지만 본서는 석의에 관해서는 여전히 걸작이다. 저자는 "학습에 있어서는 오리겐에 버금가고, 경건에 있어서는 어거스틴에 버금간다"고 알려져 있다. G. 캠벨 몰간은 "요한복음에 대해 웨스트코트의 주석보다 더 잘 쓴 책이 아직 나오지 않았다"고 평한 적이 있다.

○강해적 주석

Borchert, Gerald L. *John 1–11.* NAC. Nashville: Broadman & Holman, 1996.

―――――. *John 12–21.* NAC. Nashville: Broadman & Holman, 2002.

요한복음에 대한 탁월한 본문설명을 제공한다. 강해설교자들을 위한 건실하고 유익한 자료이다.

Burge, Gary M. *John.* NIVAC. Grand Rapids: Zondervan, 2000. 『NIV 적용주석 요한복음』(솔로몬, 2010).

나는 저자가 요한일서에 대해 쓴 책을 좋아한다. 요한복음에 대한 이 책 역시 상당히 유용하다.

Carson, D. A. *The Gospel According to John.* PNTC. Grand Rapids: Eerdmans, 1990. 『요한복음』(솔로몬, 2017).

마태복음에서 다룬 동일 저자에 대한 설명을 참고하라. 특히 설교자를 위한 충실한 석의와 강해를 발견할 것이다.

Godet, F. *Commentary on John's Gospel.* Grand Rapids: Kregel, 1980 reprint. 2 vols in one.

누가복음에서 다룬 동일 저자에 대한 설명을 참고하라. 본서는 1893년에 영어 초판이 출판되었다. 바버의 논평에 따르면, "면밀하고 포괄적이지만 장황하진 않다. 요한복음에 대한 강해 중 최고의 책에 속해 있다. 이 책 없이 설교자는 완성될 수 없다." 스미스는 본서에 대해 다음과 같이 말했다. "기독론에 대해 이처럼 탁월한 논의를 하고 있는 책이 별로 없다."

Michaels, J. Ramsey. *The Gospel of John.* **NICNT. Grand Rapids: Eerdmans, 2010.**

자료비평과 편집비평에 큰 관심을 두지 않으면서도 저자는 본문을 능숙하게 다룬다. 절별로 헬라어를 면밀하게 다루고 있지만 목회자들이 충분히 이해할 수 있다. 요한복음의 통일성을 보여주기 위해 노력한다. 본서는 요한복음에 대한 저자의 평생 연구 결과물이다.

Morris, Leon. *The Gospel According to John.* **NICNT. Revised ed. Grand Rapids: Eerdmans, 1995.** 『요한복음』 (생명의말씀사, 1996).

요한복음의 신학적인 특징뿐 아니라 그것의 역사적인 신빙성을 전제한다. 바우어는 본서가 "섬세한 깊이와 풍성함"을 담고 있다고 말했다. 바버는 "최고의 학문성"이라는 찬사를 보냈다. 설교자들이 요한복음을 설교할 때 이 주석 없이는 결코 충분하지 않을 것이다.

○ 목회적 주석

Mitchell, John G. *An Everlasting Love: A Devotional Study of the Gospel of John.* **Portland, OR: Multnomah, 1982.**

멀트노마성경학교(Multnomah School of the Bible)의 창시자이자 포틀랜드 센트럴바이블교회(Central Bible Church)의 목사의 펜으로부터 나온 탁월한 목회적 주석이다. 특히 예화와 적용에 주목하라.

Van Doren, William. *Gospel of John.* **2 volumes in one. Grand Rapids: Kregel, 1981.**

이 두꺼운 책으로부터 설교에 필요한 수많은 도움을 얻을 수 있다!

Bernard, Thomas Dehany. *The Central Teaching of Christ: A Study of John 13–17.* **Minneapolis: Klock & Klock, 1985 reprint [1892].**

"모든 목회자를 위한 필독서"라고 바버는 평했다.

Blomberg, Craig. *The Historical Reliability of John's Gospel: Issues & Commentary.* **Downers Grove: InterVarsity, 2011.**
글린의 설명에 따르면 본서는 223쪽의 주석과, 50쪽의 서론, 그리고 32쪽의 유용한 참고문헌을 가지고 있다.

Brown, John. *Exposition of Our Lord's Intercessory Prayer.* **Minnea-polis: Klock & Klock, 1978.**
저자는 목회자이자 주석가이다. 본서는 충분히 읽어볼 만한 가치가 있다. "그의 강해는 좋은 모델을 제시한다"라고 바버는 평했다.

Köstenberger, Andreas J. and Scott R. Swain. *Father, Son, and Spirit: The Trinity and John's Gospel.* **Downers Grove: InterVarsity, 2008.** 『아버지와 아들과 성령: 삼위일체와 요한복음』 (부흥과개혁사, 2016).
제목이 모든 것을 말하고 있다. 유용한 책이다.

Maclaren, Alexander. *The Holy of Holies.* **London: Alexander & Shepheard, 1890.**
요한복음 14-16장에 대한 매우 좋은 강해설교를 모아 놓았다. 저자는 스펄전과 동시대 인물이자 침례교의 유명한 강해설교자이다.

Rainsford, Marcus. *Our Lord Prays for His Own.* **Grand Rapids: Kregel, 1985 [1895].**
요한복음 17장에 대해 기록된 책들 중 많은 이들이 고전이라고 인정하는 책이다. 저자는 1886년부터 1897년 죽기 전까지 런던의 세인트존스교회(St. John's Church)에서 목회사역을 했다. 바버는 본서를 가리켜 목회적이고 강해적인 책들 중 진정한 걸작이라고 말했다. 이 책은 필독서다.

Swete, Henry Barclay. *The Last Discourse and Prayer of Our Lord.* **London: Macmillan, 1914.**

○설교

Lloyd-Jones, David Martyn. *John 17.* **4 volumes. Wheaton: Crossway, 1988-89.** 『요한복음 17장 강해』 (여수룬, 1999).

1952년에서 1953년까지 웨스트민스터채플에서 한 강해설교이다. 감동적인 신앙서적을 찾고 있다면 바로 이 책이다.

○한국어 추가자료

데이비드 W. 파오, 에카르트 J. 슈나벨, 안드레아스 J. 쾨스텐버거, 『누가·요한복음』 (우성훈, 배성진 역; 기독교문서선교회, 2012).

기독교문서선교회의 『신약의 구약 사용 주석 시리즈』의 두 번째 책으로, 본서는 원래 D. A. 카슨과 G. K. 빌이 공동편집하고 다수의 신약학자들이 집필에 참여한 *Commentary on the New Testament Use of the Old Testament*라는 원제의 방대한 저작을 성경의 책별로 나누어 번역 출판한 것이다. 요한복음의 구약 사용 부분은 안드레아스 J. 쾨스텐버거가 집필했다. 요한복음뿐 아니라 신약에 나타난 구약 구절의 사용에 대한 다양한 해석학적, 신학적 논의를 연구하기 위해서는 반드시 이 책을 거쳐야 한다.

리처드 보컴, 『요한복음 새롭게 보기: 요한복음 주요 주제들에 대한 심층 분석』 (문우일 역; 새물결플러스, 2016).

본서의 부제가 암시하고 있듯이 이 책은 요한복음의 본문을 절별 혹은 단락별로 주해하는 책이 아니다. 대신 요한복음에 등장하는 몇 가지 중요 주제들을 현미경의 시선으로 집중 조명한다; 개인주의, 공동체, 십자가/부활/승귀, 성례전,

이원론, 요한복음의 첫째 주간, 요한복음의 예수와 공관복음의 예수. 이 주제들과 관련해 시리즈 설교를 준비하고 있다면 꼭 참고해야 할 도서이다.

R. 앨런 컬페퍼, 『요한복음 요한서신』 (박경미 역; 대한기독교서회, 2018).

대한기독교서회 『신약학입문시리즈』의 네 번째 책이다. 책의 전반부는 요한복음 연구와 관련된 주요한 쟁점들을 간략하게 요약하고 있으며, 책의 후반부는 요한복음을 큰 단락별로 나누어 주요한 내러티브와 주제들을 속도감 있게 정리한다. 절별 석의와 해석으로 들어가기 전에 요한복음에 대한 큰 그림을 그리고 싶다면 이 책을 보라.

조석민, 『이해와 설교를 위한 요한복음』 (이레서원, 2019).

요한복음의 선지자 기독론으로 박사학위를 받고 에스라성경대학원대학교에서 신학을 가르치고 있는 조석민 교수가 집필한 주석이다. 본문 석의는 헬라어 원문, 역사적 배경, 문학적 구조에 대한 유용한 논의로 가득하고, '설교자를 위한 적용'은 학문적인 석의 내용이, 뜬 구름 잡는 이야기가 아니라 오늘날에도 여전히 유효한 말씀임을 입증하고 있다.

콜린 G. 그루즈, 『요한복음』 (배용덕 역; 기독교문서선교회, 2013).

『틴데일 신약주석 시리즈』의 의도에 맞게, 본서는 비평적 이슈에 매몰되지 않으면서도 본문의 의미를 이해하는 데 도움이 되는 자료이다. 헬라어와 전문적인 신학적 논의는 최소화하고 있지만 저자의 필요에 따라 '추가설명'란에 이러한 논의를 덧붙이기도 한다. 본문에 대한 적용을 따로 제공하지는 않는다. 너무 전문적이지 않으면서도 본문 해설이 충실한 주석을 찾고 있다면 틴데일 신약주석 시리즈를 참고하라.

역사서

사도행전

○ 석의적 주석

Barrett, C. K. *Acts.* 2 vols. ICC. Edinburgh: T. & T. Clark, 1994, 1998.
저자의 대표작인 본서는 사도행전에 대한 수십 년간의 연구 결과물이다. 석의와 신학에 대한 정보 홍수에 한 번 빠져보라.

Bock, Darrell L. *Acts.* BECNT. Grand Rapids: Baker, 2007.
누가복음 주석의 후속편이다. 둘 중 그 어느 것도 놓치면 안 된다!

Gloag, Paton J. *A Critical and Exegetical Commentary on the Acts of the Apostles.* 2 vols. Minneapolis: Klock & Klock, 1979 [1870].
저자는 스코틀랜드 장로교인이다. 바버는 "주의 깊은 석의에 바탕을 둔 면밀한 강해"라고 평했다. 스펄전은 해켓을 인용하며 이렇게 말했다. "본서는 연구에 필요한 자료, 언어학, 역사, 2차 문헌, 그리고 이러한 지식을 사용하는 방법에 두루 능통함을 보여줌으로써, 이 책이 최근 강해자료 중 일급임을 증명했다."

Keener, Craig S. *Acts: An Exegetical Commentary, Vol. 1: Intro-duction and 1:1–2:47.* Grand Rapids: Baker, 2012.
첫 번째 책만 1000쪽 이상으로, 4권으로 예정된 이 주석의 분량이 얼마나 방대할지는 굳이 말이 필요 없다! 두 번째 책, 『*Acts: An Exegetical Commentary, Vol. 2: 3:1-14:28*』은 2013년 말에 출판되었다. 일급 자료인 이 주석은 사도행전에 대한 5개의 최고 주석 안에 포함되어야 할 것이다.

_____. *Acts: An Exegetical Commentary 3:1-14:28*. Vol. 2. Grand Rapids: Baker Academic, 2013.

_____. *Acts: An Exegetical Commentary 15:1-23:35*. Vol. 3. Grand Rapids: Baker Academic, 2014.

_____. *Acts: An Exegetical Commentary 24:1-28:31*. Vol. 4. Grand Rapids: Baker Academic, 2015.

Schnabel, Eckhard. *Acts.* **ZECNT. Grand Rapids: Zondervan, 2012.**
『강해로 푸는 사도행전』 (디모데, 2018).

저자의 사도행전 주석은 면밀한 분석을 담고 있는 책이다. 사도행전에 대한 최고의 주석들 중 하나로 여겨져야 마땅하다. 모든 이슈들에 대해 최근 견해를 반영하고 있다. 강해설교자라면 꼭 사용하고 싶은 자료가 될 것이다.

○강해적 주석

Bruce, F. F. *The Book of Acts.* **NICNT. Grand Rapids: Eerdmans, 1988.**
『NICNT 사도행전』 (부흥과개혁사, 2017).

본서 역시 사도행전을 설교하는 목회자들에게 유용할 것이다. 저자의 다른 책, *The Acts of the Apostles: The Greek Text with Introduction and Commentary*. 3rd ed. Revised and enlarged. Grand Rapids: Eerdmans, 1990.도 참고하라. 이 책은 헬라어에 대한 지식을 가지고 있는 목회자들에게 도움이 될 것이다. 바우어의 논평에 따르면, 브루스는 "교육적으로는 고전학자요, 기질상으로는 역사학자이다." 이 보수적인 주석에 그의 두 전공 분야가 잘 반영되어 있다.

Fernando, Ajith. *Acts.* **NIVAC. Grand Rapids: Zondervan, 1998.**
『NIV 적용주석 사도행전』 (솔로몬, 2011).

강해와 적용에 중점을 두고 있으며 설교에 사용할 수 있는 예화들도 주목할 만하다.

Harrison, Everett. *Interpreting Acts: The Expanding Church.* Grand Rapids: Zondervan, 1986.

강해설교자는 이 책에서 무수한 도움을 발견할 것이다. 각 단락별 논의는 간단하지만 핵심을 잘 다루고 있다.

Larkin, William. *Acts.* IVPNTC. Downers Grove: InterVarsity, 1995.

사우스캐롤라이나 주 컬럼비아 성경신학대학원과 컬럼비아 선교대학원에서 오랫동안 신약학/헬라어 교수로 재직했던 저자가 집필한 매우 유용한 책이다. 저자는 2014년 초에 생을 마감했다. 나는 그가 썼던 모든 것으로부터 언제나 도움을 받았다.

Marshall, I. Howard. *The Acts of the Apostles.* TNTC. Grand Rapids: Eerdmans, 2007.『사도행전』(CLC, 2016).

우리가 언제나 저자에게서 기대할 수 있듯이 이 책 역시 내용이 충실하고 가독성이 좋으며 비교적 얇다.

Peterson, David G. *The Acts of the Apostles.* PNTC. Grand Rapids: Eerdmans, 2009.

저자의 사도행전 주석은 『PNTC』 시리즈에 첨가할 가치가 충분히 있는 책이다. 사도행전과 관련해 저자는 주목할 만한 연구를 수행했다. 설교자들은 모든 분야를 아우르는 충실한 본문해설을 발견할 수 있을 것이다.

Polhill, John B. *Acts.* NAC. Nashville: Broadman & Holman, 1992.

이 침례교 학자로부터 강해설교자들은 탁월한 도움을 얻게 될 것이다. 무천년주의 관점을 견지하고 있다. 책에 대한 더 많은 설명을 보고 싶다면 로스컵의 견해를 참고하라.

Rackham, R. B. *The Acts of the Apostles.* **Grand Rapids: Baker,** 1978 [1901].

카슨은 다음과 같이 평했다. "저자는 경건한 신앙인이고 실천적인 의견에 있어서는 예리하다." 바버는 이 책이 사도행전에 대한 최고의 주석들 중 한 권이며 고전으로 분류되어도 손색이 없다고 말했다. 나는 사도행전을 설교할 때 이 책을 사용했으며 매우 유용했다. 보수적이고 무천년적인 관점을 견지한다.

Stott, John. *The Message of Acts: The Spirit, the Church & the World.* **BST. Downers Grove: InterVarsity,** 1994. 『사도행전』 (IVP, 2019).

존 스토트가 쓴 것이라면 무조건 읽을 가치가 있다. 언제나 선명하고 명료하며 유용하다.

Walker, Thomas. *The Acts of the Apostles.* **Chicago: Moody,** 1965.

본서는 선교사들을 위한 책으로 1919년에 처음 출판되었다. 스미스는 다음과 같이 평했다. "선교적인 관점에서 볼 때 본서는 의심의 여지 없이 사도행전 최고의 주석이다."

○목회적 주석

Alexander, Joseph. *Commentary on the Acts of the Apostles.* **2 vols. in one. Grand Rapids: Zondervan,** 1956/**Minneapolis: Klock & Klock,** 1980 reprint.

19세기에 처음 출판되었으며 사도행전에 대한 최고의 목회적 주석들 중 하나이다. 바버의 논평에 따르면, 본서는 "포괄적이고 면밀한 강해를 전개하고 있으며 설교자들이 사용할 수 있는 무수한 자료들을 제공한다." 개혁주의적 관점을 견지한다.

Griffith Thomas, W. H. *Outline Studies in the Acts of the Apostles.* **Grand Rapids: Eerdmans, 1956.**
본서의 강점은 자세한 개요에 있다.

Morgan, G. Campbell. *The Acts of the Apostles.* **New York: Revell, 1924.** 『사도행전 강해』 (아가페출판사, 1989).
설교자를 위한 매우 유용한 본문설명과 적용을 포함하고 있다. 스미스는 이 책을 가리켜 영미권 강해설교자들이 내놓은 책들 중 최고의 강해집이라고 말했다. 기념비적인 저작으로 심오하면서도 실천적이다.

Ogilvie, Lloyd John. *Acts.* **CC. Waco, TX: Word, 1983.**
저자는 『*Communicator's Commentary*』 시리즈의 편집자다. 이 책은 시리즈 중 최고의 책으로 꼽힌다. 저자는 경험이 풍부한 목회자이자 강해설교자이다. 사도행전 설교를 위해서는 그의 책 『*The Drumbeat of Love*』 [1976]를 보라.

Bock, Darrell L. *A Theology of Luke and Acts: God's Promised Program, Realized for All Nations.* **Grand Rapids: Zondervan, 2012.** 『누가신학』 (부흥과개혁사, 2016).
아래 소개될 마샬과 피터슨의 책과 함께 본서는 누가·행전 신학에 대한 최고의 연구서라고 할 수 있다.

Marshall, I. Howard and David Peterson, eds. *Witness to the Gospel: The Theology of Acts.* **Grand Rapids: Eerdmans, 1998.** 『사도행전 신학』 (크리스챤출판사, 2013).
방금 소개된 대럴 복의 책과 함께 본서는 누가·행전 신학에 대한 최고의 연구서라고 할 수 있다. 누가연구 분야의 저명한 학자들이 쓴 25개의 에세이가 수록되어 있다.

○설교

Vaughan, C. J. *Studies in the Book of Acts.* **Minneapolis: Klock & Klock, 1985 reprint.**

이 "연구들"은 기본적으로 설교들이다. 저자는 로마서, 빌립보서, 요한계시록에 대해 유익한 강해적 주석을 썼다. 스펄전은 이 책을 좋아했고 바버는 본서를 가리켜 "굉장한 가치가 있는 작품"이라고 불렀다.

○한국어 추가자료

목회와신학 편집부, 『사도행전 어떻게 설교할 것인가』 (두란노아카데미, 2011).

『두란노 HOW 주석』 시리즈 중 한 권으로 성경을 가르치는 목회자, 설교자들이 사도행전의 주요한 쟁점과 전체적인 윤곽을 잡는 데 탁월한 도움을 주는 책이다. 1부는 문학적, 역사적, 신학적 배경연구를 제공하고 있으며, 2부는 누가복음의 각 장별로 주요한 석의 내용과 설교를 위한 아이디어를 제시한다.

F. 스코트 스펜서, 『누가복음 사도행전』 (소기천 역; 대한기독교서회, 2018).

대한기독교서회 『신약학입문시리즈』의 세 번째 책이다. 특별연구로 분류될 수 있는 본서는 누가·행전을 거시적 관점으로 개관하기에 좋은 책이다. 책의 전반부는 누가·행전 연구와 관련된 주요한 쟁점들을 간략하게 요약하고 있으며, 책의 후반부는 누가복음과 사도행전을 큰 단락별로 나누어 주요한 내러티브와 주제들을 속도감 있게 정리한다. 누가복음에 대한 논의가 주를 이루고 있지만 사도행전의 논의도 유익하다.

유상섭, 『나의 사랑하는 책 사도행전』 (성서유니온선교회, 2017).

성경해석학으로 박사학위를 받고 총신대학교에서 신약학 교수로 16년간 후학들을 가르치다가 현재는 창신교회를 담임하고 있는 저자의 책이다. 전문적인 주석처럼 석의적, 신학적 논의를 긴 호흡으로 풀고 있지는 않지만, 본문에 대한 충실한 설명을 제공하고 있기 때문에 사도행전을 강해하려는 설교자들에게 유익한 자료가 될 것이다.

윌리암 H. 윌리먼, 『사도행전』 (박선규 역; 한국장로교출판사, 2000).
『현대성서주석(Interpretation)』 시리즈 중 일부이다. 절별로 상세한 주해를 제공하지는 않지만, 단락별로 본문의 의미를 설명하고 그것의 현대적 함의를 탐구한다. 오랜 목회경험을 가지고 있으며 현재는 듀크대학교 신학부에서 기독교 사역 실천 교수로 재직하고 있는 저자의 본문 주해와 적용은 적실하다.

하워드 마샬, 마크 A. 싸이프리드, 『사도행전·로마서』 (김현광, 배성진 역; 기독교문서선교회, 2012).
기독교문서선교회의 『신약의 구약 사용 주석 시리즈』의 세 번째 책으로, 본서는 원래 D. A. 카슨과 G. K. 빌이 공동편집하고 다수의 신약학자들이 집필에 참여한 『Commentary on the New Testament Use of the Old Testament』라는 원제의 방대한 지각을 성경의 책별로 나누어 번역 출판한 것이나. 사도행전의 구약 사용 부분은 하워드 마샬이 집필했다. 사도행전뿐 아니라 신약에 나타난 구약 구절의 사용에 대한 다양한 해석학적, 신학적 논의를 연구하기 위해서는 반드시 이 책을 거쳐야 한다.

바울서신

로마서

○ 석의적 주석

Abernathy, C. David. *An Exegetical Summary of Romans 1–8.* **2nd ed. Dallas: SIL International, 2008.**

설교자들은 위클리프성경번역선교회 산하의 SIL에서 출판한 이 탁월한 시리즈의 모든 책을 소장해야 한다. 저자는 19권의 주석과 헬라어 사전들을 조사한 뒤에 로마서 본문의 사전적, 구문론적, 의미론적 관계가 어떠한지 절별로 논의를 요약한다. 물론 주석을 대체할 수는 없겠지만 본서는 믿을 수 없을 정도로 시간을 절약해 준다. 본문의 준직역이 제공되고 이문들이 뒤따라온다. 문맥에 등장하는 주요단어들의 사전적 의미와 석의적 이슈들이 주어지고, 명료하고 간단한 형태로 답이 제시된다. 상당한 가치를 지닌 책으로 나는 수년 동안 이를 사용해 왔다.

Cranfield, C. E. B. *Romans.* **2 vols. ICC. Edinburgh: T. & T. Clark, 2004.**

설교자는 이 책에서 상세한 석의를 발견할 수 있다. 마틴의 평에 따르면, 이 책의 최대 강점은 객관성이다. 바버는 본서를 가리켜 "문법과 구문론을 공정하게 다룬 책"이라고 말했다.

Godet, F. *Commentary on Romans.* **Grand Rapids: Kregel, 1977 [1883].**

바버는 본서를 다음과 같이 평했다. "매우 포괄적이며 … 로마서의 논의를 탁월하게 다루고 있다."

Longenecker, Richard. *The Epistle to the Romans.* **NIGTC Comment**

-ary. Grand Rapids: Eerdmans, 2016.

헬라어 본문에 근거해 저자는 오랫동안 지속되어 온 해석학적 질문들에 대해 견고한 학문성을 바탕으로 독창적인 해결책을 제시한다. 비평이고, 석의 내용에 깊이가 있으며, 건설적이면서도, 적용에 있어서는 여전히 목회적이다. 기념비적인 책으로서, 슈라이너는 이 책을 가리켜 "권위가 있는" 책이라고 말했다. 로마서를 진지하게 설교하고 싶다면 반드시 소장해야 한다.

○ 강해적 주석

Barrett, C. K. *Reading Through Romans*. Philadelphia: Fortress Press, 1977.

마틴은 이 책을 가리켜 "작은 걸작"이라고 평했다. 유용한 자료이다.

Dunn, James D. G. *Romans*. WBC. Dallas: Word, 1988. 『로마서』 (솔로몬, 2005, 2013).

로마서를 공정하게 잘 다루고 있는 책이다. 바울의 주장의 논리와 그 흐름을 따라가는 데 있어 매우 탁월하다.

Kruse, Colin G. *Paul's Letter to the Romans*. PNTC. Grand Rapids: Eerdmans, 2012.

『PNTC』 시리즈 중 모리스의 책을 대체하기 위해 집필된 책이다. 저자는 특히 지난 30년간의 학문적 논의들과 대화하면서 600쪽 이상의 석의 작업을 진행한다. 그의 문장은 명료하고 명쾌하다. 소위 바울의 "새 관점"에 대한 공정한 평가를 제시한 뒤 그것이 충분치 않다고 주장한다. 책 전반에 걸쳐 신학적, 해석학적 이슈들을 좀 더 긴 호흡으로 다루고 있는 "추가설명" 부분을 주의 깊게 살펴보라. 대체로 개혁주의 신학 노선을 따르고 있다. 강해설교자들에게 매우 중요한 주석이 되리라 믿어 의심치 않는다.

Luther, Martin. *Lectures on Romans.* Philadelphia: Westminster, 1961. 『루터: 로마서 강의』 (두란노아카데미, 2011).
번역과 함께 덧붙여진 설명은 현대 독자들에게 매우 유용할 것이다. 본서는 모든 설교자의 책장에 놓여 있어야 한다.

McClain, Alva J. *Romans: The Gospel of God's Grace.* Chicago: Moody, 1973.
많은 사람들이 이 책을 놓치고 있지만 충분히 읽을 만한 가치가 있다. 전천년주의 입장을 고수한다. 로마서 9-11장의 논의는 큰 도움이 된다.

Moo, Douglas J. *Romans 1–8.* WEC. Chicago: Moody, 1991.
일급 신약학자에 의해 쓰인 일급 주석이다. 석의 내용은 탁월하다.

_____. *Romans.* NIVAC. Grand Rapids: Zondervan, 2000.
설교자들에게 특히 좋은 책이다. 저자는 시리즈의 의도에 맞게 적용에 초점을 맞춘다. 예화는 유용하고 그 중 일부는 저자의 개인적인 경험으로부터 나온 것이다. 적용은 적실하다.

_____. *The Epistle to the Romans.* NICNT. Grand Rapids: Eerdmans, 1996. 『NICNT 로마서』 (솔로몬, 2011).
시리즈의 방향성에 맞게 이 책 역시 영어본문에 기대어 논의를 진행한다. 하지만 저자의 헬라어 분석은 일급이다. 바우어의 평에 따르면, 본서는 "공정하고 균형이 잡힌" 책이다.

Morris, Leon. *The Epistle to the Romans.* PNTC. Grand Rapids: Eerdmans, 1988.
1988년에 처음 출판된 책으로 이듬해인 1989년에 복음주의기독교출판협회로부터 주석 부문 금메달을 받았다. 대체로 개혁주의 노선을 따르고 있다. 500쪽 이상의 분량으로 로마서에 대한 탁월한 책이며 모든 설교자들이 소장하고 있어야 한다.

Osborne, Grant. *Romans.* **IVPNTC. Downers Grove: InterVarsity, 2010.**
본서는 모든 설교자들에게 유용한 로마서의 강해적 주석이다. 저자는 알미니안주의 관점에서 논의를 전개하고 있으며, 이는 개혁주의 노선의 로마서 주석들에 적당한 균형을 제공할 것이다.

Robinson, Thomas. *Studies in Romans: Expository and Homiletical.* **2 vols. in one. Grand Rapids: Kregel, 1982 reprint [1878].**
본서는 875쪽 분량으로 다양한 학문적 결과물들을 조합해 놓았다. 매절 끝에는 헬라어 해설이 나와 있으며 강해적, 실천적 도움들을 무수히 발견할 수 있다. 카슨이 이 책을 언급하지 않았다는 것이 놀라울 뿐이다.

Schreiner, Thomas R. *Romans.* **BECNT. Grand Rapids: Baker, 1998.**
『BECNT 로마서』 (부흥과개혁사, 2012).
서든침례신학교의 신약학 교수인 저자는 침례교와 복음주의권에서 최고의 학자 중 한 명이다. 그는 내용이 충실한 석의에다가 신학적 깊이를 더해 로마서의 본문을 탁월하게 다루었다. 그의 로마서 주석을 참고한 설교자는 절대 실패하지 않을 것이다. 개혁주의적 구원론의 관점에서 집필된 책이다.

Stott, John. *The Message of Romans: God's Good News for the World.* **Downers Grove: InterVarsity, 1994.** 『로마서 강해』 (IVP, 1996).
스토트는 언제나 학문적인 내용에 능통해 있지만 성경의 책들을 목회적인 관점에서 다룰 때 강해설교자로서의 진면목이 드러난다. 이 책은 로마서 전체를 설교할 때 내가 꼭 사용하는 책 중에 하나이다. 스토트가 쓴 책이라면 무엇이든 사고 읽을 것을 추천한다. 그가 무천년주의적인 경향을 보이는 것이 슬플 뿐이다.

Vaughan, Curtis and Bruce Corley. *Romans.* **SGC. Grand Rapids: Zondervan,** 1976.

사우스웨스턴침례신학교의 사랑받는 신약학/헬라어 교수들이 로마서 본문을 간략하지만 충실하고 탁월하게 다루었다. 본은 내가 1978년부터 1981년까지 사우스웨스턴에서 학생으로 있을 때 좋아하는 교수였다. 현재 나는 그에 대한 주요 기사가 간직되어 있는 개인연구공간을 물려받아 사용하는 특권을 누리고 있다. 그는 생전에, 내가 이 공간을 그대로 유지해도 된다고 허락해 주었다. 콜리 역시 사우스웨스턴에서 수년 동안 신약학을 가르쳤고 로마서 9-11장에 대해 박사학위논문을 썼다.

목회적 주석

Moule, H. C. G. *The Epistle of St. Paul to the Romans.* **EB. Minnea-polis: Klock & Klock,** 1982.

본문해설에 충실하면서도 목회적인 내용이 풍부한 책으로서 설교자들에게 유익할 것이다. 세심한 석의를 바탕으로 실천적인 적용을 끌어내는 데 탁월하다.

Stedman, Ray C. *From Guilt to Glory.* 2 vols. **Waco, TX: Word,** 1978.

저자는 강해설교를 지향하는 목회자였다. 이 책의 강점은 실천적인 적용에 있다.

Newell, William R. *Romans: Verse by Verse.* **Chicago: Moody,** 1948.

로마서를 다룬 최고의 목회적 주석 중 하나이다. 로마서를 설교할 때 절대 빼먹어서는 안 되는 책이다. 로스컵은 다음과 같은 사실에 주목했다. 1952년까지 달라스신학교의 총장이었던 체이퍼는, 저자가 다른 어떤 사람들보다 로마서에 능통했다고 말하곤 했다.

○ 특별연구

Barnhouse, Donald Grey. *Exposition of Bible Doctrines, Taking the Epistle to the Romans as a Point of Departure.* **10 vols. Grand Rapids: Eerdmans, 1952-64 [Since published in 4 vols.].**

이 고전적인 작품은 강해적 주석으로 분류될 수 있다. 설교자들을 위한 수많은 예화와 적용을 발견할 수 있다.

Glynn, John. *Commentary and Reference Survey.* **10th ed. Grand Rapids: Kregel Academic & Professional, 2007.**

글린은 165-166쪽에서 로마서 1:21-26에 나와 있는 동성애 문제에 관한 유용한 관련연구서들을 제시한다.

Stott, John. *Men Made New.* **London: InterVarsity, 1966.** 『새 사람』 (아바서원, 2016).

로마서 5-8장에 대해 목회적인 메시지와 함께 설교에 유용한 도움을 제공한다. 1965년 케직사경회(Keswick Convention)에서 설교한 것을 책으로 엮은 것이다. 스토트가 쓴 것은 무엇이든지 사서 읽으라.

○ 설교

Liddon, H. P. *Explanatory Analysis of St. Paul's Epistle to the Romans.* **Minneapolis: Klock & Klock, 1977.**

통찰력이 가득한 책으로 본서는 저자의 강해설교를 바탕으로 작성되었다. 바버의 평에 따르면, "하나님의 말씀을 전하기 전에 모든 설교자들이 거쳐야 할 분석의 단계"를 잘 보여주는 책이다.

Lloyd-Jones, David Martyn. *Romans.* **14 vols. Edinburgh: Banner of Truth, 2003.** 『로이드 존스의 로마서 강해 세트』 (기독교문서선교회, 2015).

저자는 런던의 웨스트민스터채플에서 무려 13년 동안 금요일 저녁마다 이 설교를 진행했다. 물론 나는 13년 동안 성경의 한 책을 설교하는 것을 추천하진 않지만, 저자는 분명 당대 최고의 강해설교자였다! 그의 책은 유용하지만, 다른 옛 청교도들처럼 할 수 있는 한 교리를 추출하여 설명하는 데 지대한 관심을 두었다. 이는 때로 독서를 방해하기도 하지만, 로마서를 강해하려는 설교자라면 이 시리즈가 없이는 결코 충분하지 않을 것이다.

○한국어 추가자료

권연경, 『로마서 산책』 (복있는사람, 2010).

이 책은 전통적인 주석의 방식을 따르고 있지 않지만 주석이 갖추어야 할 요소들을 모두 포함하고 있다. 단, 그것들은 권연경 교수만의 분명한 색깔과 해석 안에 자연스레 녹아 있다. 1세기 로마 교인들에게 들렸던 이야기가 오늘 우리에게 여전히 공유되길 원한다면 이 책을 읽으라!

안용성, 『로마서와 하나님 나라』 (새물결플러스, 2019)

본서는 하나님 나라 관점에서 로마서의 본문들을 다각도로 조명하며 본문 간의 유기성과 밀접성을 심도 있게 논의한 작품이다. 구원, 믿음, 회개, 행위와 구원, 하나님의 의, 이신칭의, 하나님의 은혜와 인간의 책임, 옛 관점과 새 관점, 복음의 통전성과 같은 신학적 개념들에 대한 주제 설교를 준비하고 있다면 반드시 읽어야 할 책이다.

폴 악트마이어, 『로마서』 (김도현 역; 한국장로교출판사, 2003).

『현대성서주석(Interpretation)』 시리즈는 성경을 가르치는 교사, 목회자, 설교자들에게 유용한 자료이다. 절별로 상세한 주해를 제공하지는 않지만, 단락별로 본문의 의미를 설명하고 그것의 현대적 함의를 탐구한다. 악트마이어의 본문 주해와 적용은 적절하다.

하워드 마샬, 마크 A. 싸이프리드, 『사도행전·로마서』 (김현광, 배성진 역; 기독교문서선교회, 2012).

기독교문서선교회의 『신약의 구약 사용 주석 시리즈』의 세 번째 책으로, 본서는 원래 D. A. 카슨과 G. K. 빌이 공동편집한 *Commentary on the New Testament Use of the Old Testament*라는 원제의 방대한 저작을 성경의 책별로 나누어 번역 출판한 것이다. 로마서의 구약 사용 부분은 마크 A. 싸이프리드가 집필했다. 로마서뿐 아니라 신약에 나타난 구약 구절의 사용에 대한 다양한 해석학적, 신학적 논의를 연구하기 위해서는 반드시 이 책을 거쳐야 한다.

홍인규, 『로마서 어떻게 읽을 것인가』 (성서유니온, 2018).

백석대학교에서 신약학을 가르치고 있는 홍인규 교수가 집필한 책이다. 성서유니온선교회의 『어떻게 읽을 것인가』 시리즈 형식에 맞추어, 절별 해설이 아닌 본문을 단락별로 나누어 주해를 진행한다. 전문적인 주석의 논의에는 못 미치지만 주요 쟁점이 되는 석의적, 역사적, 문학적, 신학적 쟁점들을 충실히 설명하고 있다.

고린도전서

○석의적 주석

Garland, David E. *1 Corinthians*. BECNT. Grand Rapids: Baker, 2003.
카슨은 본서를 최고의 고린도전서 주석 3권 중 한 권으로 뽑았다. 저자는 헬라어 본문에 능통한 견실한 주석가이면서 신학적인 내용을 다루는 데도 능숙하다. 본서는 설교자들에게 큰 도움이 될 것이다.

Thiselton, Anthony. *The First Epistle to the Corinthians*. NIGTC. Grand Rapids: Eerdmans, 2000.
1400쪽 이상 분량의 주석으로 저자는 고린도전서에 대한 가장 포괄적인 작업을 수행했다. 바우어의 평에 따르면, 본서는 헬라어 구문, 사전, 사회역사적 배경, 수사학, 해석사를 모두 다루고 있다. 카슨은 이 책이 고린도전서에 대한 최고의 주석이라고 평했다.

○강해적 주석

Barrett, C. K. *The First Epistle to the Corinthians*. HNTC/BNTC. 2nd ed. New York: Harper & Row, 1968. 『고린도전서』 (한국신학연구소, 1985).
최근에 출판된 주석류에 비해 시대에 뒤떨어진 부분들이 있긴 하지만 본서는 여전히 설교자들에게 가치 있는 자료이다. 마틴은 본서가 "포괄성과 명쾌함에 있어 명성이 자자한 책"이라고 평했다. 바우어는 다음과 같이 말했다. 이 책은 "명쾌하고, 명료하며, 통찰력 있고, 권위가 있으며, 매력적이다." 바우어의 의견에 동의하지만, 저자가 언제나 보수적인 입장을 취하지는 않는다.

Blomberg, Craig L. *1 Corinthians.* NIVAC. Grand Rapids: Zonder-van, 1995. 『NIV 적용주석 고린도전서』 (솔로몬, 2012).
시리즈의 의도에 맞게 본서는 적용에 초점을 둔다.

Edwards, Thomas Charles. *A Commentary on the First Epistle to the Corinthians.* Minneapolis: Klock & Klock, 1979.
바버는 다음과 같이 평했다. "견실한 석의와 만족스런 강해가 합쳐진 것으로 볼 때 모든 목회자들의 서재에 꽂혀 있어야 할 책이다." 시대에 뒤떨어진 부분이 있긴 하지만 여전히 유용한 자료이다.

Fee, Gordon D. *The First Epistle to the Corinthians.* NICNT. Grand Rapids: Eerdmans, 1987. 『NICNT 고린도전서』 (부흥과개혁사, 2019).
본서는 고린도전서의 최고의 주석들 중 하나로 여전히 남아 있다. 오순절주의 관점을 지닌 신약학자가 쓴 책이다. 바우어의 평에 따르면, 본서는 "상세하고 내용이 충실하며, 교회에서 설교와 가르침 사역을 하고 있는 이들을 위해 쓰인 책"이다. 하지만 저자가 고린도전서 14:34-35의 내용을 난외주로 주장하는 것은 교회 내의 여성의 역할에 대한 것이 아니라는 것에 주의할 필요가 있다. 평등주의자인 저자는 11:2-16을 주해하는 데 40쪽 이상을 할애하여 '머리'는 '권위'가 아닌 '원천'을 뜻한다고 주장했다. 저자는 은사지속주의자이기도 하다.

Godet, F. *Commentary on St. Paul's first epistle to the Corinthians.* Grand Rapids: Kregel, 1977.
나는 이 프랑스 복음주의 주석가의 책을 읽을 때면 언제나 도움을 얻는다. 그의 머리뿐 아니라 가슴으로부터 배울 때가 많다.

Gromacki, Robert. *Called to Be Saints.* Grand Rapids: Baker, 1977.
헬라어에 능통한 학자가 쓴 짧지만 탁월한 책이다. 기본적으로 절별 주석은 아니고, 가끔 절별로 본문을 다룰 때가 있긴 하지만 주로 단락별로 본문의 주석 작업을 진행한다. 이 책과 고린도후서 책 모두 훌륭하다.

Olshausen, Hermann. *A Commentary on Paul's First and Second Epistles to the Corinthians.* **Minneapolis: Klock & Klock**, 1984 [1855].
바버의 평에 따르면 본서는 "성스러운 본문에 활력을 불어넣어 독자의 영적인 삶을 풍요롭게 한다." 유명한 교회사 학자인 필립 샤프는 이 책을 극찬했다. 카슨은 본서가 통찰력과 독특함을 넘나든다고 말한 적이 있는데, 내가 생각할 때 독특함보다는 통찰력을 발견할 때가 더 많은 것 같다.

Patterson, Paige. *The Troubled, Triumphant Church: An Exposition of 1 Corinthians.* **Eugene, OR: Wipf & Stock**, 2002.
사우스웨스턴침례신학교의 총장인 패터슨은 철저하게 복음적인 침례교의 관점에서 강해와 독창적인 적용 간에 균형을 이루는 법을 잘 알고 있다. 고린도전서를 설교하고 있다면 이 책을 반드시 참고하라.

Taylor, Mark. *1 Corinthians.* **NAC. Nashville: Broadman & Holman**, 2014.
사우스웨스턴침례신학교에서 가르치고 있는 신약학자가 쓴 매우 훌륭한 책이다. 테일러는 신중하고, 다뤄야 할 내용을 언제나 충분히 다룬다.

Thiselton, Anthony. *1 Corinthians: A Shorter Exegetical and Pastoral Commentary.* **Grand Rapids: Eerdmans**, 2006. 『고린도전서』 (SFC, 2016).
이 책은 위에서 언급한 저자의 좀 더 포괄적인 석의적 주석에 의지하면서도, 다양한 방면에서 독자들을 위한 실천적이고 목회적인 적용을 새롭게 제시하고 있다.

Vaughan, Curtis. *1 Corinthians*. **BSC. Grand Rapids: Zondervan, 1983.**

로마서에서 다룬 동일 저자에 대한 설명을 참고하라.

○특별연구

Carson, D. A. *Showing the Spirit: A Theological Exposition of 1 Corin-thians 12–14*. **Grand Rapids: Baker, 1987.**

저자는 은사지속주의자이긴 하지만 다소 조심스런 입장을 취한다.

Edwards, Jonathan. *Charity and its Fruits*. **London: Banner of Truth, 1969.** 『사랑: 고린도전서 13장』 (청교도신앙사, 2012).

저자는 그리스도인의 사랑이 삶에서 어떻게 실천될 수 있는지 탁월하게 보여준다.

Jones, John Daniel. *The Greatest of These: An Exposition of 1 Corinthians 13*. **London: Hodder & Stoughton, 1925/Klock & Klock, 1982 reprint.**

브룩맨의 평에 따르면, "본서는 지금까지 출판된 고린도전서 13장에 대한 강해 설교 중 가장 좋은 작품에 해당한다." 영국 목회자인 저자의 설교들을 모아놓은 것이다.

Litfin, Duane. *St. Paul's Theology of Proclamation*. **Cambridge: Cambridge University Press, 1994.**

고린도전서 1-4장에 대한 설명을 탁월하게 하고 있다. 절대 놓쳐서는 안 되는 책이다.

Scroggie, W. Graham. *The Love Life: A Study of 1 Corinthians 13*.

London: Pickering & Inglis, 1956.

내가 가장 좋아하는 작가 중 한 명이 쓴 책으로 간결하지만 도움이 되는 신앙서적이다.

Smedes, Lewis. *Love Within Limits: Realizing Selfless Love in a Selfish World* [original title, which was later changed to A Realist's View of 1 Corinthians]. **Grand Rapids: Eerdmans, 1978.**『사랑』(사랑플러스, 2008).

고린도전서 13장에 대한 통찰력 있는 논의는 설교자들에게 큰 도움이 될 것이다. 나는 수년 전에 이 책을 읽었는데 매우 좋았던 것으로 기억한다. 카슨은 본서를 가리켜 "보석 같은 작품"이라고 했다.

○설교

Redpath, Alan, *The Royal Route to Heaven.* **Grand Rapids: Revell, 1993.**

시카고의 무디메모리얼교회에서 사역했으며 마음이 따뜻한 목회자인 저자의 설교를 모은 것이다. 실천적인 적용을 찾고 있다면 이 책을 읽으라.

Stedman, Ray. *Expository Studies in 1 Corinthians: The Deep Things of God.* **Waco, TX: Word, 1981.**

강해설교의 좋은 표본이다. 교회를 위한 예화와 본문의 적용이 저자의 강점이다. 바버는 "강력 추천"한다고 말했다.

Vines, Jerry. *The Corinthian Confusion: A Study of 1 Corinthians.* **Published by Jerry Vines Ministries, n.d.**

남침례교단 강해설교 대가의 펜으로부터 나온 33개의 탁월한 강해설교를 모아 놓은 책이다. 훌륭한 예화를 많이 수록하고 있다.

○한국어 추가자료

데이비드 프라이어, 『고린도전서 강해』 (정옥배 역; IVP, 1999).

『BST 시리즈』에 속해 있는 이 책은 강해적 주석으로 분류될 수 있다. 시리즈의 의도에 맞게 성경 본문에 대한 설명과 함께 그것의 현대적인 의미를 잘 풀어내고 있다. 서문에서 밝히고 있듯이 본서는 저자가 케이프타운에서 장기간 사역하는 동안, 그리고 그 외 세계 각지에서 열린 다수의 세미나와 수련회에서 직접 체험했던 생생한 오늘날의 이야기를 들려준다. 이 시리즈의 모든 책을 추천할 수는 없지만, 본서는 고린도전서를 연구 혹은 설교할 때 참고할 만한 유용한 도서이다.

로이 E. 씨암파 외, 『바울서신』 (이상규 역; 기독교문서선교회, 2012).

기독교문서선교회의 『신약의 구약 사용 주석 시리즈』의 네 번째 책으로, 본서는 원래 D. A. 카슨과 G. K. 빌이 공동편집하고 다수의 신약학자들이 집필에 참여한 『Commentary on the New Testament Use of the Old Testament』라는 원제의 방대한 저작을 성경의 책별로 나누어 번역 출판한 것이다. 고린도전서의 구약 사용 부분은 로이 E. 씨암파와 브라이언 S. 로즈너가 집필했다. 고린도전서뿐 아니라 신약에 나타난 구약 구절의 사용에 대한 다양한 해석학적, 신학적 논의를 연구하기 위해서는 반드시 이 책을 거쳐야 한다.

리처드 헤이스, 『고린도전서』 (유승원 역; 한국장로교출판사, 2006).

『현대성서주석(Interpretation)』 시리즈는 성경을 가르치는 교사, 목회자, 설교자들에게 유용한 자료이다. 절별로 상세한 주해를 제공하지는 않지만, 단락별로 본문의 의미를 설명하고 그것의 현대적 함의를 탐구한다. 저자에 따라 글의 구성의 차이가 있긴 하지만, 학문적인 논의를 최소화하고 본문에 대한 충실한 설명과 함께 현대인을 위한 교훈과 적용을 찾는 데 많은 지면을 할애하는 것은 동일하다. 바울서신의 저명한 학자 헤이스의 주석과 적용은 적실하다.

조병수, 『고린도전서 어떻게 읽을 것인가』 (성서유니온, 2015).
합동신학대학원대학교에서 신약학을 가르치고 있는 조병수 교수가 집필한 책이다. 성서유니온선교회의 『어떻게 읽을 것인가』 시리즈 형식에 맞추어, 절별 해설이 아닌 본문을 단락별로 나누어 주해를 진행한다. 전문적인 주석의 논의에는 못 미치지만 주요 쟁점이 되는 석의적, 역사적, 문학적, 신학적 이슈들을 다루며 본문을 충실히 설명하고 있다. 고린도전서 강해 설교를 준비하는 목회자들에게 유용한 자료가 될 것이다.

케네스 E. 베일리, 『지중해의 눈으로 본 바울: 고린도전서의 문예-문화적 연구』 (김귀탁 역; 새물결플러스, 2017).
저자의 차별성은 지중해 지역과 문화에 대한 두터운 경험이다. 성경을 전공하는 학자들조차 바울이 살고 사역했던 지역과 문화에 대한 지식을 간접적으로—이를테면 배경서적을 읽는 것—얻는 경우가 대부분이지만, 베일리는 지중해 지역에 위치한 여러 나라들에 40년 이상 거주하면서 몸소 체득한 경험적 지식을 독자들에게 친절한 언어로 풀어놓는다. 저자는 특히 바울이 히브리 전통 아래 있는 랍비로서 사용한 문학적 표현들에 주목한다. 또한 그가 사용한 비유와 은유가 중동과 지중해 지역의 문화를 여실히 반영하고 있음을 생생한 언어로 들려준다. 고린도전서를 현장의 언어로 이해하고 싶다면 반드시 이 책을 읽으라!

고린도후서

○ 석의적 주석

Harris, Murray J. *The Second Epistle to the Corinthians.* NIGTC. Grand Rapids: Eerdmans, 2005.

신학적으로 보수적인 입장을 취한다. 탁월한 석의 작업과 목회적 관심이 모두 잘 나타나 있다. 나는 언제나 해리스의 책을 읽는다. 그는 최고의 주석가 중 한 명이다.

Thrall, Margaret. *The Second Epistle to the Corinthians.* 2 vols. ICC. Edinburgh: T. & T. Clark, 1994.

고린도후서 본문에 대한 가장 상세한 석의적 주석 중에 하나이다. 전문적인 내용으로 가득하고 신학적 분석은 많지 않은 편이다. 저자는 고린도후서의 통일성을 믿지 않으며 이 편지는 세 개의 부분으로 나누어져 있다고 주장한다.

○ 강해적 주석

Barrett, C. K. *The Second Epistle to the Corinthians.* BNTC. Peabody, MA: Hendrickson, 1993. 『고린도후서』 (한국신학연구소, 1986).

고린도전서에서 다룬 동일 저자에 대한 설명을 참고하라. 저자의 고린도후서 주석은 내용이 충실하면서도 설교자들이 사용하기 좋은 주석으로 남아 있다.

Barnett, Paul. *The Second Epistle to the Corinthians.* NICNT. Grand Rapids: Eerdmans, 1997.

본서는 고린도후서에 대한 최고의 주석 중 하나이다. 헬라어 지식이 없는 사람들도 읽을 수 있는 책이다. 저자는 전체적인 논증의 흐름 안에서 해당본문의 역할을 논의하는 데 있어 탁월하다. 고린도후서에 대해 설교한다면 나는 이 책을 정기적으로 참고할 것이다.

Belleville, Linda. *2 Corinthians*. IVPNTC. Downers Grove: Inter-Varsity, 1996.
카슨은 이 책을, 진지한 강해설교자들이라면 꼭 소장해야 할 것이라고 생각한다.

Denney, James. *2 Corinthians*. EB. New York: A. C. Armstrong & Son, 1903.
마틴의 평에 따르면, 본서는 "오랜 시간이 흘렀지만 놀라울 정도로 신선하고 다양한 이슈들에 적절한 논의를 제공한다."

Furnish, Victor Paul. *II Corinthians: Translated with Introduction, Notes, and Commentary*. AB. Garden City, NY: Doubleday, 1984.
저자는 서든감리교대학교 퍼킨스 신학부의 신약학 교수이다. 대체로 자유주의 노선을 취하지만 매우 상세한 논의를 전개하는 책이다. 분별력 있는 독자는 무엇을 취하고 무엇을 버려야 할지 알 것이다.

Garland, David. *2 Corinthians*. NAC. Nashville: Broadman & Holman, 1999.
이 주석 시리즈에서 특히 눈여겨볼 만한 책이다. 목회자들은 고린도후서 본문에 대한 충실한 설명과 함께 강해에 도움이 되는 자료를 발견할 것이다.

Gromacki, Robert. *Stand Firm in the Faith: An Exposition of II Corinthians*. Grand Rapids: Baker, 1978.

고린도전서에서 다룬 동일 저자에 대한 설명을 참고하라. 특히 고린도후서 5:14-21에 대한 저자의 탁월한 설명에 주목하라. 그는 이 본문에서 바울의 논증과 신학을 이해하는 데 있어 다른 저자들에 비해 두각을 나타낸다.

Hafemann, Scott J. *2 Corinthians.* NIVAC. Grand Rapids: Zonder-van, 2000. 『NIV 적용주석 고린도후서』 (솔로몬, 2013).
이 주석 시리즈에서 특히 눈여겨볼 만한 책이다. 균형 잡힌 본문설명과 적용을 발견할 수 있다.

Harris, Murray J. *2 Corinthians.* REBC 11. Grand Rapids: Zonder-van, 2008.
더글라스 무는 이 책을, 짧지만 간략한 문체의 걸작이라고 평했다. 저자는 고린도후서 5:1-10에 대해 박사학위논문을 썼으며 트리니티복음주의신학교에서 수년간 가르쳤다. 해리스가 쓴 책이라면 나는 항상 읽어 보려고 한다.

Kent, Homer Austin. *A Heart Opened Wide: Studies in II Corin-thians.* NTS. Grand Rapids: Baker, 1982.
켄트는 설교라는 방앗간에 풍성한 곡물을 제공해 준다. 대중적인 문체이고, 적용 부분이 특히 강점이다.

Kruse, Colin. *The Second Epistle of Paul to the Corinthians.* TNTC. Grand Rapids: Eerdmans, 1987. 『고린도후서』 (CLC, 2013).
고린도후서를 간결하면서도 탁월하게 다루고 있다. 강해설교자들에게 큰 도움이 될 것이다.

Martin, Ralph. *2 Corinthians.* WBC. Waco, TX: Word, 1986. 『고린도후서』 (솔로몬, 2007).

고린도후서에 대한 견실하면서도 상세한 설명을 제공한다. 본서는 저자의 여러 해 동안의 연구 결과물이다. 저자는 1960년대 후반 맨체스터대학교에서 F. F. 브루스의 동료였으며, 이후 풀러신학교에서 신약학 교수로 섬기다가 1988년 은퇴했다. 저자는 『WBC』 시리즈의 편집자이며, 이 시리즈의 야고보서를 집필하기도 했다.

Carson, D. A. *From Triumphalism to Maturity: An Exposition of 2 Corinthians 10–13*. **Grand Rapids: Baker, 1984/Reissued by Baker in 2007 under the title** *A Model of Christian Maturity.*

바울이 솔직하게 자신의 마음을 드러내는 고린도후서 10-13장의 상황을 잘 설명해 주고 있다.

Savage, Timothy. *Power Through Weakness: Paul's Understanding of Christian Ministry in 2 Corinthians.* **SNTSMS 86. New York: Cambridge University Press, 1996.**

제목인 "약함을 통한 강함: 고린도후서에 나타난 바울의 기독교 사역에 대한 이해"가 모든 것을 말해준다.

○설교

Duduit, Michael. *Joy in Ministry: Messages from 2 Corinthians.* **Grand Rapids: Baker, 1989.**

저자는 『프리칭매거진』(*Preaching Magazine*)의 편집자이자 매년 열리는 프리칭내셔널컨퍼런스(Preaching National Conference)의 주최자이기도 하다. 설교자들에게 유용한 20편의 강해설교가 실려 있다.

Redpath, Alan. *Blessings out of Buffetings: Studies in II Corinthians.* **Westwood, NJ: Revell, 1965.**

저자는 시카고의 무디메모리얼교회(Moody Memorial Church)의 목회자였다. 책에 있는 설교들은 실천적인 부분이 강조되어 있다.

Robertson, F. W. *Expository Lectures on St. Paul's Epistles to the Corinthians*. London: Smith, Elder, and Co., 1859.

이 책에 있는 강해설교들은 저자가 1847년부터 1853년까지 브라이튼 지역의 트리니티채플(Trinity Chapel)에서 사역하는 동안 주일 오후예배에 설교한 것들이다. 저자는 작고한 후 설교가 출판되면서 더욱 유명해졌다. 고린도전서에 대한 메시지 34개, 고린도후서에 대한 메시지 26개로 구성되어 있다. 시간을 내어 읽을 가치가 있는 책이다!

Stedman, Ray. *Expository Studies in 2 Corinthians: Power Out of Weakness*. Waco, TX: Word, 1982.

고린도전서에서 다룬 동일 저자에 대한 설명을 참고하라.

○한국어 추가자료

로이 E. 씨암파 외, 『바울서신』(이상규 역; 기독교문서선교회, 2012).

기독교문서선교회의 『신약의 구약 사용 주석 시리즈』의 네 번째 책으로, 본서는 원래 D. A. 카슨과 G. K. 빌이 공동편집한 『*Commentary on the New Testament Use of the Old Testament*』라는 원제의 방대한 저작을 성경의 책별로 나누어 번역 출판한 것이다. 고린도후서의 구약 사용 부분은 피터 밸라가 집필했다. 고린도후서뿐 아니라 신약에 나타난 구약 구절의 사용에 대한 다양한 해석학적, 신학적 논의를 연구하기 위해서는 반드시 이 책을 거쳐야 한다.

어네스트 베스트, 『고린도후서』(노승환 역; 한국장로교출판사, 2005).

『현대성서주석(Interpretation)』 시리즈는 성경을 가르치는 교사, 목회자, 설교자들에게 유용한 자료이다. 절별로 상세한 주해를 제공하지는 않지만, 단락별로 본문의 의미를 설명하고 그것의 현대적 함의를 탐구한다. 어네스트 베스트의 주석과 적용은 적실하다.

조병수, 『고린도후서 어떻게 읽을 것인가』 (성서유니온, 2013).
합동신학대학원대학교에서 신약학을 가르치고 있는 조병수 교수가 집필한 책이다. 성서유니온선교회의 『어떻게 읽을 것인가』 시리즈 형식에 맞추어, 절별 해설이 아닌 본문을 단락별로 나누어 주해를 진행한다. 전문적인 주석의 논의에는 못 미치지만 주요 쟁점이 되는 석의적, 역사적, 문학적, 신학적 이슈들을 다루며 본문을 충실히 설명하고 있다.

조석민, 『이해와 설교를 위한 고린도후서』 (이레서원, 2019).
에스라성경대학원대학교에서 신약학을 가르치고 있는 조석민 교수가 집필한 주석이다. 본문 석의는 헬라어 원문, 역사적 배경, 문학적 구조에 대한 유용한 논의로 가득하고, '설교자를 위한 적용'은 학문적인 석의 내용이 뜬 구름 잡는 이야기가 아니라 오늘날 성도들에게도 여전히 유효한 말씀임을 입증하고 있다.

폴 바네트, 『고린도후서 강해』 (정옥배 역; IVP, 1999).
『BST 시리즈』에 속해 있는 이 책은 강해적 주석으로 분류될 수 있다. 시리즈의 의도에 맞게 성경 본문에 대한 설명과 함께 그것의 현대적인 의미를 잘 풀어내고 있다. 이 시리즈의 모든 책을 추천할 수는 없지만, 본서는 고린도후서를 연구 혹은 설교할 때 참고할 만한 유용한 도서이다. 전문적인 주석이 다루는 세세한 석의적, 신학적, 역사적 논의를 모두 연구할 시간이 없고 본문의 핵심을 빠른 시간 안에 알기 원한다면 이 시리즈를 참고하라.

갈라디아서

○ 석의적 주석

Bruce, F. F. *The Epistle to the Galatians*. NIGTC. Grand Rapids: Eerd-mans, 1982.

저자는 복잡하지도 않고 너무 단순하지도 않다. 그는 설교자를 위한 꾸준한 안타레스(Antares)와 같다.

Eadie, John. *A Commentary on the Greek Text of the Epistle of Paul to the Galatians*. Edinburgh: T. & T. Clark, 1869.

아래 에베소서에서 다루게 될 동일 저자에 대한 설명을 참고하라.

Lightfoot, Joseph Barber. *The Epistle of St. Paul to the Galatians*. Grand Rapids: Zondervan, 1966.

이 책은 고전으로 여겨진다. 헨드릭슨 출판사는 그의 갈라디아서, 빌립보서, 골로새서, 빌레몬서 주석을 한 권으로 엮어 출판했다. 바버의 평에 따르면, 의심할 여지없이 갈라디아서의 헬라어 본문에 대한 주석 중 최고이다.

Moo, Douglas J. *Galatians*. BECNT. Grand Rapids: Baker, 2013.
『BECNT 갈라디아서』(부흥과개혁사, 2018).

휘튼대학교의 신약학 교수이자 다작가인 더글라스 무의 펜에서 나온 책으로, 갈라디아서에 대한 석의적 주석 중 일급으로 분류될 만하다. 면밀한 석의 작업과 진지한 신학적 성찰을 이 한 권에서 모두 찾아볼 수 있다. 저자는 바울에 대한 새 관점을 포함해 대안적인 견해에 대해 설명할 때 공정하고 균형 잡힌 시선을 잃지 않는다. 가독성도 좋다. 이 책 없이 당신은 결코 충분하지 않을 것이다!

Schreiner, Thomas. *Galatians.* **ZECNT. Grand Rapids: Zondervan, 2010.** 『강해로 푸는 갈라디아서』 (디모데, 2017).

저자는 석의적 주석을 썼지만 상세한 내용을 전달함에 있어서 목회자들을 결코 지치게 만들지 않는다. 갈라디아서 전체를 설교할 예정이라면 반드시 참고해야 할 책이다.

Silva, Moises. *Interpreting Galatians: Explorations in Exegetical Method.* **2nd ed. Grand Rapids: Baker, 2001.**

광범위하고 준전문적인 책으로, 해석사, 본문의 중요한 석의적 이슈, 배경과 연대, 바울의 신학에 이르기까지 다양한 부분을 다루고 있다.

○강해적 주석

Fung, Ronald Y. K. *The Epistle to the Galatians.* **NICNT. Grand Rapids: Eerdmans, 1988.**

『NICNT』 시리즈에서 리델보스의 책을 대체하기 위해 집필되었다. 이 시리즈의 전통에 맞게 설교자들에게 매우 유익한 자료이다. 카슨은 이 책을 가리켜 "장인의 손길이 느껴진다"고 평했다.

George, Timothy. *Galatians.* **NAC. Nashville: Broadman & Holman, 1994.**

많은 이들은 이 책이 『NAC』 시리즈의 신약 파트에서 가장 좋은 책이라고 생각한다. 나 역시 동의하는 바이다. 이 책의 주요 강점은 개혁주의 관점에서 갈라디아서의 해석을 잘 개관하고 있다는 것이다. 본문설명은 간략하고 분명하며 핵심을 정확히 짚는다. 갈라디아서를 설교할 때 목회자들은 이 책을 지나칠 수 없을 것이다.

Gromacki, Robert. *Stand Fast in Liberty: An Exposition of Galatians.* **Grand Rapids: Baker, 1979.**

분량은 작지만 내용은 매우 충실하다. 그는 오하이오 주 시더빌대학교(Cedarville Uiversity)의 성경과 헬라어 교수였다. 이 얇은 책과 그의 모든 주석들은 설교자들이 시간을 내어 읽고 더 많이 사용할 필요가 있다.

Longenecker, Richard. *Galatians.* **WBC. Dallas: Word, 1990.** 『갈라디아서』 (솔로몬, 2003).

저자는 언제나 갈라디아서를 좋아했고, 본서는 진지한 연구의 결과물이다. 대부분의 설교자들은 큰 흥미를 느끼지 않을 수도 있겠지만, 이 책의 한 가지 강점은 수신 장소와 관련된 해석사를 심도 있게 다루고 있는 서론 부분이다. 저자는 주요한 신학적 쟁점들을 종합하는 일에 세심한 공을 들인다. 상세하고(서론 부분만 70쪽이 넘는다) 유용한 자료로 가득하다.

Luther, Martin. *Commentary on Galatians.* **Grand Rapids: Kregel, 1979 reprint of the 1850 edition.**

이 책은 요약본이다. 전문을 보려면 콩코르디아판의 『*Luther's Works*』 26권과 27권을 참고하라. 시간이 있다면 루터를 슬쩍 보고 영감을 얻으라!

McKnight, Scot. *Galatians.* **NIVAC. Grand Rapids: Zondervan, 1995.** 『NIV 적용주석 갈라디아서』 (솔로몬, 2013).

재능 있는 알미니안주의 신약학자가 쓴 본서는 갈라디아서를 설교하는 목회자들에게 매우 유용할 것이다. 시리즈의 의도에 맞게 이 책은 적용에 초점을 맞춘다.

Vaughan, Curtis. *Galatians.* **SGC. Grand Rapids: Zondervan, 1972.**

로마서에서 다룬 동일 저자에 대한 설명을 참고하라.

Witherington, Ben, III. *Grace in Galatia: A Commentary on Paul's Letter to the Galatians.* **Grand Rapids: Eerdmans,** 1998.

본서의 강점은 책의 전체적인 구조를 수사학적 관점으로 분석한 것과, 그에 따른 사회적 배경을 상세하게 소개하고 있는 것이다. 설교자를 위해 도움이 될 만한 부분은 매 장 끝에 위치한 현대를 위한 적용이다.

○특별연구

Barclay, William. *Flesh and Spirit: An Examination of Galatians 5:19–23.* **Nashville: Abingdon,** 1962.

육신의 일과 성령의 열매를 대조하는 갈라디아서 본문에 등장하는 단어들에 대한 훌륭한 연구를 제공한다. 이 책이 없다면 본문을 제대로 설교할 수 없을 것이다.

○설교

Stott, John. *The Message of the Galatians: Only One Way.* **BST: Downers Grove: InterVarsity,** 1968. 『갈라디아서 강해』 (IVP, 2014).

복음주의 영국성공회 출신 강해설교의 대가가 전하는 풍성한 메시지를 접할 수 있다.

○한국어 추가자료

권연경, 『갈라디아서 어떻게 읽을 것인가』 (성서유니온, 2013).

갈라디아서에서 바울의 논증은 짧고 투박하며 설명이 최소화되어 있기 때문에 현대 독자의 입장에서는 그 논리와 흐름을 따라가는 것이 결코 쉽지 않다. 저자는 전작들과 마찬가지로 본서에서 명쾌한 본문설명과 아름다운 수사로 독자들을 즐겁게 한다. 갈라디아서 강해설교를 계획하고 있다면 꼭 참고하라.

로이 E. 씨암파 외, 『바울서신』 (이상규 역; 기독교문서선교회, 2012).

기독교문서선교회의 『신약의 구약 사용 주석 시리즈』의 네 번째 책으로, 본서는 원래 D. A. 카슨과 G. K. 빌이 공동편집한 『Commentary on the New Testament Use of the Old Testament』라는 원제의 방대한 저작을 성경의 책별로 나누어 번역 출판한 것이다. 갈라디아서의 구약 사용 부분은 모세 실바가 집필했다. 갈라디아서뿐 아니라 신약에 나타난 구약 구절의 사용에 대한 다양한 해석학적, 신학적 논의를 연구하기 위해서는 반드시 이 책을 거쳐야 한다.

J. 루이스 마틴, 『갈라디아서』 (김병모 역; 기독교문서선교회, 2018).
『앵커바이블』 주석 시리즈에 속해 있는 이 책은 갈라디아서 연구의 고전 중 하나이다. 저자는 묵시론적 관점에서 갈라디아서 전체를 조망하는데, 일부 독자들에게는 이러한 해석학적 틀이 생소할 수도 있을 것이다. 하지만 갈라디아서 연구의 거장에게서 새로운 관점을 배우고 싶다면, 이 책을 정독하라!

찰스 B. 카우사, 『갈라디아서』 (천방욱 역; 한국장로교출판사, 2004).
『현대성서주석(Interpretation)』 시리즈는 성경을 가르치는 교사, 목회자, 설교자들에게 유용한 자료이다. 절별로 상세한 주해를 제공하지는 않지만, 단락별로 본문의 의미를 설명하고 그것의 현대적 함의를 탐구한다. 카우사의 주석과 적용은 적실하다.

최갑종, 『갈라디아서』 (이레서원, 2016).
백석대학교 기독교학부에서 신약학을 가르치고 있는 최갑종 교수가 집필한 책으로, 지난 30년간 신학교에서 강의하고 연구했던 결과물을 집대성한 작품이다. 본서는 한국적 상황을 고려하고 학문적으로도 기존의 연구와 차별성을 지니는 부분들이 여럿 발견되는 독창적인 주석이다. 696쪽 분량이 말해주듯이, 한국 성경학자가 쓴 석의적 주석 중에 가장 포괄적인 책이다.

에베소서

○ 석의적 주석

Arnold, Clinton E. *Ephesians.* ZECNT. Grand Rapid: Zondervan, 2010. 『강해로 푸는 에베소서』 (디모데, 2017).

석의적 논의에 있어서는 탁월하고 목회적인 제안들도 귀담아 들을 만하다.

Best, Earnest. *Ephesians.* ICC. Edinburgh: T. & T. Clark, 1998.

에베소서에 대한 석의적 주석 중 일급에 속한다고 할 수 있다. 서론 부분만 거의 100쪽 정도 되며 책 전체는 550쪽 이상의 분량이다. 저자는 글래스고대학교의 신학과 성경비평 명예교수이다.

Eadie, John. *A Commentary on the Greek Text of the Epistle of Paul to the Ephesians.* 2nd ed. Grand Rapids: Baker, 1979 reprint.

스미스의 의견에 따르면, 이 책은 본문의 해석에만 오롯이 초점을 둔 주석들 중에 가장 만족할 만한 것이다. 핫지, 엘리코트 그리고 많은 학자들이 이 책을 극찬했다. 스코틀랜드 출신인 저자는 41년 동안 목사였으며 30대 초반에 글래스고대학(University of Glasgow)의 신학부 성서학 분과의 학장이 되었다. 저자는 갈라디아서, 빌립보서, 골로새서, 데살로니가전후서에 대해 주석을 썼는데 설교자는 그 모든 책들을 소장할 필요가 있다. 그의 석의는 시대에 뒤떨어진 감이 있지만, 목회적인 열정과 영성 만큼은 결코 그렇지 않다!

Hoehner, Harold. *Ephesians: An Exegetical Commentary.* Grand Rapids: Baker, 2002.

900쪽 이상의 분량으로 미루어 볼 때 본서는 분명 에베소서에 대한 가장 포괄적인 주석이라 할 수 있다. 해그너는 이 책을 "역작"이라고 평했다. 저자는 달라스신학교에서 30년 이상 신약을 가르쳤다. 더글라스 무는 다음과 같이 평했다. "에베소서에 대한 영어 주석들 중 최고에 속한다. 연구의 범위, 비평적 이슈들에 대한 세부적인 내용, 충실한 석의적 작업 면에서 모두 인상적이다."

Lincoln, Andrew. *Ephesians.* **WBC. Dallas: Word, 1990.** 『에베소서』 (솔로몬, 2006).

상세하고 건전한 석의를 제공하고 있지만 편집비평에 지나치게 의존하고 있다. 바울의 저작설을 부인한다. 저자는 에베소서의 신학을 주로 다루고 있으며 『WBC』 시리즈의 다른 책들과 마찬가지로 적용 부분에 있어서는 약한 편이다. 하지만 여전히 유용한 자료이다.

Robinson, J. Armitage. *St. Paul's Epistle to the Ephesians.* **2nd ed. London: James Clarke, 1904.**

300쪽 정도의 석의 중심 연구 결과물로 오늘날도 여전히 유효하다. 헬라어를 사용하지 않고 강해를 하는 부분이 120쪽, 매우 철저한 석의적 분석을 하는 부분이 160쪽, 그리고 중요한 헬라어 용어들의 의미에 대해 보충설명을 하는 10개의 글로 구성되어 있다. 헬라어를 재진술하는 부분은 도움이 되니 잘 살펴보라. 이 책 역시 에베소서에 대한 고전으로 간주된다.

Thielman, Frank. *Ephesians.* **BECNT. Grand Rapids: Baker, 2010.**

가독성이 좋은 이 주석은 헬라어 지식이 깊지 않은 목회자들에게 특히 유용할 것이다. 세심한 석의와 신학적 논의 그리고 적절한 적용이 모두 담겨있다. 브라이언 로즈너는 "학문적이면서도 이해하기 쉬운 해석의 모델"이라고 평했다.

Westcott, B. F. *St. Paul's Epistle to the Ephesians.* **Grand Rapids:**

Eerdmans, 1958 [1906].

유명한 헬라어 학자이자 영국 더럼의 주교였던 저자의 깊이 있는 석의 작업을 볼 수 있다. 헬라어 본문에 관한 것이라면 당신은 언제나 도움을 얻을 것이다.

○ 강해적 주석

Bruce, F. F. *The Epistles to the Colossians, to Philemon and to the Ephesians.* **NICNT. Grand Rapids: Eerdmans, 1984.**

저자는 언제나 믿을 만하고 설교자들에게 도움이 된다.

Kent, Homer. *Ephesians: The Glory of the Church.* **Chicago: Moody, 1971.** 『에베소서』 (나침반사, 1986).

건전한 본문설명을 하고 있기 때문에 특히 설교자들에게 큰 도움이 될 것이다. 저자의 책은 강해적이면서도 실천적이다.

Klein, William W. *Ephesians.* **REBC 12. Grand Rapids: Zondervan, 2006.**

『EBC』 시리즈는 너무 전문적이지 않으면서도 견실한 성경강해를 보여주는 것으로 명성이 자자하다. 저자의 주석은 에베소서 전체를 설교하는 목회자들에게 탁월한 자료이다.

Kuruvilla, *Ephesians: A Theological Commentary for Preachers.* **Eugene, OR: Cascade Books, 2015.**

창세기에서 다룬 동일 저자에 대한 설명을 참고하라.

Liefeld, Walter. *Ephesians.* **IVPNTC. Downers Grove: InterVarsity, 1997.**

카슨은 "짧은 책 속에 에베소서에 대한 평생에 걸친 신중한 연구를 모두 담아 놓았다"라고 말했다. 저자는 『*New Testament Exposition: From Text to*

Sermon』라는 책도 집필한 적이 있는데, 이것 역시 모든 설교자들의 서재에 놓여 있어야 할 책이다.

O'Brien, Peter T. *The Letter to the Ephesians.* **PNTC. Grand Rapids: Eerdmans,** 1999.

에베소서를 설교할 때 반드시 사용해야 할 탁월한 자료이다. 카슨은 본서가 영어로 된 것 중에 설교자를 위한 최고의 주석이라고 생각한다.

Snodgrass, Klyne. *Ephesians.* **NIVAC. Grand Rapids: Zondervan,** 1996.『**NIV 적용주석 에베소서**』(솔로몬, 2014).

저자는 이 주석 시리즈의 의도에 맞게 우리를 성경본문으로부터 현재의 삶으로 인도해준다.

Stott, John. *The Message of Ephesians: God's New Society.* **Downers Grove: InterVarsity,** 1979.『에베소서 강해』(IVP, 2007).

저자는 언제나 목회자들에게 도움을 준다. 그는 짧은 책 안에 대부분의 사람들이 할 수 있는 것보다 훨씬 더 많은 신중한 설명을 풀어 놓았다.

Vaughan, Curtis. *Ephesians.* **SGC. Grand Rapids: Zondervan,** 1977.

로마서에서 다룬 동일 저자에 대한 설명을 참고하라.

○목회적 주석

Moule, H. C. G. *Ephesians Studies: Lessons in Faith and Walk.* **2nd ed. Grand Rapids: Zondervan,** 1900.

Kregel 출판사는 본서를『Ephesians』라는 제목으로 1977년 다시 출판했다. 바버는 이 책을 가리켜 "신앙서적계의 걸작"이라고 평했는데 나는 그가 옳다고 생각한다.

○ 설교

Criswell, W. A. *Ephesians: An Exposition.* **Grand Rapids: Zonder-van, 1974.**
강해 중심적이고 좋은 예화로 가득한 유익한 설교들의 모음집이다.

Dale, R. W. *The Epistle to the Ephesians: Its Doctrine and Ethics.* **3rd ed. London: Hodder & Stoughton, 1887.**
런던의 카스레인교회(Carr's Lane Church)의 저명한 목회자가 했던 24편의 강해설교를 모아놓은 책이다. 저자는 매우 훌륭한 전달자이다.

Ironside, Henry. *In the Heavenlies: Practical Expository Addresses on the Epistle to the Ephesians.* **New York: Loizeaux, 1937.**
설교의 관점에서 보았을 때 저자의 모든 주석은 소장할 만한 가치가 있다. 하지만 이 책은 그 중에서도 최고다.

Lloyd-Jones, David Martyn. *Expositions on Ephesians. Eight volumes under various individual titles.* **Grand Rapids: Baker, 1972–82.**
런던 웨스트민스터채플의 저명한 목회자가 했던 고전적인 설교들의 모음집이다. 절대 놓쳐서는 안 되는 책이다!

Parker, Joseph. *The Epistle to the Ephesians.* **Grand Rapids: Baker, 1956.**
스펄전과 동시대 인물이자 저명한 회중교회 목사의 강해 중심적이자 실천적인 설교들을 모아놓은 책이다. 설교들을 읽다보면 강단 위에서의 저자의 아름다운 수사를 느낄 수 있다. 그의 설교들은 27권짜리 『The People's Bible』에서 찾아볼 수 있으며, 이 자료는 때때로 참고할 만하다.

Pattison, R. E. and H. C. G. Moule. *Exposition of Ephesians: Lessons in Grace and Godliness.* Minneapolis: Klock & Klock, 1983.
한 책 안에서 패티슨의 주석과 물의 강해 메시지를 모두 발견할 수 있다.

○한국어 추가자료

길성남, 『에베소서 어떻게 읽을 것인가』 (성서유니온, 2016).

트리니티복음주의신학교에서 에베소서 연구로 박사학위를 받고 현재는 고려신학대학교에서 신약학을 가르치고 있는 길성남 교수가 집필한 책이다. 책은 크게 두 부분으로 나누어지는데, 1부는 에베소서의 배경적인 내용을 다루고 있으며, 2부는 에베소서 본문 자체를 다룬다. 본문 번역에서는 저자의 사역(私譯)을 제공하고 있다. 깔끔한 구성과 충실한 내용이 돋보이는 주석이다.

랄프 P. 마틴, 『에베소서, 골로새서, 빌레몬서』 (김춘기 역; 한국장로교출판사, 2002).

『현대성서주석(Interpretation)』 시리즈는 성경을 가르치는 교사, 목회자, 설교자들에게 유용한 자료이다. 절별로 상세한 주해를 제공하지는 않지만, 단락별로 본문의 의미를 설명하고 그것의 현대적 함의를 탐구한다. 마틴의 주석과 적용은 적실하다.

로이 E. 씨암파 외, 『바울서신』 (이상규 역; 기독교문서선교회, 2012).

기독교문서선교회의 『신약의 구약 사용 주석 시리즈』의 네 번째 책으로, 본서는 원래 D. A. 카슨과 G. K. 빌이 공동편집하고 다수의 신약학자들이 집필에 참여한 『Commentary on the New Testament Use of the Old Testament』라는 원제의 방대한 저작을 성경의 책별로 나누어 번역 출판한 것이다. 에베소서의 구약 사용 부분은 프랭크 S. 틸만이 집필했다. 에베소서뿐 아니라 신약에 나타난 구약 구절의 사용에 대한 다양한 해석학적, 신학적 논의를 연구하기 위해서는 반드시 이 책을 거쳐야 한다.

빌립보서

○석의적 주석

Eadie, John. *Commentary on the Greek Text of the Epistle of Paul to the Philippians.* **Grand Rapids: Zondervan**, 1992.

본문에 등장하는 중요한 헬라어 단어를 다루는 문제에 있어서는 저자를 따라올 사람이 없다. 빌립보서 2:5-11에 대한 포괄적인 논의도 주목할 만하다.

Lightfoot, J. B. *St. Paul's Epistle to the Philippians.* **Grand Rapids: Zondervan**, 1953.

바버는 본서가 "우리가 생각할 수 있는 모든 문법적, 해석학적 문제들에 대한 논의를 제공하면서 철저하게 본문을 설명하고 있다"고 말했다.

O'Brien, Peter T. *The Epistle to the Philippians.* **NIGTC. Grand Rapids: Eerdmans**, 1991.

개인적으로 나는 석의적 주석 중에 본서가 최고라고 생각한다. 저자는 각 본문에 대한 충실한 주제적, 신학적 분석을 제공한다.

○강해적 주석

Bruce, F. F. *Philippians.* **NICNT. Peabody, MA: Hendrickson**, 1989.

에베소서에서 다룬 동일 저자에 대한 설명을 참고하라.

Collange, Jean-Francois. *Philippians.* **Eugene, OR: Wipf & Stock**, 2009.

프랑스어로 된 1973년 주석을 영어로 번역한 버전이다. 본문에 대한 탁월한 분석으로 설교자들에게 큰 도움을 준다. 마틴의 평에 따르면 "설교자들의 연구를 위한 정보와 영감의 보고"이다.

Fee, Gordon D. *Paul's Letter to the Philippians*. NICNT. Grand Rapids: Eerdmans, 1995.
본서는 석의가 훌륭하고 가독성도 좋다. 본문에 대한 유익한 설명을 제공하고 있으며, 상세하고 전문적인 내용은 각주에서 발견할 수 있다. 목회자들에게 큰 도움이 될 것이다.

Garland, David E. *Philippians*. REBC 12. Grand Rapids: Zondervan, 2006.
카슨은 "통찰력으로 가득하다"고 평했다. 저자는 강해설교에 필요한 음식을 꾸준히 제공한다.

Greenlee, J. Harold. *An Exegetical Summary of Philippians*. 2nd ed. Dallas: SIL International, 2008.
이 시리즈에 관해서는 로마서에서 다룬 저자 애버내시(Abernathy, C. David) 아래에 있는 설명을 참고하라.

Gromacki, Robert. *Stand United in Joy: An Exposition of Philippians*. Grand Rapids: Baker, 1980.
갈라디아서에서 다룬 동일 저자에 대한 설명을 참고하라.

Hansen, G. Walter. *The Letter to the Philippians*. PNTC. Grand Rapids: Eerdmans, 2009.
확실하게 보수적인 입장을 견지한다. 유익한 서론과 참고문헌을 제시한 뒤 만족할 만한 본문설명을 제공한다. 장인의 손길이 느껴지는 350쪽 분량의 책이다. 설교자들은 이 책을 사용하고 싶을 것이다.

Hawthorne, Gerald and Ralph Martin. *Philippians*. WBC. 2nd ed. Nashville: Thomas Nelson, 2004. 『빌립보서』 (솔로몬, 1999).
호손의 1983년 주석을 랄프 마틴이 2004년에 개정한 것으로, 이 책이 『WBC』 시리즈에 첨가된 것은 환영할 만한 일이다. 기존 주석을 100쪽 이상 확대 개정했다. 매 단락마다 풍성한 각주와 참고문헌을 발견할 수 있다.

Johnstone, Robert. *Lectures Exegetical and Practical on The Epistle of Paul to the Philippians*. Grand Rapids: Baker, 1955 reprint [1875].
바버는 본서를 "면밀하고, 실천적이며, 설교에도 유용한 강해"라고 평했다.

Martin, Ralph. *Philippians*. TNTC. 2nd ed. Revised. Grand Rapids: Eerdmans, 2004.
『TNTC』 시리즈의 목적에 맞게 간결하면서도 내용이 풍성하다.

Melick, Richard. *Philippians, Colossians, and Philemon*. NAC. Nash-ville: Broadman & Holman, 1991.
이 주석 시리즈 중에서 초기에 출판된 작품 중 하나이다. 본문에 대한 충실한 해설은 목회자들에게 도움이 될 것이다.

Silva, Moises. *Philippians*. BECNT. 2nd ed. Grand Rapids: Baker, 2005.
실바는 언어학 배경(드롭시대학(Dropsie College)에서 셈어 전공으로 대학원 과정을 마쳤다)을 가진 신약 해석자이자 다작가이다. 본서는 본문에 등장하는 헬라어 음역을 제공한다. 각 단락의 후반부에는 "추가설명"이 나오는데, 여기서는 본문을 이해하는 데 도움이 되는 헬라어 본문에 대한 석의적 설명을 제공한다.

Thielman, Frank. *Philippians*. NIVAC. Grand Rapids: Zondervan, 1995. 『NIV 적용주석 빌립보서』 (솔로몬, 2014).
저명한 신약학자의 균형 잡힌 강해와 적용을 맛볼 수 있다.

○ 목회적 주석

Jowett, John. *The High Calling: Meditations on St. Paul's Letter to the Philippians*. London: Andrew Melrose, 1909.
저자는 런던의 유명한 웨스트민스터채플의 G. 캠벨 몰간 이전에 사역했던 선임 목사였다. 독자들은 본서에서 신중하면서도 마음을 따뜻하게 만드는 빌립보서 연구와 탁월한 설교자료를 발견할 수 있을 것이다.

Moule, H. C. G. *Philippians*. Grand Rapids: Kregel, 1977 reprint.
본서는 적용에 초점을 맞추고 있으며, 아름다운 문장으로 전달된 목회적인 내용으로 가득하다. 절대 놓쳐서는 안 될 책이다.

Rees, Paul. *The Adequate Man: Studies in Philippians*. London: Marshall, Morgan & Scott, 1958.
깊고, 설교에 도움이 되는 목회적인 내용들로 구성되어 있다. 설교 개요와 수많은 예화 그리고 실천적인 적용도 수록되어 있다. 설교자들은 설교에 도움이 되는 자료를 발견할 수 있을 것이다.

Robertson, A. T. *Paul's Joy in Christ*. Grand Rapids: Baker, 1979 reprint.
남침례교단의 저명한 헬라어 학자의 펜에서 나온 책으로, 본서는 설교자들에게 본문에 대한 통찰력과 아이디어를 제공한다.

Vaughan, C. J. *Epistle to the Philippians*. Minneapolis: Klock & Klock, 1979.

저자는 헬라어의 상세한 석의에 근거하여 강해 메시지를 발전시키는 데 탁월한 은사가 있다. 많은 사람들은 이 책에 있는 강해 메시지들을 고전으로 생각한다. 나는 저자의 책이 현대에도 여전히 가치가 있다고 생각한다.

○특별연구

Martin, Ralph. *Carmen Christi: Philippians 2:5–11 in Recent Inter-pretation and in the Setting of Early Christian Worship*. Revised ed. Grand Rapids: Eerdmans, 1983.

신약에 나온 잘 알려진 네 개의 기독론적 본문 중의 하나를 탁월하게 설명하고 있다. 당신의 서재에 있어야 할 고전이다.

○설교

Boice, James M. *Philippians*. Grand Rapids: Baker, 1971. 『빌립보서 강해』 (엠마오서적, 1988).

저자는 필라델피아에 있는 유명한 텐스장로교회의 목사였다. 그는 저명한 강해설교자이며 그의 설교는 언제나 당신이 읽을 만한 가치가 있다. 그의 주석은 대체로 교회에서 진행했던 강해설교를 바탕으로 한 것이다.

Lloyd-Jones, David Martyn. *The Life of Joy: Philippians*. 2 vols. Grand Rapids: Baker, 1993. 『빌립보서 강해』 (복있는사람, 2013).

이 책은 저자가 1947년부터 1968년까지 웨스트민스터채플에서 사역할 동안 했던 설교들을 모아놓은 것이다.

Motyer, J. A. *Philippian Studies: The Richness of Christ*. Chicago: InterVarsity Press, 1966. 『빌립보서』 (기독지혜사, 1993).

이 책은 저자가 클리프톤신학교채플(the chapel of Clifton Theological College)에서 먼저 전하고, 1965년 자메이카 킹스톤에 위치한 웹스터메모리얼교회(Webster Memorial Church)의 아침 성경공부 시간에 발전시켰던 설교들을 모아놓은 것이다. 이 책은 첫째로 당신의 영적 풍요로움을 위해 읽을 필요가 있고, 둘째로 설교 준비를 위해서도 읽어야 한다. 저자는 지금까지 다양한 책들을 출판해 왔고 특히 이사야서에 대해 많은 책들을 펴냈다.

○한국어 추가자료

김도현, 『빌립보서 어떻게 읽을 것인가』 (성서유니온, 2016).

버지니아에 위치한 유니온신학교에서 로마서에 대한 연구로 박사학위를 받고 콜로라도기독대학교에서 신약학을 가르치고 있는 김도현 교수가 집필한 책이다. 『WBC』나 『NIGTC』와 같은 전문적인 주석에 등장하는 논의와 비교할 수는 없겠지만, 빌립보서 본문에 나오는 특정 헬라어에 대한 비교적 자세한 설명을 제공한다. 헬라어 용어뿐 아니라 본문에 대한 충실한 설명이 돋보이는 석의적 주석이다.

로이 E. 씨암파 외, 『바울서신』 (이상규 역; 기독교문서선교회, 2012).

기독교문서선교회의 『신약의 구약 사용 주석 시리즈』의 네 번째 책으로, 본서는 원래 D. A. 카슨과 G. K. 빌이 공동편집하고 다수의 신약학자들이 집필에 참여한 『*Commentary on the New Testament Use of the Old Testament*』라는 원제의 방대한 저작을 성경의 책별로 나누어 번역 출판한 것이다. 빌립보서의 구약 사용 부분은 모세 실바가 집필했다. 빌립보서뿐 아니라 신약에 나타난 구약 구절의 사용에 대한 다양한 해석학적, 신학적 논의를 연구하기 위해서는 반드시 이 책을 거쳐야 한다.

박영호, 『빌립보서』 (홍성사, 2017).

이 책은 홍성사가 기획한 『그리스도인을 위한 통독 주석 시리즈』의 일부이다. 이 주석 시리즈는 한국 성경학자들이 진지하게 성경을 연구하는 그리스도인들을 대상으로 신구약의 각 책을 주석하는 것을 목표로 하고 있으며, 본문 해설과 현대적인 적용에 있어 모두 탁월하다. 지나치게 학문적이지 않지만 꼭 필요한 학문적 논의는 누구나 이해할 수 있는 언어로 잘 풀어냈다. 이 시리즈의 신약 파트의 경우 본서와 전주대학교 조재천 교수의 『히브리서』만이 출판되었는데, 둘 다 완성도가 매우 높은 작품이며 시리즈의 다음 책이 기대가 된다. 본서는 한일장신대에서 신약학 교수로 재직하다가 현재는 포항제일교회를 담임하고 있는 박영호 목사가 집필한 책이다.

프레드 B. 크레독, 『빌립보서』 (김도일 역; 한국장로교출판사, 2001).
『현대성서주석(Interpretation)』 시리즈는 성경을 가르치는 교사, 목회자, 설교자들에게 유용한 자료이다. 절별로 상세한 주해를 제공하지는 않지만, 단락별로 본문의 의미를 설명하고 그것의 현대적 함의를 탐구한다. 신약학자이자 설교학자인 크레독의 주석과 적용은 적실하다.

골로새서 · 빌레몬서

○ 석의적 주석

Barth, Markus and Helmut Blanke. *The Letter to Philemon.* **Grand Rapids: Eerdmans, 2000.**

561쪽 분량의 본서는 처음 출판된 이래로 내 서재에 줄곧 있었지만 나는 아직 다 읽지 못했다. 의심할 여지없이 빌레몬서에 대한 가장 포괄적인 책이다. 저자들은 고대사회 노예제도에 대한 충분한 지식을 보여준다. 본문을 절별로 다루고 있으며 역사적, 신학적 이슈들에 관해서 유용한 정보를 담고 있는 추가설명도 눈여겨볼 필요가 있다.

Dunn, James D. G. *The Epistles to the Colossians and to Philemon.* **NIGTC. Grand Rapids: Eerdmans, 1996.**

저자는 더럼대학교 신학부의 라이트푸트 교수로 수년간 재직했다. 그는 바울에 대한 "새 관점"으로 매우 잘 알려져 있는 인물이다. 해리스는 이 책을 다음과 같이 평했다. "세부내용에 있어 충실하고, 고대의 유사한 예들 뿐 아니라 현대의 학문적 논의에도 능통하며, 신학적 이슈들을 잘 이해하고 있다." 석의는 골로새서와 빌레몬서의 신학적 해석에 초점을 맞추고 있다.

Eadie, John. *Commentary on the Epistle of Paul to the Colossians.* **Grand Rapids: Zondervan, 1957.**

19세기 주석가인 저자는 언제나 우리에게 유익한 정보를 제공한다. 헬라어 본문을 기반으로 논의를 진행하지만, 강해적인 면에서 내용이 풍성하다.

Harris, Murray. *Colossians & Philemon.* EGGNT. Nashville: Broad-man & Holman, 2010.

1991년에 초판이 나왔던 저자의 책은 아름다운 문장으로 가득하다. 이 주석 시리즈의 모든 책들은 간단한 서론, 추천 주석들, 광범위한 석의 해설, 번역, 책에 대한 자세한 설명, 세세한 석의적 개요, 설교 개요, 문법적/수사학적 용어들에 대한 해설로 이루어져 있다. 매우 유용한 주석이다. 저자는 트리니티복음주의신학교(Trinity Evangelical Divinity School) 신약 석의와 신학 명예교수이며 케임브리지 틴데일하우스의 감독관이기도 했다.

Lightfoot, J. B. St. *Paul's Epistle to the Colossians and to Philemon.* Grand Rapids: Zondervan, 1959.

헬라어 본문에 근거하여 논의를 진행한다. 19세기의 저명한 헬라어 학자 삼총사(홀트, 웨스트코트, 라이트푸트) 중에 한 명이었던 라이트푸트의 책은 시대에 뒤떨어진 감이 있지만 아직까지 구식이라고는 할 수 없다. 바우어의 평에 따르면, 학문적이고 통찰력으로 가득한 책이다.

O'Brien, Peter. *Colossians, Philemon.* WBC. Waco, TX: Word, 1982. 『골로새서·빌레몬서』 (솔로몬, 2008).

저자는 최고의 신약주석가 중 한 명으로 자리매김했다. 그의 작품은 대체로 면밀하고, 신중하고, 보수적이다. 해석사를 두루 고려하면서도 각 본문의 신학을 종합하는 데 탁월하다. 바우어는 다음과 같이 평했다. "해설 부분은 본문의 신학을 종합하고 그것이 원독자들의 종교경험에 있어 어떤 중요성을 가지는지를 탐구한다." 나는 기회가 되는 대로 저자의 책을 읽으려고 한다.

Pao, David W. *Colossians and Philemon.* ZECNT. Grand Rapids: Zondervan, 2012. 『강해로 푸는 골로새서, 빌레몬서』 (디모데, 2018).

목회자들을 위해 집필되었지만 헬라어 본문을 상당히 많이 사용한다. 저자는 이 주석 시리즈의 의도에 맞게, 문법적, 문학적, 역사적 문맥을 고려하여 각 본문을 명료하게 설명한다.

○강해적 주석

Barclay, William. *The Letters to the Philippians, Colossians, and Thessalonians.* Revised ed. DSB. Philadelphia: Westminster, 1975.
아래 히브리서에서 다루게 될 동일 저자에 대한 설명을 참고하라. 단어연구와 예화가 탁월하다!

Bruce, F. F. *The Epistles to the Colossians, to Philemon and to the Ephesians.* NICNT. Grand Rapids: Eerdmans, 1984.
에베소서에서 다룬 동일 저자에 대한 설명을 참고하라.

Garland, David E. *Colossians and Philemon.* NIVAC. Grand Rapids: Zondervan, 1998.
저자는 골로새서를 250쪽, 빌레몬서를 80쪽 분량으로 다루었다. 이 주석 시리즈의 의도에 맞게, 그는 본문설명과 적용 사이에서 적당한 균형을 이루고 있다.

Gromacki, Robert. *Stands Perfect in Wisdom: An Exposition of Colossians and Philemon.* Grand Rapids: Baker, 1981.
갈라디아서에서 다룬 동일 저자에 대한 설명을 참고하라.

Moo, Douglas J. *The Letters to the Colossians and to Philemon.* PNTC. Grand Rapids: Eerdmans, 2008. 『골로새서·빌레몬서』 (부흥과개혁사, 2017).
저자는 헬라어를 다루고 있긴 하지만 대체로 영어 본문을 명료하게 설명해준다. 블롬버그는 이 책이 불필요하게 길지 않기 때문에 모든 목회자와 교사들이 첫 번째로 참고해야 할 자료라고 말했다.

Moule, H. C. G. *Colossians and Philemon Studies: Lessons in Faith and Holiness.* **Grand Rapids: Zondervan, 1962.**
일급 주석가의 얇은 고전이다. 탁월한 석의와 적용을 평이한 언어로 풀어냈다.

Vaughan, Curtis. *Colossians.* **EBC 11. Grand Rapids: Zondervan, 1978.**
로마서에서 다룬 동일 저자에 대한 설명을 참고하라. 1981년에 『BSC』 시리즈에서 출판된 저자의 『*Colossians and Philemon*』도 참고하라. 저자가 쓴 책이라면 어떤 것이든 읽어 볼만한 가치가 있다. 그는 사우스웨스턴침례신학교에서 수년 간 가르쳤으며, 내가 학생일 때 좋아하는 교수이기도 했다.

○목회적 주석

Scroggie, W. Graham. *Studies in Philemon.* **Grand Rapids: Kregel, 1982.**
원래 제목이 『*A Note to a Friend*』(1927)였던 "이 책은 빌레몬서에 대해 쓰인 최고의 책 중 하나로 남아 있다"라고 바버는 평했다.

○특별연구

Petersen, Norman. *Rediscovering Paul: Philemon and the Sociology of Paul's Narrative World.* **Philadelphia: Fortress, 1985.**
현대의 문학적, 사회적 연구를 빌레몬서에 적용한 연구이며 내 생각에 중간 정도의 성공을 거두었다고 본다. 여분의 시간이 있다면 참고할 자료이다.

○설교

Ironside, Henry. *Charge that to My Account.* **Chicago: Moody, 1931.**

빌레몬서를 설교적, 실천적 관점에서 잘 풀어낸 책이며 탁월한 예화들도 풍부하다.

Maclaren, Alexander. *The Epistles of St. Paul to the Colossians and Philemon.* **EB. New York: A. C. Armstrong & Son**, 1903.
저자가 쓴 최고의 주석 중 하나이며, 『EB』 시리즈에서 최고의 주석 중 하나라고도 여겨진다. 위어스비는 이 책을 "학문적이며 강해적인 면에서도 걸작"이라고 평했다.

Nicholson, W. R. *Oneness with Christ: Popular Studies in the Epistle to the Colossians.* **Grand Rapids: Kregel**, 1903.
저자는 개혁주의 감독교회의 주교이자, 1901년 그가 죽을 때까지 석의와 목회신학의 교수이자 학장으로 재직했다. 그는 19세기 말의 주목할 만한 성경주해가이자 설교자이다. 이 책은 골로새서 전체를 다루고 있지는 않지만, 논의의 대상이 된 부분은 보석과도 같다.

○한국어 추가자료

N. T. 라이트, 『골로새서·빌레몬서』 (이승호 역; 기독교문서선교회, 2014).
틴데일 신약주석 시리즈의 의도에 맞게, 본서는 비평적 쟁점에 매몰되지 않으면서도 본문의 의미를 이해하는 데 도움이 되는 자료이다. 헬라어와 전문적인 신학적 논의는 최소화하고 있지만 저자의 필요에 따라 '추가설명'란에 이러한 논의를 덧붙이기도 한다. 본문에 대한 적용을 따로 제공하지는 않는다. 너무 전문적이지 않으면서도 본문 해설이 충실한 주석을 찾고 있다면 『틴데일 신약주석 시리즈』를 참고하라.

랄프 P. 마틴, 『에베소서·골로새서·빌레몬서』 (김춘기 역; 한국장로교출판사, 2002).

『현대성서주석(Interpretation)』 시리즈는 성경을 가르치는 교사, 목회자, 설교자들에게 유용한 자료이다. 절별로 상세한 주해를 제공하지는 않지만, 단락별로 본문의 의미를 설명하고 그것의 현대적 함의를 탐구한다. 마틴의 주석과 적용은 적실하다.

로이 E. 씨암파 외, 『바울서신』 (이상규 역; 기독교문서선교회, 2012).

기독교문서선교회의 『신약의 구약 사용 주석 시리즈』의 네 번째 책으로, 본서는 원래 D. A. 카슨과 G. K. 빌이 공동편집하고 다수의 신약학자들이 집필에 참여한 『*Commentary on the New Testament Use of the Old Testament*』라는 원제의 방대한 저작을 성경의 책별로 나누어 번역 출판한 것이다. 골로새서의 구약 사용 부분은 G. K. 빌이 집필했다. 골로새서뿐 아니라 신약에 나타난 구약 구절의 사용에 대한 다양한 해석학적, 신학적 논의를 연구하기 위해서는 반드시 이 책을 거쳐야 한다.

데살로니가전후서

○ 석의적 주석

Eadie, John. *A Commentary on the Greek Text of the Epistle of Paul to the Thessalonians.* **Minneapolis: James and Klock,** 1977 [1877].
에베소서에서 다룬 동일 저자에 대한 설명을 참고하라.

Shogren, Gary. *1 and 2 Thessalonians.* ZECNT. **Grand Rapids: Zondervan,** 2012. 『강해로 푸는 데살로니가전·후서』 (디모데, 2019).
저자는 코스타리카 산호세신학교(ESEPA)의 신약학 교수다. 그는 헬라어 본문에서 자신만의 독자적인 번역을 하며 문학적 구조를 잘 이해하고 정리했다. 주석에서 목회자들에게 가장 도움이 되는 부분은 적용 부분이다. 석의적 개요와 신학을 구절별로 잘 정리했다. 이 시리즈에서 시각적으로 정리된 표와 이미지는 설교자들에게 매우 도움이 된다.

Wanamaker, Charles A. *The Epistles to the Thessalonians.* **NIGTC. Grand Rapids: Eerdmans,** 1990.
본 주석은 헬라어 석의, 역사 및 문학적 분석, 신학적 분석에 집중한다. 바우어는 본 주석이 역사적, 비판적 방법과 사회·과학적 및 수사적 접근법을 통합한 최초의 주석이라고 말했다. 그러나 저자가 책의 연대순을 반대로 배열하는 부분은 주의해야 한다.

○ 강해적 주석

Bruce, F. F. *1 & 2 Thessalonians.* **WBC. Waco, TX: Word,** 1982. 『데살로

니가전후서』 (솔로몬, 2000).

존경받는 영국 보수적 학자의 펜에서 나온 주석이다. 기대하는 것처럼 신중하고 상세하게 설명했다. 다양한 배경적 주제-마케도니아의 기독교에서 적그리스도에 이르기까지-에 대해 다룬 유익한 글들이 수록되어 있다.

Fee, Gordon D. *The First and Second Letters to the Thessalonians*. NICNT. Grand Rapids: Eerdmans, 2009.

고린도전서에서 다룬 동일저자에 대한 설명을 참조하라. 이 주석은 목회자들에게 도움이 되는 『NICNT』 시리즈의 견실한 자료이다.

Green, Gene L. *The Letters to the Thessalonians*. PNTC. Grand Rapids: Eerdmans, 2002.

데살로니가 도시와 그곳 사람들의 모든 방면을 다루는 심층적인 서론이 있다. 절별로 주해를 제공하고, 석의적으로 상세하고, 강해적인 접근을 하는 것이 좋다. 성경이 쓰인 당시와 지금 사이의 격차를 연결하여 다리를 놓은 시도가 뛰어나다. 설교자들은 그것을 유용하게 이용할 것이다.

Hiebert, D. Edmond. *1 & 2 Thessalonians*. Revised edition. Chicago: Moody, 1992.

본 저자는 내가 가장 좋아하는 주석가 중 한 명이다. 그의 주석은 학문적이지는 않지만 본문을 강해하는 방법을 소개한다. 목회자들이 현장에서 사용하기에 이상적인 자료이다.

Marshall, I. Howard. *1 and 2 Thessalonians*. NCBC. Grand Rapids: Eerdmans, 1983.

저자에게 기대했던 대로 견고한 석의적 내용을 담고 있다. 바우어는 다음과 같이 말한다. "간결하고, 간단하고, 비전문가도 접근할 수 있다." 이 주석에는 적절한 적용이 있다.

Martin, D. Michael. *1 & 2 Thessalonians.* NAC. Nashville: Broad-man & Holman, 1995.
건전한 주해와 명확한 설명과 적절한 적용이 있다.

Morris, Leon. *The First and Second Epistles to the Thessalonians.* NICNT. Revised ed. Grand Rapids: Eerdmans, 2006.
본 저자를 오해하면 안 된다. 훌륭한 서론, 견고한 주해, 적절한 적용이 있는 자료이다. 성경 단락별로 정리가 되어 있다. 개혁주의적 관점에서 쓰였다. 또한 『Word Biblical Themes』 시리즈(1989)의 서신서에 대한 저자의 책을 참조하면 도움이 될 것이다.

Thomas, Robert L. *1 & 2 Thessalonians.* REBC 12. Grand Rapids: Zon-dervan, 2006.
설교자들에게 도움이 되는 매우 접근하기 쉽고, 짧지만 유용한 자료이다.

Ward, Ronald. *Commentary on 1 & 2 Thessalonians.* Waco, TX: Word, 1974.
토론토 위클리프대학교의 신약성경 교수였다. 이후 캐나다에서 교장과 학장을 역임했던 저자는 복잡한 사항을 연구하여 모든 이를 위해 단순하게 만드는 재능이 있다. 자신의 주석에 대해 저자는 다음과 같이 말한다. "나는 학문적 품위와 실용적 유용성을 함께 연결하려고 노력했다. 내 마음 속에는 도움이 필요한 설교자와 교사들이 있다. 나도 그들이 처한 상황에 서서 생생하고 '명료하게' 하려고 노력했다. 주석은 먼저 원저자가 주석할 권한이 있다. 또한 주석 이후의 연구자도 주석을 할 자유는 있다. 때로 주석은 본문과 정확히 관련이 없을 수도 있다. 하지만, 본문을 연구하는 설교자나 교사의 상황과 관련이 있어야 한다."

RSV 성경본문을 바탕으로 한 이 도서는 설교자들에게 도움이 된다. 짝을 이루는 디모데전후서를 참조할 수 있다. 그리고 동일 저자의 『The Preacher and His Message』를 꼭 참조하길 바란다. 나는 이 책을 읽기 시작하고는, 내려놓기가 힘들었다.

○목회적 주석

Marsh, F. E. *Practical Truths from First Thessalonians*. Grand Rapids: Kregel, 1986.

본 저자(1858~1931)는 평생 교육하는 일에 헌신했다. 그의 책은 성경에 깊이 뿌리를 내리고 있으면서도 실천적이며 목회적인 방향을 지향한다. 본서는 설교자에게 매우 도움이 될 설명과 예화가 결합된 자료이다. 27개의 장을 통하여 데살로니가전서 1-3장을 다룬다. 데살로니가전서를 설교하기 전에 꼭 보면 좋겠다!

○특별연구

Weima, Jeffrey and Stanley Porter. *An Annotated Bibliography of 1 and 2 Thessalonians*. New Testament Studies and Tools 26. Leiden: Brill, 1998.

1998년까지 데살로니가 서신에 관한 책에 대해 알고 싶은 것은 이곳에 모두 정리되어 있다.

○설교

Ockenga, Harold John. *The Church in God*. Westwood, NJ: Revell, 1956.

제2차 세계대전 이후 복음주의의 지도자로서 한 강해설교이다.

○한국어 추가자료

김세윤, 『데살로니가전서 강해』 (두란노, 2002).

바울신학의 권위자인 저자는 맨체스터대학교에서 박사학위를 받고 튀빙겐대학교에서 연구했다. 미국 칼빈신학교, 고든코넬신학교에서 가르치고, 이후 풀러신학대학원 신약신학 교수로 가르쳤다. 본문의 지리적 문화적 배경을 잘 설명했으며, 칭의 관점에서 본문을 주해하고, 신생한 교회의 설립과 성장과 같은 목회적 관점에서 주해했다. 현장의 목회와 연결할 수 있는 통찰력을 제공한다.

이진섭, 『데살로니가전·후서』 (홍림, 2011).

저자는 런던신학교에서 로마서를 주제로 학위를 마쳤고, 에스라성경대학원대학교에서 가르치고 있다. 본 주석은 학문적으로 심도 있는 논의보다는 본문을 깊이 묵상하고 쉬운 언어로 설명하여 평신도들도 본문의 메시지를 이해할 수 있도록 집필되었다.

찰스 스윈돌, 『데살로니가전·후서』 (윤종석 역; 디모데, 2019).

『찰스 스윈돌의 신약 인사이트 시리즈』는 유용한 강해적 주석이다. 매 장을 구성하고 있는 글이 한 편의 완성된 설교와도 같다. 절별 주해를 제공하고 있지는 않고, 섹션별로 설명을 제시한 뒤 해당 본문에 대한 적용으로 글을 마무리한다. 강해설교자들에게 유용한 주석이다.

로이 E. 씨암파 외, 『바울서신』 (이상규 역; 기독교문서선교회, 2012).

기독교문서선교회의 『신약의 구약 사용 주석 시리즈』의 네 번째 책으로, 본서는 원래 D. A. 카슨과 G. K. 빌이 공동편집한 『*Commentary on the New Testament Use of the Old Testament*』를 성경의 책별로 나누어 번역 출판한 것이다. 데살로니가전후서의 구약 사용 부분은 제프리 A. D. 웨이마가 집필했다. 데살로니가전후서뿐 아니라 신약에 나타난 구약 구절의 사용에 대한 다양한 해석학적, 신학적 논의를 연구하기 위해서는 반드시 이 책을 거쳐야 한다.

디모데전후서 · 디도서

○ 석의적 주석

Knight, George W. III. *The Pastoral Epistles.* **NIGTC. Grand Rapids: Eerdmans, 1992.**

바울저작설과 누가 대필설에 대한 논쟁이 다루어지고 있다. 시리즈가 계획한 대로 세부적인 주해를 강조한다. 이 접근은 구절별 접근이다. 하지만 구조와 신학은 무시되지 않는다. 적용에 집중하지 않는다. 나는 이 주석을 심도 있는 본문 주해를 위해서 꼭 소장해야 하는 주석이라 생각한다.

Marshall, I. Howard. *The Pastoral Epistles.* **ICC. Edinburgh: T&T Clark, 1999.**

애버딘 대학교 신약성경 주해 교수의 펜에서 나온 작품으로서, 목회서신서에 대하여 심층적으로 연구한 850쪽 분량의 책이다. 이 도서는 주해적인 영역에 있어서 필수적인 책이다. 나는 저자가 바울의 저작을 거부한다는 것과, 디모데후서 2장에서 교회에서 여성이 남성을 가르치는 부분에 대하여 문화적인 영역으로 이해하는 부분이 우려스럽다. 하지만 뼈를 발라내고 음식을 즐기듯이 참고할 수 있다. 심도 있는 주해를 원한다면 꼭 소장해야 하는 주석이다.

Mounce, William. *Pastoral Epistles.* **WBC. Nashville: Thomas Nelson, 2000.** 『목회서신』 (솔로몬, 2009).

헬라어 학자로부터 석의적으로 탁월한 주석이 출간되었다. 본 저자는 바울이 저자임을 받아들인다. 각 구절에 대한 풍부한 참고도서가 있다. 서신의 고유한 신학에 초점을 맞추는 것은 좋지만, 적용에는 별다른 관심이 없다.

Towner, Philip H. *The Letters to Timothy and Titus*. NICNT. Grand Rapids: Eerdmans, 2006.

886쪽의 주석은 헬라어 본문을 기반으로 작성되었다. 목회자에게 가장 유용한 주석일 수 있다. 바울을 저자로 받아들이지만, 디모데전서 2:8-15에 대한 그의 독특한 해석은 주의해야 한다.

○강해적 주석

Fairbairn, Patrick. *The Pastoral Epistles*. Minneapolis: James and Klock, 1976.

본 주석은 19세기 스코틀랜드의 목사이자 신학자의 고전적인 주석을 재인쇄한 것이다. 저자가 목회자 준비생들에게 목회적 사역에 필요한 고급 기술을 수년 동안 가르친 열매이다. 아주 가치 있는 자료이다.

Guthrie, Donald. *The Pastoral Epistles*. TNTC. 2nd ed. Grand Rapids: Eerdmans, 2007.

Hendriksen, William. *1 and 2 Timothy and Titus*. Grand Rapids: Baker, 1957. 『헨드릭슨 목회서신』 (아가페출판사, 1989).

나는 본 주석이 헨드릭슨이 쓴 시리즈에서 가장 강력한 책 중 하나라고 생각한다. 목회자들에게 유용한 해설을 제공하는 자료이다.

Hiebert, D. Edmond. *Titus*. EBC 11. Grand Rapids: Zondervan, 1978.

본 저자의 책은 항상 목회자에게 유익하다. 특히 헬라어를 모르는 사람들에게는 더욱 유익할 것이다. 그는 상세한 본문개요를 만드는 것을 소개하는 데 언제나 능하다.

Johnson, Luke Timothy. *The First and Second Letters to Timothy*. AB.

New York: Doubleday, 2001.
저자는 비교적 보수적인 가톨릭 학자이다. 본 주석에서 바울 저작설을 주장한다. 이 주석의 주요 강점 중 하나는 관심 있는 독자를 위하여 이전 교부들의 해석 역사를 다루는 데에 있다. 진지한 언어 분석과 신학적 성찰뿐 아니라 일부 적용도 있다.

Kelly, J. N. D. *A Commentary on the Pastoral Epistles*. Grand Rapids: Baker, 1978 reprint.
저자는 헬라어 원문에서 번역을 제공한 다음 읽기 쉬운 주해를 제공한다. 바울의 저작설을 위해 논쟁을 벌인다. 저자는 1951년부터 1979년 은퇴할 때까지 옥스퍼드 세인트에드먼드홀(St. Edmund Hall)의 학장이었다. C. K. 바레트는 이 주석에 대해 이렇게 말했다. "모든 면에서 탁월한 책이다. 특히 강해 부분은 배울 내용이 많아 커다란 즐거움을 준다. ... 다양한 해석에 대한 상세한 토론을 제공하고 ... 쉽고 위엄 있는 스타일로 풀어낸다."

Kent, Homer. *The Pastoral Epistles*. Revised ed. Chicago: Moody, 1982.
목회자들을 위해 신중하고 상세하게 기록되었다. 지나치게 기술적인 강해는 아니다. 학문적이기도 하고 무게감도 있지만 쉽게 읽을 수 있도록 기록되었다. 성경강해와 실용적인 균형을 유지하고 있다. 목회자에게 매우 유용하다. 저자는 그레이스대학과 그레이스신학교의 총장이었다.

Köstenberger, Andreas J. *1 & 2 Timothy and Titus*. REBC 12. Grand Rapids: Zondervan, 2006.
저자는 항상 설교자를 위한 충실한 강해를 한다.

Lea, Thomas and Hayne Griffin. *1 & 2 Timothy and Titus*. NAC.

Nashville: Broadman & Holman, 1992.
목회자를 위해 기본적이면서도 훌륭하게 본문을 설명한다.

Liddon, H. P. *Explanatory Analysis of St. Paul's First Epistle to Timothy.* **Minneapolis: Klock & Klock, 1978.**
헬라어 본문을 주의 깊게 들여다보며 탁월한 분석을 제공한다. 저자는 19세기에 옥스퍼드에서 신약성경 교수로 재직했으며, 20년 동안 런던 세인트폴스성당에서 사역한 잘 알려진 목회자이다.

Stott, John. *The Message of 2 Timothy: Guard the Gospel.* **BST. Downers Grove: InterVarsity, 1999.** 『디모데후서』 **(IVP, 2018).**
같은 시리즈의 『디모데전서·디도서 강해』도 참조하라.

Ward, Ronald. *Commentary on 1 & 2 Timothy.* **Waco, TX: Word, 1974.**
데살로니가전후서에서 다룬 동일 저자에 대한 설명을 참고하라.

○ **목회적 주석**

Stock, Eugene. *Practical Truths from the Pastoral Epistles.* **Grand Rapids: Kregel, 1983.**
저자(1836-1928)의 책은 당시 가장 많이 읽히는 주석이었다. 그는 학자, 목회자, 평신도들에게 유익한 방식으로 사물의 본질을 핵심적으로 제시하는 데 매우 재능이 있었다. 위어스비는, "어떠한 책보다도 목회서신의 목회신학에 관하여 더 견고한 학문성과 더 실용적인 적용을 포함하고 있으며, 읽기에도 즐겁다"라고 말한다.

Chadwick, W. Edward. *Pastoral Teaching of Paul.* **Grand Rapids: Kregel, 1984.**

본 저자는 바울을 위대한 목회자로 보고 접근한다. 저자는 사도행전과 바울의 목회서신을 연구하고, 명확하고 설득력 있는 글로 현대의 목회자들과 연관시킨다. 제목은 다음과 같다: '그리스도의 사역자, 일꾼', '목회자와 그의 목회지', '목회개념', '영혼의 사랑', '목회의 동기 부여', '바울의 기도', '설교에 대한 바울'. 위어스비는 서론을 쓰면서 이 부분을 높이 평가했다.

Moule, H. C. G. *Studies in II Timothy.* **Grand Rapids: Kregel,** 1977.
1905년에 처음 출판된 이 책은 경건한 고전이다.

○특별연구

Köstenberger, Andreas J. and Terry Wilder. *Entrusted with the Gospel: Paul's Theology in the Pastoral Epistles.* **Nashville: Broadman & Holman,** 2010.
두 명의 신뢰할 만한 신약성경 학자들에 의하여 쓰인 본 주석은 설교하는 목회자들에게 큰 도움이 될 것이다.

○설교

Draper, James. *Titus: Patterns for Church Living.* **Wheaton: Tyndale,** 1978.
저자가 율레스 제일침례교회에서 목회하면서 설교한 설교문이다. 아주 유용한 설교적 자료이다.

○한국어 추가자료

그랜트 오스본, 『적용을 도와주는 디모데·전후서, 디도서』 (김진선 역; 성서유니온, 2008).
저자는 트리니티복음주의신학교에서 신약학을 가르치는 교수이다. 『LAB 주석 시리즈』에 속한다. 본 주석은 절마다 배경설명과 주해와 적용을 균형 있게 다룬다. 설교할 수 있는 중심 생각을 쉽게 찾을 수 있도록 돕고 적용점을 고민하도록 한다.

존 스토트, 『디모데전서·디도서 강해』 (김현회 역; IVP, 1998).
저자는 복음주의 신학자요 목회자이다. 영국 런던의 올소울즈교회(All Souls Church)에서 목회하면서 현장의 필요와 궁금증을 잘 알고 있는 설교자이다. 본 주석이 수록되어 있는 『BST』 시리즈는 본문의 의미를 쉽게 설명하고 성경과 현실을 연결하는 적용점을 제시하는 특징이 있다. 오래된 주석이지만 존 스토트의 성경해석과 성경적 목회철학과 윤리적 적용의 예를 볼 수 있다.

찰스 스윈돌, 『디모데전·후서, 디도서』 (윤종석 역; 디모데, 2012).
『찰스 스윈돌의 신약 인사이트 시리즈』는 목회자들에게 유용한 강해적 주석이다. 매 장을 구성하고 있는 글이 한 편의 완성된 설교와도 같다. 절별 주해를 제공하고 있지는 않지만, 섹션별로 본문에 대한 설명을 제시한 뒤 해당 본문에 대한 적용으로 글을 마무리한다. 강해설교자들은 이 책에서 수많은 통찰력과 아이디어를 얻을 것이다.

로이 E. 씨암파 외, 『바울서신』 (이상규 역; 기독교문서선교회, 2012).
기독교문서선교회의 『신약의 구약 사용 주석 시리즈』의 네 번째 책으로, 본서는 원래 D. A. 카슨과 G. K. 빌이 공동편집하고 다수의 신약학자들이 집필에 참여한 『Commentary on the New Testament Use of the Old Testament』라는 원제의 방대한 저작을 성경의 책별로 나누어 번역 출판한 것이다. 디모데전후서와 디도서의 구약 사용 부분은 필립 H. 타우너가 집필했다. 디모데전후서와 디도서뿐 아니라 신약에 나타난 구약 구절의 사용에 대한 다양한 해석학적, 신학적 논의를 연구하기 위해서는 반드시 이 책을 거쳐야 한다.

공동서신

히브리서

o석의적 주석

Delitzsch, Franz. *Commentary on the Epistle to the Hebrews.* 2 vols. **Minneapolis: Klock & Klock, 1978 [1871].**

유명한 루터교 학자이며 유대인 기독교인의 펜에서 나왔다. 이 주석은 오늘날에도 여전히 가치 있는 히브리서에 대한 고전적인 자료이다. 저자는 보수주의자이고, 따뜻한 마음을 가진 뛰어난 학자였다. 그는 누가가 히브리서의 저자라고 주장했다. 그래서 이 주제에 대해 잘 알고 있다!

Ellingworth, Paul. *The Epistle to the Hebrews.* NIGTC. **Grand Rapids: Eerdmans, 1993.**

저자의 책은 여전히 히브리서에 있어서 최고의 헬라어 주석으로 여겨진다. 이 주석은 상세하지만 그와 견해가 같은 레인보다 신학적인 분석이 적다. 까다롭고 다루기 힘든 본문(히6:4-6)에 대하여 비교적 간략하게 다룬 책이다.

Lane, William. *Hebrews.* WBC. 2 vols. **Dallas: Word, 1991.** 『히브리서』 (솔로몬, 2006, 2007).

이 책은 히브리서에 관한 상위 5권의 주석에 들어간다. 특히 침례교 학자의 손에 의하여 쓰였다. 이 책은 장문의 서론에서 풍성한 내용을 다룬다. 구조 분석에서 담화 분석에 대한 저자의 지식과 관심이 반영되었다. 설교자들에게 도움이 되는 워드의 해석과 신학이 포함된다. 저자의 히브리서에 대한 더 인기 있는 다음의 주석을 놓치지 않기를 바란다. *Call to Commitment: Responding to the Message of Hebrews.* Peabody, MA: Hendrickson, 1985; Regent College,

2004 reprint.

Miller, Neva. *The Epistle to the Hebrews: An Analytical and Exegetical Handbook.* **Dallas: SIL International,** 1988.

담화 분석을 통해 히브리어의 의사소통 역할을 분석한다. 이 석의적 분석은 언어학적인 이론을 바탕으로 한다. 이 주석은 헬라어 본문의 의미를 이해하려고 노력한다.

Westcott, B. F. *The Epistle to the Hebrews: The Greek Text with Notes and Essays.* **London: Macmillan,** 1892.

이 고전 작품은 시간의 시험을 견뎌 왔고 여전히 우리가 읽을 때 도움을 준다. 하지만 세부적인 주석에는 주의를 기울이지 않는 것이 좋다. 헬라어와 라틴어로 된 교부와 중세 해석자에 대한 저자의 지식은 인상적이다. 그는 중요한 신학적 문제를 다루는 수많은 보조 설명을 사용한다. 나는 여전히 이 주석을 참조하고 있으며 결코 실망하지 않는다.

○ 강해적 주석

Allen, David L. *Hebrews.* **NAC. Nashville: Broadman & Holman,** 2010.

나는 히브리서의 문장별, 문단적, 단락적, 담화적 구조를 보여주기 위해 서신의 전체적 구조를 담론 분석했다. 주석, 강해, 신학적 의미에 초점을 두어서 절별, 단락별로 연구했다. 나는 특히 서언(1:1-4)과 유명한 경고 구절(6:1-8)에 많은 공간을 할애했다. 후자의 경우에는 50쪽으로 확장되었다. 내가 알기로는 이미 출간된 주석집 중 다양한 견해를 가장 많이 분석하고 있는 책이다. 672쪽이다. 또한 목회자들을 염두에 두고 글을 썼다. 나의 박사학위논문을 더욱 발전시켜 출간한 것이다. 다음의 자료를 참조할 수 있다. *Lukan Authorship of Hebrews.* Studies in Bible and Theology. Nashville: Broadman & Holman, 2010.

Barclay, William. *The Letter to the Hebrews.* Revised edition. DSB. Philadelphia: Westminster, 1976. 『히브리서·야고보서』(기독교문사, 2009).

나는 본 주석을 『DSB 시리즈』에서 저자의 주석 중 최고라 생각한다. 저자는 세계적으로 유명한 스코틀랜드 신약성서 학자였다. 그의 헬라어 지식은 광대하며, 이 책에서 그것을 여실히 보여준다. 예를 들어, 히브리서 10:1-2절에 대한 설명은 주옥과 같은 자료이다. "그리스도가 없으면 여러분은 하나님의 그림자를 넘어설 수 없다." 소장할 가치가 있는 자료이다!

Bruce, F. F. *The Epistle to the Hebrews.* NICNT. Grand Rapids: Eerdmans, 1997.

저자의 주석은 여전히 내가 가장 좋아하는 자료 중 하나다. 나는 이 책이 저자의 최고의 책이라고 생각한다. 이 주석은 저자의 1964년 판에 대하여 약간 개정된 것이다. "약간"이라는 단어를 강조한다. 그럼에도 불구하고, 이 주석은 오랜 세월에 걸쳐서 강해자에게 매우 귀중한 자료가 되고 있다.

Cockerill, Gareth Lee. *The Epistle to the Hebrews.* NICNT. Grand Rapids: Eerdmans, 2012.

추후 본 도서가 『NICNT』 시리즈에서 위의 브루스 책을 대체한다. 본 저자는 웨슬리안 전통에서 글을 쓴다. 이 주석은 아마도 히브리서에 대한 최근의 5대 주석 중 하나일 것이다. 저자는 히브리서 7장의 멜기세덱에 관한 박사 논문을 썼다. 그의 연구는 히브리서에 대한 개혁주의적인 주석과 좋은 균형을 이룬다.

Greenlee, J. Harold. *Exegetical Summary of Hebrews.* 2nd ed. Dallas: SIL International, 2008.

본문비평 학자인 저자는 UBS 제3판 헬라어를 위한 신약성경 위원회에서 서기였다. 나는 그를 나의 박사 논문-1987년에 히브리인의 누가 저작설에 관해 쓴-의 외부 심사위원으로 만나는 특권을 가지게 되었다. 본 주석이 속한 시리즈는 모두 유용한 정보를 가지고 있다. 이 시리즈의 모든 책을 소유해야 한다. 본문 연구에 있어서 많은 시간을 절약해 주는 역할을 할 것이다. 종종 다른 대표적인 주석에서 논의되지 않은 의미론적 문제를 다룬다.

Guthrie, George H. *Hebrews.* **NIVAC. Grand Rapids: Zondervan, 1998.** 『NIV 적용주석 히브리서』 (솔로몬, 2015).
이 시리즈에서 가장 좋은 주석 중 하나이다. 저자는 자신의 박사 학위를 가지고 주석으로 발전시켜 썼다. 히브리서의 구조에 관한 사우스웨스턴침례신학교에서 쓴 박사논문은 설교자들에게 매우 큰 도움이 될 것이다.

Hughes, Philip Edgcumbe. *A Commentary on the Epistle to the Hebrews.* **Grand Rapids: Eerdmans, 1987.**
나는 이 책에서 저자가 해석의 역사를 조사한 내용을 읽는다. 이것은 개혁주의 방향에서 나온 좋은 설명이다.

O'Brien, Peter T. *The Letter to the Hebrews.* **PNTC. Grand Rapids: Eerd-mans, 2010.**
이 주석은 특히 목회자들을 위한 히브리서의 최고의 5개의 주석 중 하나이다. 이 주석은 읽기에 어렵지 않다. 석의와 주해가 건전하다. 개혁주의 관점에서 볼 때, 매우 훌륭한 혜택을 받을 수 있다. 히브리서 6:4-6에 대한 설명에 조금 더 주의를 기울이기는 하지만, 여전히 많은 분량은 아니다.

Schreiner, Tom. *Hebrews. Biblical Theology for Christian Proclamation Series.* **Nashville: B&H, 2015.** 『토머스 슈라이너 히브리서 주석』 (복있는사람, 2016).
저자는 서든침례신학교의 신약성경 교수이자 남침례교 신약학 학자 중 최고이다. 이 시리즈의 목적은 성경신학을 일상생활과 연관시키는 것이다. 설교자들이 이용하기 쉽게 정리가 잘 된 자료이다. 성경주해자들은 저자로부터 많은 도움을 받을 것이다.

○ 목회적 주석

Griffith Thomas, W. H. *Hebrews: A Devotional Commentary.* **Grand Rapids: Eerdmans, 1962.**

이 책에는 최고의 목회적 저작의 저자 중 한 명이 보낸 41개의 묵상을 위한 메시지가 있다.

Meyer, F. B. *The Way into the Holiest: Expositions of Hebrews.* **New York: Revell, 1893.**

저자는 침례교 목사이며 스펄전의 동시대인으로 알려져 있다. 그는 1873년 D. L. 무디를 만났고 두 사람은 빠르게 친구가 되었다. 40권 이상의 책을 저술한 그는 성경인물에 관한 신앙서적으로 가장 잘 알려져 있다. 이 책은 모든 목회자의 서재에 있어야 한다. 히브리서에서 선택된 구절에 대한 35개의 짧은 명상은 마음을 따스하게 한다.

Murray, Andrew. *The Holiest of All: An Exposition of the Epistle to the Hebrews.* **Westwood, NJ: Revell, 1960.** 『앤드류 머레이의 히브리서 묵상록 지성소』(벧엘서원, 2015).

550쪽 분량의 주석으로 된 이 책은 고전이다! 히브리서에 관한 최고의 묵상 자료이다. 나는 어느 토요일 밤 늦게 저자의 책을 읽던 기억이 난다. 다음 날 아침 히브리서 설교를 할 준비를 하고 있을 때였다. 이 책은 나의 영혼을 따뜻하게 한다. 히브리서 8:12-13에 보석과 같은 생각이 기록되어 있다. "용서는 문이며, 거룩함은 길이며, 하나님의 임재는 축복이다. … 세 가지 축복: 죄의 용서, 마음의 순결, 하나님의 존재." 기도에 관한 저자의 책들, 특히 다음과 같은 기도학교 책들을 잊지 말고 모두 읽으라. *With Christ in the School of Prayer.*

Westwood, NJ: Revell, 1953.

Newell, William. *Hebrews: Verse by Verse.* **Grand Rapids: Kregel**, 2005.
D. L. 무디가 사망하기 직전에 저자는 교육부서의 사역에 임명되었다. 저자는 1956년 사망할 때까지 국제적인 교육사역을 수행했다. 저자에 의하여 기록된 이 책은 히브리서에 대한 최고의 경건한 주석 중 하나이다. 그는 또한 위대한 찬송가인 "갈보리에서"의 저자이기도 하다.

○ 특별연구

Lincoln, Andrew. *Hebrews: A Guide.* **London: T&T Clark**, 2006.
장르 및 수사학, 구조, 배경, 구약의 사용, 기독교학, 구원론 및 종말론에 대하여 정경적으로 또한 목회적으로 연구가 된 훌륭한 자료이다.

Trotter, *Andrew. Interpreting the Epistle to the Hebrews.* **Grand Rapids: Baker**, 1997.
절판되었지만 설교자에게는 매우 도움이 되는 책이다. 서론, 구조, 본문의 문제, 석의적 문제와 신학의 문제를 쉽게 따라갈 수 있는 방식으로 다룬다.

○ 설교

Draper, James. *Hebrews: The Life that Pleases God.* **Wheaton: Tyndale**, 1976.
디도서에서 다룬 동일저자에 대한 설명을 참조하라. 본 자료는 본문 설명에 뛰어나고 실용적이며, 현실에 와 닿는 설교들이다. 저자는 히브리서의 경고의 본문들을 잘 설명했다!

Manton, Thomas. *By Faith: Sermons on Hebrews 11.* **Edinburgh: Banner of Truth, 2000 reprint [1873 edition].**

31절에 대하여 65개의 설교가 있다! 전형적인 청교도 방식이다. 저자는 청교도 신학을 성경의 본문만큼 선포하는 데 관심이 있다. 시간이 있다면 이 설교는 읽을 가치가 있다. 그는 또한 시편 119편에 관하여 거의 1700쪽의 설교를 3권으로 저술했다. 실제로 현존하는 22권의 작품들은 대부분 설교로 구성되어 있다.

M'Cheyne, Robert Murray. *Sermons on Hebrews.* **Michael McMullen, ed. Edinburgh: Banner of Truth, 2004.**

20세기 초 에든버러의 제임스 맥도날드는 약 60년 전의 설교자의 것인 오래된 종이 상자를 구입했다. 상자 안의 내용은 로버트 머레이와 맥체인의 설교 노트로 밝혀졌다. 브라이튼의 유명한 목사가 히브리서에서 선택한 본문에 관한 24개의 설교가 있다.

Perkins, William. *A Commentary on Hebrews 11.* **New York: Pilgrim Press, 1991 reprint.**

이 도서는 청교도 중 가장 위대한 사람 중 한 명에 의하여 쓰였다. 1609년에 출간되었다. 1590년대 케임브리지에서 설교한 히브리서 11:1-12:1에 대한 일련의 강해설교이다. 시간이 있다면 읽을 만한 가치가 있는 설교이다.

Seiss, Joseph A. *Lectures on Hebrews.* **Grand Rapids: Baker, 1954.**

여기 여러분의 마음을 따뜻하게 해줄 36개의 설교가 있다. 이 자료들은 설교를 할 때 도움을 줄 수 있을 것이다. 요한계시록의 자료들도 참조하면 좋다.

Vines, Jerry. *Hebrews.* **Neptune, NJ: Loizeaux, 1993.**

이 책은 경험 많은 침례교 목회자이자 강해설교자의 것이다. 저자는 플로리다 잭슨빌에 있는 제일침례교회의 목사로 25년 동안 목회활동을 했다.

○ 한국어 추가자료

D. 거쓰리, 『히브리서』 (김병모 역; CLC, 2015).

『틴데일 신약주석 시리즈』의 의도에 맞게, 본서는 비평적 쟁점들에 매몰되지 않으면서도 본문의 의미를 이해하는 데 도움이 되는 자료이다. 헬라어와 전문적인 신학적 논의는 최소화하고 있지만 저자의 필요에 따라 '추가설명'란에 이러한 논의를 덧붙이기도 한다. 본문에 대한 적용을 따로 제공하지는 않는다. 너무 전문적이지 않으면서도 본문 해설이 충실한 주석을 찾고 있다면 『틴데일 신약주석 시리즈』를 참고하라.

조지 H. 거쓰리 외, 『일반서신·요한계시록』 (김주원, 김용재, 박정식 역; 기독교문서선교회, 2012).

기독교문서선교회의 『신약의 구약 사용 주석 시리즈』의 다섯 번째 책으로, 본서는 원래 D. A. 카슨과 G. K. 빌이 공동편집하고 다수의 신약학자들이 집필에 참여한 『Commentary on the New Testament Use of the Old Testament』라는 원제의 방대한 저작을 성경의 책별로 나누어 번역 출판한 것이다. 히브리서의 구약 사용 부분은 조지 H. 거쓰리가 집필했다. 히브리서뿐 아니라 신약에 나타난 구약 구절의 사용에 대한 다양한 해석학적, 신학적 논의를 연구하기 위해서는 반드시 이 책을 거쳐야 한다.

조재천, 『히브리서』 (홍성사, 2016).

이 책은 홍성사가 기획한 『그리스도인을 위한 통독 주석 시리즈』의 일부이다. 이 주석 시리즈는 한국 성경학자들이 진지하게 성경을 연구하는 그리스도인들을 대상으로 신구약의 각 책을 주석하는 것을 목표로 하고 있으며, 본문 해설과 현대적인 적용에 있어 모두 탁월하다. 지나치게 학문적이지 않지만 꼭 필요한 학문적 논의는 누구나 이해할 수 있는 언어로 잘 풀어냈다. 이 시리즈의 신약 파트의 경우, 본서와 한일장신대 신약학 교수였던 박영호 박사의 『빌립보서』만이 출판되었는데, 둘 다 완성도가 매우 높은 작품이며 시리즈의 다음 책이 기대가 된다. 본서는 전주대학교에서 신약학을 가르치고 있는 조재천 교수가 집필한 책이다.

이필찬, 『이보다 더 좋을 수 없다』 (엔크리스토, 2009).
저자는 영국 세인트앤드류스대학(University of St. Andrews)에서 박사학위를 받고, 웨스트민스터신학대학원대학교에서 가르치는 신약학 교수이다. 본 주석은 『이필찬 교수의 주해와 설교 시리즈』에 속해 있다. 본 시리즈는 원어분석을 기반으로 하여 본문의 구조를 파악하게 한다. 또한, 본문의 중심생각을 찾아 설교로 연결할 수 있는 안내자 역할을 한다.

양용의, 『히브리서 어떻게 읽을 것인가』 (성서유니온, 2016).
저자는 옥스퍼드대학의 위클리프홀에서 신약학 박사를 마치고 현재 에스라성경대학원대학교에서 신약학 교수로 섬기고 있다. 한국교회 현장을 아는 한국인 성경학자의 눈으로 히브리서를 개관한 설명과 함께 문맥을 고려한 본문설명과 히브리서의 교리에 중점을 두어 설명한다. 여러 신학적 견해를 소개하기보다는 본문을 목회적으로 이해하는 데 중점을 두고 저술되었다.

야고보서

○강해적 주석

Blomberg, Craig L. and Mariam J. Kamell. *James.* ZECNT. Grand Rapids: Zondervan, 2008. 『강해로 푸는 야고보서』 (디모데, 2014).

견고한 석의, 신학, 적용은 모든 설교자들에게 도움이 될 것이다. 야고보서의 구조에 강하다.

Davids, Peter H. *The Epistle of James.* NIGTC. Grand Rapids: Eerd-mans, 1982.

강력한 석의적 연구이다. 신학에 대한 광범위한 논의가 있다. 그리고 문학 구조와 논쟁의 흐름에 주의를 기울일 필요가 있다. 바우어는 이 책이 신학과 목회 문제에 대하여 고려하고 있으므로 가르치고 설교하는 데 유용하다고 말한다.

Martin, Ralph. *James.* WBC. Waco, TX: Word, 1988. 『야고보서』 (솔로몬, 2001).

저자는 고대 및 현대 문학에 대한 광범위한 지식을 가지고 있다. 본 주석에서 강력하고 정확한 석의적 분석을 했다. 야고보서의 야고보 저작을 부인한다. 야고보의 제자들이 야고보에 대한 말을 이 서신에 편집했다고 주장한다. 카슨은 "응축된 배움의 걸작이다"라고 말한다. 진지한 연구를 원하는 학자와 목회자에게 도움이 될 수 있는 훌륭하고 견고한 주석이다.

Mayor, Joseph. *The Epistle of St. James: The Greek Text with Introduction and Comments.* 2nd ed. Grand Rapids: Baker, 1978.

야고보서에 대한 최고의 학문적 주석 중 하나이다. 500쪽 이상이다. 서론의 자료를 다루는 부분이 260쪽에 달한다. 헬라어에 대한 지식이 없는 목회자들에게는 너무도 힘들고 어려운 일이다. 저자는 런던의 킹스칼리지(King's College London)에서 고전학 교수로 재직했으며 캠브리지대학의 세인트존스칼리지(St. John's College)의 명예교수였다.

McCartney, Dan G. *James*. BECNT. Grand Rapids: Baker, 2009.
『BECNT 야고보서』(부흥과개혁사, 2016).
"엄격한 석의가 신중하게 전달되었다. 신학적 성찰을 담고 있다"고 카슨이 말한다.

Vlachos, Chris. *James: Exegetical Guide to the Greek New Testament*. Nashville: Broadman & Holman, 2013.
목회자들은 이 책과 이 시리즈에서 설교 준비에 대한 매우 유용한 자료를 얻게 될 것이다. 카슨은 이 책을, 중요한 주해적 정보를 담고 있는 별과 같이 빛나는 자료라고 불렀다. 또한 본 도서에서 설교적인 힌트도 놓치지 말아야 한다.

강해직 주석

Greenlee, J. Harold. *Exegetical Summary of James*. Dallas: SIL International, 1993.
히브리서에서 다룬 동일 저자에 대한 설명을 참고하라.

Guthrie, George. *James*. REBC 13. Grand Rapids: Zondervan, 2006.
저자는 글을 쓸 때 항상 목회자에게 도움이 되는 견고한 주해자료를 내놓는다.

Hiebert, D. Edmond. *James*. Revised ed. Chicago: Moody, 1992.
이미 독자들이 이 책에서 여러 번 알아차렸듯이, 나는 본 주석의 저자에게 항상 높은 점수를 준다. 그는 강해설교자들을 염두에 두고 글을 쓴다.

Johnson, Luke Timothy. *The Letter of James.* **AB. New Haven: Yale Uni-versity Press, 2008.**

바우어는 본 주석이 야고보서에 대한 최고의 주석이라고 주장한다. "명쾌하고 우아하게 쓰이고 신학적으로 심오하다"고 말한다. 저자는 영어로 쓰인 책 중 야고보서의 해석의 역사에 대한 가장 포괄적인 연구를 제공한다. 야고보서와 신약성서의 나머지 부분, 특히 바울과의 관계를 잘 분석한다. 언어 분석과 책의 전체적인 일관적인 구조를 강조한다. 이 책은 『앵커바이블』 시리즈 중 가장 좋은 주석 중 하나이다.

McKnight, Scot. *The Letter of James.* **NICNT. Grand Rapids: Eerd-mans, 2011.**

저자는 거의 500쪽에 달하는 책을 저술하였다. 카슨은, "성실하고 명료하게 썼다. ... 배움과 성찰의 보고이다"라고 평가한다.

Moo, Douglas J. *The Letter of James.* **PNTC. Grand Rapids: Eerd-mans, 2000.** 『PNTC 야고보서』 (부흥과개혁사, 2016).

카슨이 이 책에 대하여 다음과 같이 말한다. "좋은 판단력과 훌륭한 글 표현력, 건전한 신학, 때로는 좋은 적용이 잘 어우러진 아름다운 조합이다."

Vaughan, Curtis. *James.* **Cape Coral, FL: Founders Press, 2003.**

원래 『*Study Guide*』 시리즈에서 1969년에 발행되고 출판되었다. 목회자, 특히 헬라어를 배우지 않은 사람들에게 도움이 될 수 있는, 짧지만 유용한 자료이다. 저자는 거의 40년 동안 사우스웨스턴침례신학교의 신약과 헬라어를 가르치는 존경받는 교수였다.

○목회적 주석

Blanchard, John. *Truth for Life: A Devotional Commentary on the Epistle of James.* 2nd ed. Durham, England: Evangelical Press, 1986.

저자는 수많은 베스트셀러 책을 쓴 국제적으로 잘 알려진 복음전도자이다. 이 주석은 일차적으로는 묵상을 위한 것이지만, 본문의 주해에 근거한다. 설교자는 여기서 많은 도움을 받을 것이다.

Manton, Thomas. *An Exposition of the Epistle of James.* London: Banner of Truth, 1968. 『토마스 맨튼 성경주석: 야고보서 (상) (하)』 (아가페출판사, 2015).

신앙서적계의 고전이다. 청교도식의 장황함이 있지만-이런 식으로 설교하지 않는 것이 좋다-적용 부분이 풍성한 것이 장점이다.

Zodhiates, Spiros. *The Behavior of Belief: An Exposition of James Based upon the Original Greek Text.* 3 volumes in one. Ridgefield, NJ: AMG Press, 1966 (Originally published by Eerdmans in a one-volume edition).

저자의 책은 목회자에게 유용한 단어 연구와 결합된 예화와 적용을 제공하므로 매우 도움이 된다. 그러나 지난 40년 동안 발생한 헬라어 연구의 진전에 대해서는 잘 반영되어 있지 않다.

○특별연구

Chester, Andrew and Ralph Martin. *The Theology of the Letters of James, Peter, and Jude.* Cambridge: Cambridge University Press, 1994.

신약 신학 시리즈의 일부분이다. 이 연구는 야고보서에 대하여 간략하지만 도움이 되는 개요를 제공한다. 체스터는 야고보서를, 마틴은 베드로서와 유다서를 다루었다. 목회자들은 이 시리즈의 모든 주석에서 약간의 신학적 불일치를 발견하게 되겠지만, 그래도 이 자료들은 유용할 것이다.

Taylor, Mark. *A Text-linguistic Investigation into the Discourse Structure of James.* **London: T&T Clark,** 2006.
저자는 사우스웨스턴침례신학교에서 신약과 헬라어를 가르친다. 본 연구는 그의 박사학위 논문의 결실이다. 야고보서의 구조에 대하여 여러 의견이 있었기 때문에 특히 중요한 연구이다. 본서는 설교자들이 야고보서의 설교 단위를 어떻게 나눠서 할지 결정하는 데 도움을 줄 것이다.

○설교

Dale, R. W. *The Epistle of James and Other Discourses.* **London: Hodder & Stoughton,** 1895.
영국 버밍엄의 위대한 목사가 야고보서 4:1-6에 대한 10개의 설교를 보여준다. 저자는 이러한 설교를 준비하기 위해 메이어의 야고보서 주석을 많이 사용했다.

Stier, Rudolph. *The Epistle of St. James.* **Minneapolis: Klock & Klock,** 1982.
19세기 독일 경건주의의 최고의 목회자가 자신의 교회에서 행한 강해설교이다. 여기 현대 목회자들에게 도움이 되는 방법으로 강해와 적용이 함께 들어 있다.

○한국어 추가자료

조지 H. 거쓰리 외, 『일반서신·요한계시록』(김주원, 김용재, 박정식 역; 기독교문서선교회, 2012).
기독교문서선교회의 『신약의 구약 사용 주석 시리즈』의 다섯 번째 책으로, 본서는 원래 D. A. 카슨과 G. K. 빌이 공동편집하고 다수의 신약학자들이 집필에 참여한 『*Commentary on the New Testament Use of the Old Testament*』라는 방대한 원제의 저작을 성경의 책별로 나누어 번역 출판한 것이다. 야고보서의 구약 사용 부분은 D. A. 카슨이 집필했다. 야고보서뿐 아니라 신약에 나타난 구약 구절의 사용에 대한 다양한 해석학적, 신학적 논의를 연구하기 위해서는 반드시 이 책을 거쳐야 한다.

다니엘 도리아니, 『야고보서』 (정옥배 역; 부흥과개혁사, 2012).
저자는 센트럴장로교회(Central Presbyterian Church) 담임목사이고 커버넌트신학교(Covenant Theological Seminary) 신약학 교수였다. 특히 성경연구방법과 해석의 방법에 대한 전문가이다. 학문적 깊이와 현장의 필요를 해석학적으로 균형을 잡아 잘 담아냈다. 특히 개혁주의 신학의 관점으로 야고보서를 주해했다.

찰스 스윈돌, 『야고보서, 베드로전·후서』 (김희수 역; 디모데, 2011).
『찰스 스윈돌의 신약 인사이트 시리즈』는 목회자들에게 유용한 강해적 주석이다. 매 장을 구성하고 있는 글이 한 편의 완성된 설교와도 같다. 절별 주해를 제공하고 있지는 않지만, 섹션별로 본문에 대한 설명을 제시한 뒤 해당 본문에 대한 적용으로 글을 마무리한다. 강해설교자들은 이 책에서 수많은 통찰력과 아이디어를 얻을 것이다.

채영삼, 『지붕 없는 교회: 야고보서의 이해』 (이레서원, 2012).
저자는 트리니티복음주의신학교에서 마태복음을 연구하고 박사학위를 받았다. 현대 신앙인이 교회생활과 사회생활 가운데 직면할 수 있는 문제를 본문주해와 깊이 있는 신학적 사고로 명료하게 해답을 제시하는 강점이 있다.

베드로전서

ㅇ석의적 주석

Forbes, Greg. *1 Peter*. EGGNT. Nashville: Broadman & Holman, 2014.

마이클 버드는, "포브스는 읽을 만한 두꺼운 책을 만들어냈다.… 그것은 훌륭한 금광이다."라고 말한다. 카슨은 이렇게 말한다. "포브스는 간결한 형태로 목회자와 학생들이 원하고 필요로 하는 자세한 주해적 정보를 충분히 제공한다. 목회자들은 종종 자기 스스로 그러한 정보를 모을 시간이 없다."

Jobes, Karen H. *1 Peter*. BECNT. Grand Rapids: Baker, 2005.

저자는 휘튼대학에서 신약성경과 헬라어 및 석의를 가르치는 교수이다. 그녀가 대학을 다닐 때 누군가가 할 린제이의 『*Late Great Planet Earth*』와 NIV 요한복음을 전해 주었고 회심했다. 70인역 학자인 저자는 헬라어로 번역된 구약에 대한 지식을 자신의 주석에 담았다. 이 작품은 수사학적, 사회-과학적 방법론을 전통적인 해석 방법에 능숙하게 통합한다. 학문적이지만 또한 목회자에게도 유익이 되는 자료이다.

Johnstone, Robert. *The First Epistle of Peter: Revised Text with Intro-duction and Commentary*. Minneapolis: James Family Christian Publishers, 1978 reprint [1888].

저자의 연구는 서신을 주석적으로 다루었을 뿐만 아니라 일관성 있게 전체로 묶으려 시도한다. 이것은 19세기 주석에서 행해지지 않는 방식이었다. 저자는 신중하게 대안적 해석을 검토한다(예를 들어, 4:17 참조). 보수적으로 연구했고, 목회자들이 시간을 내서 읽어볼 가치가 있는 연구이다.

○강해적 주석

Davids, Peter H. *The First Epistle of Peter.* NICNT. Grand Rapids: Eerdmans, 1990.

신학을 중심으로 문학구조를 분석했다. 언어적 분석이나 역사적 배경에는 적게 초점을 두었다. 하지만 설교자들에게 유용한 자료이다.

Hiebert, D. Edmond. *First Peter: An Expositional Commentary.* Chicago: Moody, 1984.

철저한 주해, 상세한 개요, 실용적인 적용 및 참고문헌이 강해설교자에게 유익이 되는 좋은 주석이다. 본 저자가 쓴 주석은 읽을 만하다.

Kelly, J. N. D. *A Commentary on the Epistles of Peter and of Jude.* BNTC. Grand Rapids: Baker, 1993. 『J. N. D. 켈리: 베드로전후서 유다서』 (아가페출판사, 2014).

목회서신에서 다룬 동일 저자에 대한 설명을 참고하라. 원래 『BNTC』로 출판되었다. 마틴은, "전체적으로 베드로의 메시지의 핵심에 도달하는데 있어 J. N. D. 켈리를 필적할 만한 사람들이 없다"고 말한다.

Leighton, Robert. *Commentary on First Peter.* Grand Rapids: Kregel, 1972 reprint [1853].

이 주석은 저자의 주요 작품이다. 저자는 17세기의 규범적 인물이었으며, 에든버러 대학교의 학장이었고 교수였다. 1670년에는 글래스고 대주교였다. "그의 설교는 정말 대단한 몸짓과 생각과 언어의 위엄을 가지고 있고 숭고한 긴장감을 가지고 있다. 나는 그가 설교할 때 전체 집회가 종종 눈물로 녹아드는 것을 본다."라고 오르메는 말한다. 또한 다음과 같이 이 책에 대해 논한다. "신학이 자연스럽게 배워진다. 체계적인 경직성이 없고, 적절한 이미지와 아름다운 언어 흐름에서 웅변이 나온다."

Lillie, John. *Lectures on the First and Second Epistles of Peter.* **Minnea -polis: Klock & Klock, 1978 reprint [1869].**

비록 오래된 자료이지만, 여전히 베드로의 편지에 대하여 가치 있는 책이다. 저자는 고전과 성경 학자이다. 헬라어 석의에서 오에쿠메니우스의 글을 적절하게 인용한다. 그리고 셰익스피어와 같이 문학적으로 표현한다(베드로서 3:1-2에 대한 그의 주석 참조). 그는 55세의 나이로 뉴욕 킹스턴에 있는 제일장로교회의 목사로 섬길 때 전성기에 사망했다. 오늘날 설교자들에게 잊혔지만 이 책에는 많은 보물이 있다.

Marshall, I. Howard. *1 Peter.* **IVPNTC. Downers Grove: InterVarsity, 1991.**

카슨은 이 책을 "훌륭하다"고 말한다. 저자는 거의 항상 좋은 자료를 전달한다. 이것은 설교자에게 도움이 되는 책이다.

Michaels, J. Ramsey. *1 Peter.* **WBC. Waco, TX: Word, 1988.** 『베드로전서』(솔로몬, 2006).

이 책의 초점은 역사적 배경과 단어연구 및 구문 분석에 있다. 하지만 해석과 적용의 역사에 관한 내용은 거의 없다. 전체적으로 견고한 자료이다.

Patterson, Paige. *A Pilgrim Priesthood: An Exposition of the Epistle of First Peter.* **Eugene, OR: Wipf & Stock, 2004.**

저자는 사우스웨스턴침례신학교의 총장이며, 남침례교 총회의 총회장을 역임했다. 이 책은 훌륭하고 간결하다, 하지만 저자의 성령에 대한 설명은 20쪽 밖에 안 되어 충분하지 않다.

Schreiner, Thomas R. *1 & 2 Peter and Jude.* **NAC. Nashville: Broad -man & Holman, 2003.**

카슨은 이 주석을 가장 인상적인 주석 중 하나라고 부른다. 또한 카슨은 "존경할 만한 명료한 주석과 신학적 성찰이 있다"고 말한다. 저자는 서든침례신학교에서 신약성경을 가르치고 강력한 개혁주의 구원론의 관점에서 주석을 썼다.

Selwyn, E. G. *The First Epistle of St. Peter*. London: Macmillan & Co., 1964.
본서는 500쪽에 달하는 엄청난 양의 주석이다. 도움이 되고 배울만한 주해로 가득 찬 책이다. "추가설명"과 두 개의 긴 "논평"이 있다. 첫 번째 논평은 옥에 있는 영혼들을 다룬다. 저자는 그것을 세(침)례의 신학과 기독교인의 생활이라고 잘못 생각한다. 더 깊이 연구하고 싶은 목회자만이 궁극적으로 이 책에서 유익을 얻을 것이다.

Vaughan, Curtis and Thomas Lea. *1, 2 Peter, Jude*. BSC. Grand Rapids: Zondervan, 1988.
본서에 대해서는 베드로전서에서 다룬 저자에 대한 설명을 참고하라. 레아는 신약교수였고 후에 사우스웨스턴신학교 학장을 역임했다. 시리즈의 의도에 따라, 이 책은 목사들, 특히 헬라어 배경이 없는 사람들에게 훌륭한 책이다. 설명은 간결하고 목표에 부합하다.

○ 목회적 주석

Jowett, J. H. *The Epistles of St. Peter*. Grand Rapids: Kregel, 1970 reprint [1905].
저자는 에든버러와 옥스퍼드에서 교육을 받았으며 평생을 목회한 영국 회중주의자이다. 그는 영국 버밍엄에 있는 R. W. 데일을 따라 거의 15년 동안 목회했다. 8년 동안 그는 뉴욕의 유명한 피프스애비뉴장로교회(Fifth Avenue Presbyterian Church)에서 목회했다. 영국으로 돌아온 그는 위대한 G. 캠벨 모건보다 먼저 런던에서 잘 알려진 웨스트민스터채플의 목회자로 섬겼다. 베드로서에 대한 저자의 연구는 강해와 적용이 잘 어우러진 작품이다. 저자는 구절별로, 문단별로, 강해적이고 경건한 만찬을 제공한다. 이 책을 놓치지 마라.

Meyer, F. B. *Tried by Fire*. New York: Revell, n.d.
영국 침례교도의 펜으로부터 매우 훌륭한 목회적 저작이 탄생했다. 나는 저자의 모든 책을 소장하려고 노력하고 있다.

○설교
Lloyd-Jones, David Martyn. *Expository Sermons on Peter*. Carlisle, PA: Banner of Truth, 1983.
이 설교들은 저자가 웨스트민스터채플에서 담임목회자가 된 직후인 1946-47년에 행한 것들이다. 이 설교는 저자가 성경을 따라 처음으로 시작한 시리즈 설교이다. 전쟁 후에 힘들어하던 그의 성도들을 위해 선택된 본문이다.

○한국어 추가자료
웨인 A. 그루뎀, 『베드로전서』 (왕인성 역; CLC, 2014).
저자는 영국 캠브리지대학에서 박사학위를 마치고 현재 미국의 피닉스신학교(Phoenix Seminary) 교수로 섬기고 있다. 특히, 『ESV 스터디바이블』 총편집장이며 복음주의에 좋은 영향을 끼치고 있다. 저자는 고통을 당하는 기독교인들이 어떻게 살 것인가에 대한 해답을 베드로전서를 강해하며 문법적, 역사적, 신학적으로 설명하며, 1세기의 외경을 포함한 다양한 일차 자료를 사용한다.

조지 H. 거쓰리 외, 『일반서신·요한계시록』 (김주원, 김용재, 박정식 역; 기독교문서선교회, 2012).
기독교문서선교회의 『신약의 구약 사용 주석 시리즈』의 다섯 번째 책으로, 본서는 원래 D. A. 카슨과 G. K. 빌이 공동편집하고 다수의 신약학자들이 집필에 참여한 『*Commentary on the New Testament Use of the Old Testament*』라는 원제의 방대한 저작을 성경의 책별로 나누어 번역 출판한 것이다. 베드로전서의 구약 사용 부분은 D. A. 카슨이 집필했다. 베드로전서뿐 아니라 신약에 나타난 구약 구절의 사용에 대한 다양한 해석학적, 신학적 논의를 연구하기 위해서는 반드시 이 책을 거쳐야 한다.

찰스 스윈돌, 『야고보서, 베드로전·후서』 (김희수 역; 디모데, 2011).
『찰스 스윈돌의 신약 인사이트 시리즈』는 목회자들에게 유용한 강해적 주석이다. 매 장을 구성하고 있는 글이 한 편의 완성된 설교와도 같다. 절별 주해를 제공하고 있지는 않지만, 섹션별로 본문에 대한 설명을 제시한 뒤 해당 본문에 대한 적용으로 글을 마무리한다. 강해설교자들은 이 책에서 수많은 통찰력과 아이디어를 얻을 것이다.

채영삼, 『십자가와 선한 양심: 베드로전서의 이해』 (이레서원, 2014).
저자는 백석대학교 신학대학원의 신약학 교수이다. 최근 공동서신에 대한 연구가 통찰력이 있다. 본 주석은 본문을 주해하면서 신자들이 신앙의 순례의 길을 가는 중, 오히려 악한 일에 고통당함을 분석하며 현대인에게 성경적 해법을 제시한다.

에드민드 글라우니, 『베드로전서 강해』 (정옥배 역; IVP, 2008).
저자는 웨스트민스터신학교에서 박사학위를 마치고 목회 후, 웨스트민스터 신학교에서 실천신학 교수로 섬겼다. 저자는 그리스도 중심의 설교에 중요한 공헌을 했다. 이러한 신학적 접근이 본 도서에도 잘 반영되어 있다. 본 주석은 본문을 주해하고 설명하지만 여기에 멈추지 않고 현대인에게 지속적으로 말씀하시는 하나님의 뜻을 전달하려고 한다.

베드로후서 · 유다서

○ 석의적 주석

Green, Gene L. *Jude and 2 Peter*. **BECNT. Grand Rapids: Baker,** 2008.

본질적이고 세부적인 주해적 내용을 담고 있지만, 현장의 목회자들에게도 접근 가능하다. 저자는 휘튼의 신약성경 교수이다. 보컴은, "본서는 특히 그리스 로마 세계의 문학, 철학, 수사학을 잘 설명하고 있는 역사적인 해석으로 가득 차 있다"고 말한다.

Mayor, Joseph. *The Epistle of St. Jude and the Second Epistle of St. Peter*. **Grand Rapids: Baker,** 1979 [1907].

대부분의 목회자들에게는 너무 상세하고 전문적이지만, 훌륭한 주해적 내용을 담고 있다. 고대 문헌을 인용한 라틴어와 헬라어 자료가 많다. 저자는 베드로후서가 2세기의 익명의 저자의 글이라고 잘못 결론짓는다. 저자는 런던 킹스칼리지의 고전학 교수였고, 이후 캠브리지대학의 세인트존스칼리지의 명예교수였다.

○ 강해적 주석

Bauckham, Richard. *Jude, 2 Peter*. **WBC. Nashville: Thomas Nelson,** 1983. 『유다서·베드로후서』 (솔로몬, 2010).

베드로후서를 1세기 말까지의 익명의 저자에 의하여 쓰였다고 보고 있다. 하지만, 저자의 주석은 문학적이고 구문론적 구조와 신학에 대한 진지한 내용을 담고 있는 자료이다. 저자는 관심 있는 독자들에게 해석의 역사에 대한 좋은 자료를 제공한다. 바우어는 2003년에 이 책에 대해, "이 분야에 가장 권위 있는 현존하는 주석"이라고 말했다. 카슨은 이 편지들에 대한 최고의 주석으로 여겼다.

Davids, Peter H. *The Letters of 2 Peter and Jude.* PNTC. Grand Rapids: Eerdmans, 2006.

카슨에 따르면 풍부한 주석과 사려 깊은 신학적 성찰이 있다. 목회자들에게 도움이 되는 도서이다.

Green, Michael. *The Second General Epistle of Peter and the General Epistle of Jude.* TNTC. 2nd ed. Grand Rapids: Eerdmans, 2007. 『베드로후서, 유다서』 (기독교문서선교회, 1980).

저자는 옥스퍼드 신학자이자 성공회 성직자로 50권 이상의 책을 저술했다. 모든 목회자의 서재에 꼭 있어야 하는 자료는 그의 책 『*Evangelism in the Early Church*』이다. 이 책은 매우 충실한 내용을 담고 있으면서도 어떤 목회자든 접근하기 쉽다.

Hiebert, D. Edmond. *Second Peter and Jude: An Expositional Commentary.* Greenville, SC: BJU, 1989.

저자는 이러한 서신들을 "신약성경의 어두운 구석"이라고 부른다. 그는 이 보물들에 밝은 빛을 비추며 설교자들이 보석을 성도들과 공유할 수 있도록 돕는다. 적용에 심숭하면서도 뛰어난 주해가 이 책을 강해자들에게 매우 가치 있는 것으로 만든다. 나는 본 저자가 쓴 모든 것을 소유하고 있다.

Manton, Thomas. *An Exposition on the Epistle of Jude.* Wilmington, DE: Sovereign Grace Publishers, 1972.

많은 책을 저술한 청교도 저자가 쓴 고전이다. 오래되었지만, 여전히 정독하여 읽을 만한 가치가 있다.

Moo, Douglas J. *2 Peter, Jude.* NIVAC. Grand Rapids: Zondervan, 1997. 『NIV 적용주석 베드로후서·유다서』 (솔로몬, 2015).

저자의 책은 주해에 있어서 강하지만, 적용도 있다. 강해설교자에게는 매우 도움이 된다.

Schreiner, Thomas R. *1 & 2 Peter and Jude.* **NAC. Nashville: Broad-man & Holman, 2003.**
베드로전서에서 다룬 동일 저자에 대한 설명을 참고하라.

Vaughan, Curtis and Thomas Lea. *1, 2 Peter, Jude.* **BSC. Grand Rapids: Zondervan, 1988.**
로마서에서 다룬 동일 저자에 대한 설명을 참고하라.

○한국어 추가자료

조지 H. 거쓰리 외, 『일반서신·요한계시록』 (김주원, 김용재, 박정식 역; 기독교문서선교회, 2012).

기독교문서선교회의 『신약의 구약 사용 주석 시리즈』의 다섯 번째 책으로, 본서는 원래 D. A. 카슨과 G. K. 빌이 공동편집하고 다수의 신약학자들이 집필에 참여한 『*Commentary on the New Testament Use of the Old Testament*』라는 원제의 방대한 저작을 성경의 책별로 나누어 번역 출판한 것이다. 베드로후서와 유다서의 구약 사용 부분은 D. A. 카슨이 집필했다. 베드로후서와 유다서뿐 아니라 신약에 나타난 구약 구절의 사용에 대한 다양한 해석학적, 신학적 논의를 연구하기 위해서는 반드시 이 책을 거쳐야 한다.

찰스 스윈돌, 『야고보서, 베드로전후서』 (김희수 역; 디모데, 2011).

『찰스 스윈돌의 신약 인사이트 시리즈』는 목회자들에게 유용한 강해적 주석이다. 매 장을 구성하고 있는 글이 한 편의 완성된 설교와도 같다. 절별 주해를 제공하고 있지는 않지만, 섹션별로 본문에 대한 설명을 제시한 뒤 해당 본문에 대한 적용으로 글을 마무리한다. 강해설교자들은 이 책에서 수많은 통찰력과 아이디어를 얻을 것이다.

J. N. D 켈리, 『베드로전후서 유다서』 (전순영, 김유배 역; 아가페출판사, 2014).

본문을 연구하는 데 도움이 되는 검증된 주석이다. 『헨드릭슨 패턴 주석 시리즈』에 속해 있다. 최근 새롭게 개정이 되어 현대어로 번역이 되었다. 전통적인 해석을 확인하기 위해서 본 주석을 참조할 수 있다.

딕 루캇, 크리스토퍼 그린, 『베드로후서·유다서 강해』 (정옥배 역; IVP, 2008).

두 복음주의 지도자가 공동으로 집필한 주석이다. 딕 루캇은 영국의 대표적인 복음주의 목회자이자 신학자이다. 크리스토퍼는 영국 임마누엘교회에서 목사였다. 두 복음주의 목회자는 교회가 바른 교회 가운데 있어야 함을 베드로후서와 유다서 강해를 통하여 설명한다. 특히 교회 안의 이단적 거짓교사와 재림의 주제에 대하여 비판적으로 설명한다. 교회를 바른 교리로 세우는 데 도움을 주는 주석이다.

채영삼, 『신적 성품과 거짓 가르침: 베드로후서의 이해』 (이레서원, 2017).

앞서 소개한 동일 저자의 야고보서의 자료를 참조하면 된다.

요한서신

요한 1, 2, 3서

Smalley, Stephen. *1, 2, 3 John.* WBC. Waco, TX: Word, 2007. 『요한 1, 2, 3서』 (솔로몬, 2005).

논증의 흐름에 주의를 기울여 모든 구절에 대한 세심한 어휘 연구와 의미론적 분석을 수행한다. 또한 신학적 의미에 대한 충실한 설명도 있다. 카슨은, 이 저자가 다른 사람들의 입장을 요약하고 그것들과 상호 작용할 때 최선을 다하고 있다고 말한다.

Westcott, B. F. *The Epistles of St. John: The Greek Text with Notes and Essays.* London: Macmillan, 1883.

이 책에는 헬라어에 대한 저자의 지식, 교회 교부들에 대한 지식, 고대의 고전에 대한 방대한 지식이 분명히 드러난다. 이 주석은 표준적이며 고전적인 자료이다.

Yarbrough, Robert W. *1–3 John.* BECNT. Grand Rapids: Baker, 2008.

이 책은 본 서신에 대한 전반적인 주해적/강해적 자료 중 가장 좋은 것이다. 저명한 신약 학자에 의한 분별 있는 연구이다. 나는 크로스웨이의 『*Preaching the Word*』 시리즈에서 요한 1-3서를 저술했다. 이때 나는 이 책을 많이 사용했다. 본 도서는 요한서신을 설교하는 데 꼭 필요한 것이다.

○강해적 주석

Akin, Daniel L. *1, 2, 3 John.* NAC. Nashville: Broadman & Holman, 2001.

사우스이스턴침례신학교 총장의 펜에서 나온 이 책은 요한서신에 대한 최고의 강해적 주석 중 하나이다. 그것은 건전하게 주해되고 강해적이면서도, 신학에 집중한다. 크로스웨이의 『Preaching the Word』 시리즈에서 요한 1-3서에 대한 설교를 준비할 때 나는 본 도서를 많이 사용했다. 모든 설교자가 이 책을 꼭 소장해야 한다. 저자와 나는 대학, 신학교, 박사과정을 함께 했다.

Burdick, Donald. *The Letters of John the Apostle*. Chicago: Moody, 1985.

1980년대 중반에 나는 본서를 통해 요한 서신을 설교할 때 많은 유익을 얻었다. 나는 오늘날에도 이 책이 여전히 유용하다는 것을 알게 되었다. 90쪽에 달하는 서론이 있고 헬라어 본문을 바탕으로 한 거의 400쪽에 달하는 성경 강해로 연결된다. 위의 주석의 저자는 석의적, 강해적, 구조적, 그리고 신학적인 네 개의 섹션으로 나눈다. 설교자들이 요한의 서신을 설교할 때 본 주석을 참조하여야 한다. 저자는 덴버신학교 신약학 교수였다.

Hiebert, D. Edmond. *The Epistles of John: An Expositional Commentary*. Greenville, SC: Bob Jones University Press, 1991.

본서의 저자는 유명한 저술가이고, 교사이자 주석가이다. 이 책은 내가 요한일서에 관하여 가장 좋아하는 책 중 하나이다. 강해설교자에게는 훌륭한 자료이다. 저자는 입장이 명확하고, 보수적이며, 거의 항상 핵심을 짚어준다.

Kruse, Colin G. *The Letters of John*. PNTC. Grand Rapids: Eerdmans, 2000.

이 주석을 쓴 저자는 안수 받은 성공회 목사이자 신약성경 학자이다. 내가 평가하기에 본 주석은 아마도 요한서신에 대한 현대 주석 중 상위 5개에 속한다. 중요한 신학적 문제에 대한 절별 해설이 있다. 학문성과 영적 통찰이 잘 조합되었다. 저자는 2012년에 출간된 『Pillar』 시리즈 중 로마서를 썼다.

Law, Robert. *The Tests of Life: A Study of the First Epistle of St. John.* 3rd ed. Grand Rapids: Baker, 1979 [reprint of 1914 edition].

저자는 토론토 낙스대학교(Knox College)의 신약 및 주해 교수이다. 대부분 사람들은 이 책을 요한일서의 고전으로 간주한다. 엄밀히 말해 이 책은 주석이 아니다. 그러나 스콜러에 따르면 이 책은 일부 주석보다 더 훌륭한 통찰력을 제공한다. 많은 교리를 담고 있는 이 책은 요한서신의 가르침에 대한 철저한 분석을 시도한다. 마틴은, "신앙서적의 고전이자 많은 설교의 씨앗 줄거리이다"라고 말한다. 이 책은 꼭 필요한 자료이다!

Lias, John. *An Exposition of the First Epistle of John.* Minneapolis: Klock & Klock, 1982 [1887].

주해가 비록 헬라어 본문에 기반하지만, 이 책은 목사들에게 더욱 가치가 있다. 이 책의 각 장은 『*Homiletic Magazine*』에 연재되었다. 본문과 적용을 능숙하게 다룬다. 매우 강력하게 추천한다!

Marshall, I. Howard. *The Epistles of John.* NICNT. Grand Rapids: Eerdmans, 1978.

여기 또 오래되고 가치가 있는 마셜의 책이 있다. 두꺼운 책은 아니지만 맛있고 풍성한 식사와 같이 알차다. 바우어는, "진지한 논쟁과 균형 잡힌 판단, 그리고 복합적인 석의적 쟁점들에 대한 현재 학술적 논의를 명확하고 이해하기 쉽게 설명한 것이 특징이다"라고 말한다.

Stott, John. *The Letters of John.* TNTC. 2nd ed. Grand Rapids: Eerd-mans, 2007.

저자만이 할 수 있는 주해, 강해, 적용이 함께 어우러져 있다. 그가 쓴 모든 것을 소유하고 읽어라.

Thatcher, Tom. *1–3 John*. REBC 13. **Grand Rapids: Zondervan, 2006.**
그린은 이 책 전체의 교정자였다. 그린은 본 저자가 요한 서신의 설명에 있어서 최고라고 주장한다.

○목회적 주석

Griffith Thomas, W. H. *The Apostle John: Studies in His Life and Writings*. **Grand Rapids: Eerdmans, 1968.**
본 주석은 요한의 삶, 복음서, 서신들, 그리고 요한계시록을 다룬다. 본 저자는 훌륭한 목회적 저작들의 저자로 알려져 있다. 여러분은 그의 책에 투자할 가치가 충분히 있다.

○설교

Allen, David L. *1–3 John: Fellowship in God's Family*. PTW. **Wheaton: Crossway, 2013.**
나는 헬라어 본문으로 요한일서에서 20편의 설교를 작성하여 수록했으며, 요한이서와 요한삼서에 대해 각각 한 편의 설교를 실었다. 각 설교에는 광범위한 각주가 포함되어 있어 목회자는 내가 설교에서 어떤 석의와 강해 또는 예시적 자료를 사용하는지를 볼 수 있다. 그래서 나는 본서를 '설교주석'이라고 부른다. 이것은 내가 하려는 설교, 즉 본문이 이끄는 설교를 실천하려는 나의 시도이다.

Candlish, Robert. *The Epistle of John Expounded in a Series of Lectures*. **London: Banner of Truth, 1973.**
저자는 뉴칼리지(New College)의 교장이자 에든버러의 프리세인트조지교회(Free St. George's Church)의 목사였다. "여기에 있는 내용은 거의 완벽해 보인다. 이 책은 독자의 마음을 탐색할 것이고, 독자를 새로운 고지로 끌어올릴 것이다."라고 윌버 스미스가 말한다.

Stedman, Ray. *Expository Studies in 1 John: Life by the Son.* **Waco, TX: Word,** 1980.

저자는 캘리포니아 팔로알토에 있는 페닌슐라성경교회(Peninsula Bible Church)의 목사였다. 그는 찰스 스윈돌과 마찬가지로 실용적인 것에 초점을 두는, 재능 있는 강해설교자였다. 그의 주석은 설교에 매우 유용하다.

Vines, Jerry. *Exploring 1, 2, 3 John.* **Neptune, NJ: Loizeaux,** 1989.

남침례교의 최고 강해설교자 중 한 사람이다. 그의 설교 사역에서 나온 훌륭한 설교이다. 나는 1973년 그의 설교 사역의 영향으로 말씀을 설교하라는 소명을 받았다. 바인스는 내 설교 사역에서 가장 큰 영향을 준 인물이다. 페이지 패터슨은 이 책에 대해 이렇게 말했다. "좋은 설교자들이 많이 있다. 훌륭한 신학자들이 많이 있다. 그러나 진솔하고 유능한 목사이면서 동시에 신학자가 쓴 이와 같은 주석을 읽을 기회는 드물다."

○한국어 추가자료

조지 H. 거쓰리 외, 『일반서신·요한계시록』 (김주원, 김용재, 박정식 역; 기독교문서선교회, 2012).

기독교문서선교회의 『신약의 구약 사용 주석 시리즈』의 다섯 번째 책으로, 본서는 원래 D. A. 카슨과 G. K. 빌이 공동편집하고 다수의 신약학자들이 집필에 참여한 『Commentary on the New Testament Use of the Old Testament』라는 원제의 방대한 저작을 성경의 책별로 나누어 번역 출판한 것이다. 요한 1-3서의 구약 사용 부분은 D. A. 카슨이 집필했다. 요한 1-3서뿐 아니라 신약에 나타난 구약 구절의 사용에 대한 다양한 해석학적, 신학적 논의를 연구하기 위해서는 반드시 이 책을 거쳐야 한다.

무디 스미스, 『요한 1, 2, 3서』 (유승원 역; 한국장로교출판사, 2001).

저자는 듀크대학에서 신약학을 가르쳤다. 저자는 쉬운듯하면서도 이해가 되지 않는 요한 서신을, 독자들이 납득할 수 있는 언어와 깊이 있는 신학적 설명으로 본문을 주해한다. 학문적 통찰력이 있는 주석이다.

데이비드 잭맨, 『요한서신: 하나님의 사랑 안에 거하는 삶』 (김일우 역; IVP, 2019).

저자는 영국을 대표하는 강해설교자 중 한 명이다. 캠브리지 대학교에서 공부하고 어보브바교회(Above Bar Church) 목회를 했으며, 지금은 콘힐트레이닝코스(Cornhill Training Course)에서 성경에 충실한 목회자 양성에 힘쓰고 있다. 본 주석은 『BST 시리즈』에 속해 있고, 성경 말씀을 객관적으로 해석하고 현시대에 적용하는 방법으로 집필이 되었다. 특히, 요한 서신에서 거짓 선지자가 교회를 무너뜨리려는 것을 명확하게 분석하고 신학적으로 해답을 제시하는 부분이 목양을 위한 설교 준비에 도움이 된다.

예언서

요한계시록

○ 석의적 주석

Aune, David. *Revelation*. WBC. 3 volumes. Dallas: Word, 1997-1998. 『요한계시록 1-5, 6-16』 (솔로몬, 2004, 2011).

1350면이 넘는 계시록에 대한 가장 큰 주석이다. 서론은 250면에 달한다. 불필요하게 편집비평이 수록되었다. 신학적 분석은 부족하지만 언어, 문학, 역사 및 기타 모든 주변 정보를 백과사전의 형태로 기술하고 있다. 어떤 목회자들에게는 버거운 한편, 어떤 목회자들은 이 자료를 참조하고 싶어 할 것이다.

Beale, G. K. *The Book of Revelation*. NIGTC. Grand Rapids: Eerdmans, 1998. 『NIGTC 요한계시록 상·하』 (새물결플러스, 2016).

저자의 책은 묵시서에 대한 최고의 주석 중 하나로 간주된다. 이 주석은 계시록에 대한 포괄적인 접근을 하며, 주요한 부분은 유대인의 전통에서 구약의 사용에 초점을 맞춘다. 역사적 배경을 잘 설명하고 논쟁적인 이슈에 대하여 주의를 기울인다. 무천년주의 관점이다. 계시록에 대한 어떤 주석가에도 전적으로 동의하지 않지만, 본 저자의 주장은 무시할 수 없다.

Osborne, Grant R. *Revelation*. BECNT. Grand Rapids: Baker, 2002. 『BECNT 요한계시록』 (부흥과개혁사, 2012).

저자는 계시록에 대하여 주해적이고 강해적으로 충실한 주석을 썼다.

Thomas, Robert. *Revelation 1–7: An Exegetical Commentary*. WEC. Chicago: Moody, 1992.

_____. *Revelation 8–22: An Exegetical Commentary*. WEC. Chicago: Moody, 1995.

훌륭한 주해적 주석이다. 저자는 이 책을 전천년주의와 대환난전 휴거의 관점에서 기록한다.

○강해적 주석

Beale, Greg. *Revelation: a Shorter Commentary*. Grand Rapids: Eerd-mans, 2015.

위에서 다룬 동일 저자에 대한 설명을 참고하라. 저자의 방대한 『NIGTC』 요한계시록 주석을 축소한 것임에도 500쪽 이상의 내용이다. 저자는 선별적이고 구속사적 이상주의의 견해를 취하며, 여기서도 저자의 주해적이고 신학적인 내용을 발견된다. 슐레이너는 다음과 같이 말한다. "빌의 주석을 읽지 않고는 계시록에 대해 설교하거나, 가르치거나, 쓸 수 없다."

Akin, Daniel. *Exalting Jesus in Revelation. In Christ-Centered Exposition Commentary*. Nashville: B&H, 2016.

이 시리즈가 의도한대로, 이 주석은 목회자들에게 매우 도움이 될 계시록에 대한 기본적인 강해적 설명을 제공한다. 간결하고 명확한 본문의 개요가 있다.

Keener, Craig S. *Revelation*. NIVAC. Grand Rapids: Zondervan, 2000. 『NIV 적용주석 요한계시록』 (솔로몬, 2010).

적용 부분에 있어 설교자들에게 가장 큰 도움을 준다.

Koester, Craig. *Revelation: a New Commentary with Introduction and Commentary*. AYBC. Yale University Press, 2014. (Paperback 2015).

이 주석은 본문을 아주 상세하게 다룬다. 900면 이상의 대작이다. 설교자는 이 책에서 바로 도움을 받을 것이다. 하지만, 많은 정보와 지식을 습득하는 준비를

해야 한다. 소아시아의 고고학적 자료와 제2성전시대 유대교 문헌의 연구는 무거운 내용을 담고 있다. 하지만 만족스러운 내용들도 많다.

Mounce, Robert H. *Revelation.* **NICNT. Rev. ed. Grand Rapids: Eerdmans, 1997.**『NICNT 요한계시록』(부흥과개혁사, 2019).

저자의 주석은 여러분이 시간을 투자하여 볼 가치가 있는 자료이다. 헬라어에 대한 배경이 거의 없거나 전혀 없는 사람들은 이 책에서 유익을 얻을 것이다. 내가 계시록을 설교한다면 이 책을 참고할 것이다.

Patterson, Paige. *Revelation.* **NAC. Nashville: Broadman & Holman, 2012.**

이 책은 저자의 대작이다. 묵시서에 관하여 수년간 연구하고 설교한 결과물이다. 철저하게 석의하고, 강해하고, 적용하며, 철저하게 전천년주의 입장에서 기록했다. 종말론에 대해 각기 다른 견해를 가진 사람들도 이 주석은 무시하면 안 된다. 강해설교자에게 꼭 필요한 자료이다.

Phillips, John. *Exploring Revelation.* **Chicago: Moody, 1974.**

강해설교자는 이 자료를 통하여 본문의 개요뿐만 아니라 많은 유용한 강해, 예화, 적용에 대한 안내를 받을 수 있다. 전천년주의 관점에서 쓰였다.

Walvoord, John. *The Revelation of Jesus Christ.* **Chicago: Moody, 1966.**

이 책은 오래된 책이다. 달라스신학교의 전 총장으로서 계시록에 대하여 매우 확고한 전천년주의 입장에서 기록한 자료이다. 읽기 쉽고, 명료하고, 간결하면서도 내용이 좋은 자료이다.

○ 특별 연구

Michaels, J. Ramsey. *Interpreting the Book of Revelation.* **Grand**

Rapids: Baker, 1992.

이 책은 『Guides to New Testament Exegesis』 시리즈의 일부이다. 일부는 절판되었다. 장르, 저자, 역사적, 사회적 배경 및 구조에 대해 간결히 소개하고, 본문 비평, 문법 및 문체, 서술 비평, 전통 역사 및 신학 해석에 관한 내용을 제공한다. 계시록에 관한 개인의 견해를 초월하여, 매우 도움이 되는 책이다.

○ 설교

Criswell, W. A. *Expository Sermons on Revelation.* **Grand Rapids: Zon-dervan,** 1966.

이 훌륭한 설교는 1944년부터 1994년까지 텍사스 달라스제일침례교회에서 목회한 유명한 목사인 크리스웰의 최고의 설교이다. 크리스웰은 교회에서 성경을 책별로 강해하며 설교했다. 본 책은 계시록을 설교할 때 꼭 봐야 하는 책이다.

Seiss, Joseph A. *The Apocalypse: A Series of Special Lectures on the Revelation of Jesus Christ.* **New York: Cosimo,** 2007 **reprint.**

1865년에 출판되었지만, 여러 번 재출판이 되었다. 스미스는 이 책을 영어로 쓰인 가장 유명한 강해 연구라고 부른다(1939). "오늘날 영국에는 이러한 사람이 없다.…세이스는 목사로서 단어에 대한 지식과 웅변술을 선물 받았다."

○ 한국어 추가자료

마이클 고먼, 『요한계시록 바르게 읽기』 (박규태 역; 새물결플러스, 2014).
저자는 세인트메리대학원대학교(St. Mary's Seminary and University)의 신약학 석좌교수이다. 저자는 25년의 요한계시록 연구, 강의 경험, 통찰력을 여기에 담았다. 특히 요한계시록을 너무 신비주의적으로 해석하여 오류와 적용에 노출된 교회들에게 건전한 해석의 지침을 제시하는 데 초점을 두었다.

조지 H. 거쓰리 외, 『일반서신·요한계시록』 (김주원, 김용재, 박정식 역; 기독교문서선교회, 2012).

『신약의 구약 사용 주석 시리즈』의 다섯 번째 책으로, 본서는 원래 D. A. 카슨과 G. K. 빌이 공동편집한 『Commentary on the New Testament Use of the Old Testament』를 성경의 책별로 나누어 번역 출판한 것이다. 요한계시록 부분은 G. K. 빌과 션 M. 맥도너가 집필했다. 요한계시록뿐 아니라 신약에 나타난 구약 구절의 사용에 대한 다양한 해석학적, 신학적 논의를 연구하기 위해서는 반드시 이 책을 거쳐야 한다.

그레고리 K. 빌, 데이비드 H. 캠벨, 『요한계시록 주석』 (김귀탁 역; 복있는사람, 2015).

잘 알려진 성경학자인 빌 박사와 성경적 설교를 실천하는 목회자가 그동안 일반 목회자들에게 어렵게 생각되었던 『NIGTC 요한계시록』을 좀 더 이해하기 쉽게 정리하고 목회적 관점을 보여준다.

찰스 스윈돌, 『요한계시록』 (윤종석 역; 디모데, 2012).

『찰스 스윈돌의 신약 인사이트 시리즈』는 목회자들에게 유용하다. 매 장을 구성하고 있는 글이 한 편의 완성된 설교와도 같다. 절별 주해는 없고, 섹션별로 본문에 대한 설명을 제시한 뒤 해당 본문에 대한 적용으로 글을 마무리한다. 강해설교자들은 이 책에서 수많은 통찰력을 얻을 것이다.

송영목, 『요한계시록』 (SFC, 2013).

저자는 요하네스버그대학교(University of Johannesburg)에서 요한계시록으로 박사학위를 마치고 고신대학교 신학과에서 섬기고 있다. 요한계시록을 구속론적 관점에서 해석한다. 또한 본 서신이 기록된 정황에 주목하면서, 현시대를 위한 적용을 제시한다.